Les chefferies traditionnelles africaines face à la dynamique des réformes territoriales

Contribution à l'étude des processus de décentralisation

Collection « Études africaines »
dirigée par Denis Pryen et son équipe

Forte de plus de mille titres publiés à ce jour, la collection « Études africaines » fait peau neuve. Elle présentera toujours les essais généraux qui ont fait son succès, mais se déclinera désormais également par séries thématiques : droit, économie, politique, sociologie, etc.

Dernières parutions

Olivier FANDJIP, *Les mutations récentes de la justice administrative en Afrique francophone. Étude critique à partir du modèle camerounais*, 2019.
Placide MALUNG'MPER AKPANABI, *L'éducation aux valeurs chez les Ding orientaux en RDC, De 1885 à nos jours, tome 1, 2 et 3, 2019.*
Jérôme TOUNG-NZUE, *Réalités du pouvoir au Gabon et fondements du blocage sociopolitique*, 2019.
NIAMKEY-KOFFI, *Révolution et liberté*, 2019.
Maurel Sosthène ONOMO ETABA, *Coopération internationale et terrorisme en Afrique, L'expérience africaine du droit de poursuite terrestre,* 2019.
Jean OTEMIKONGO MANDEFU YAHISULE, *La gouvernance universitaire au Congo-Kinshasa*, 2019.
Emmanuel KASONGO MUNGONGO, *La gouvernance des entités territoriales décentralisées, Défis et enjeux de la gestion des finances publiques communales à Kinshasa,* 2019.
Paul AKOGNI, Arthur VIDO et Didier Marcel HOUÉNOUDÉ (dir.), *Le patrimoine historique au service du développement du Bénin,* 2019.
Marie Rose BANGOURA, *Gestion des déchets solides ménagers et ségrégation socio-spatiale dans la ville de Conakry,* 2019.
Ayrton AUBRY, *Le G5 Sahel, Le Nouveau Régionalisme Sécuritaire en Afrique du Nord-Ouest,* 2019.
Jules Maps BAGALWA MAPATANO (dir.), *La décentralisation en Afrique au début du XXIe siècle, Réflexions à partir de l'expérience congolaise récente,* 2019.
Pascasie MINANI PASSY, *Burundi : Les relations interethniques et intra-ethniques. Et la réconciliation ?*, 2019.
Yaovi AKAKPO, *Le technocolonialisme, Agir sous une tension essentielle,* 2019.
Célestin TAGOU, *Démocratie rotative et élections présidentielles en Afrique, Transcendance et transformation politique des conflits ethnopolitiques dans les sociétés plurielles*, 2018.
BWANGA WA MBENGA NYOLI BOKO, *La philosophie du langage d'Alexis Kagame, Contribution à la problématique sur la philosophie africaine, Nouvelle édition revue et augmentée*, 2018.
Kallet Abréam VAHOUA, *Éléments de morphologie verbale du bété*, 2018.
Robert NDAMOBISSI, *La malnutrition des enfants dans les pays du Sahel et de la corne de l'Afrique,* 2018.

Koko ADIKI TOVENIM

Les chefferies traditionnelles africaines face à la dynamique des réformes territoriales

Contribution à l'étude des processus de décentralisation

L'Harmattan

5-7, rue de l'Ecole-Polytechnique, 75005 Paris

www.editions-harmattan.fr

ISBN : 978-2-343-17045-9
EAN : 9782343170459

Le présent ouvrage est à l'origine une thèse de doctorat en droit public soutenue en 2017 par l'auteur à l'Université de Perpigna.

REMERCIEMENTS

Mes remerciements vont en premier lieu à Monsieur Didier BAISSET, qui a accepté de diriger cette thèse. Je tiens à le remercier pour sa confiance, sa disponibilité, ses encouragements et ses précieux conseils tout au long de ce travail.

Je souhaite aussi remercier ici M. Benoit GARIDOU, qui a codirigé ce travail dès le début et qui m'a, depuis le master 2, appris à apporter une dimension pratique à mes travaux de recherche.

Mes remerciements vont également à M. Eric GASPARINI, Mme Florence CROUZATIER, M. Mathieu DOAT et à M. Albert LOURDE qui ont bien voulu évaluer et siéger dans le jury de cette thèse.

J'adresse mes sincères remerciements à M. Christophe JUE, directeur du Département de Droit Comparé des États Francophones, anciennement FIDEF, au sein duquel s'est consolidé ce goût pour la recherche et à tout son personnel administratif, sans oublier Mlle Martine LABRIC.

Je souhaite également remercier ici mes proches, parents et amis, qui m'ont soutenu et encouragé durant ce parcours.

PRÉFACE

Au confluent de l'histoire du droit africain et du droit positif, l'ouvrage publié aujourd'hui par M. Koko Adiki Tovenim, version corrigée de sa thèse de doctorat, s'intéresse aux chefferies traditionnelles africaines face à ce que l'auteur appelle « la dynamique des réformes territoriales ». Véritable parangon, ce travail se veut une « contribution à l'étude des processus de décentralisation en Afrique ». Bien plus qu'une description figée et technique des rouages administratifs issus de la décentralisation en Afrique subsaharienne, qui ne correspondrait qu'à un moment fugace des processus étudiés, l'auteur nous invite à une compréhension plus fine de ces transformations touchant aux modes d'organisation et de gestion des territoires.

Confrontés à l'ordonnancement traditionnel des sociétés africaines, les processus modernes liés à la décentralisation se voient contraints de s'adapter à un contexte original très éloigné de celui qui prévaut dans les pays servant à cet endroit de référence. Il s'agit là d'une situation pour le moins singulière où tradition et modernité sont inexorablement amenées à s'ajuster ou à s'opposer. Un tel contexte est source d'inévitables ambivalences sur le terrain du droit, tant il est vrai, qu'indépendamment des modalités techniques mises en œuvre, les chefferies traditionnelles demeurent l'un des symboles forts de l'identité africaine qu'il serait absolument chimérique de vouloir nier. En effet, les chefferies traditionnelles africaines s'imposent d'emblée comme étant les seules organisations territoriales endogènes résultant d'une histoire pluriséculaire. Dès lors, face à la dynamique décentralisatrice, les chefferies vont faire l'objet d'approches plurielles, oscillant entre velléité de reniement et quasi-acceptation.

Pour le reste et pour parfaire la démarche, la recherche s'est inscrite dans une fructueuse approche comparatiste en abordant notamment les cas topiques du Togo, du Cameroun et du Ghana. À dire vrai, c'est une somme d'informations, mais aussi d'analyses que nous livre l'auteur à propos de ces processus en abordant pour ces pays africains, outre les chefferies dans toutes leurs dimensions, la question de l'autonomie financière des collectivités territoriales, la légitimité de l'impôt dans ces sociétés traditionnelles, mais aussi, les mécanismes modernes de péréquation, la mise en œuvre problématique de la tutelle ou encore la question du contrôle juridictionnel. Cet ouvrage parvient ainsi, avec pertinence et discernement, à retracer dans une vaste perspective historique les mutations profondes opérées dans l'organisation tout à la fois sociale et juridique de ces espaces africains. L'auteur nous livre ici une étude de grande valeur confrontant, tour à tour, la coexistence conflictuelle et la nécessaire cohabitation qui existent entre les chefferies des sociétés africaines et les principes de la décentralisation, produit d'un droit exogène importé.

Mais, au-delà de ces réels apports à la connaissance des droits africains et de ces éclairages précieux sur les processus d'importation d'un modèle juridique en terre d'Afrique, ce livre, et ce n'est pas là son moindre intérêt, se veut aussi force de propositions et se trouve empreint, en ce sens, d'une dimension prospective concernant ces chefferies traditionnelles africaines. Ces dernières, parties prenantes -dans certains pays africains- du développement local, de l'essor démocratique et de la gestion des ressources locales jouent aussi et par ailleurs un rôle régulateur et d'apaisement de la société. Les chefferies africaines traditionnelles ont fait la preuve qu'elles avaient vocation à ne plus être réduites à de simples « institutions culturelles », et qu'elles pouvaient légitimement prétendre à participer de façon pleinement active à l'administration moderne de territoires désormais décentralisés. De la sorte, et pour obvier qui plus est le risque réel de disparition, ces chefferies traditionnelles sont, selon l'auteur, vouées à se transformer dans le cadre de réformes territoriales, garantissant par là non seulement leur libre administration, mais aussi leur pleine participation à la gestion et à la prise de décisions administratives pour leur territoire, tout en mobilisant leur forte capacité à rassembler des ressources à l'échelon local.

Ainsi, le regard que porte l'auteur, sur les chefferies traditionnelles africaines face à la dynamique des réformes décentralisatrices, se veut rétrospectif, car il entend scruter « hier », en un aujourd'hui plus moderne lequel préfigure lui-même peut-être demain et, en cela, l'ouvrage est aussi prospectif. L'auteur, non sans quelque audace, n'hésite donc pas à ouvrir certaines perspectives qui sont autant de voies pour l'avenir de ces territoires. C'est donc un travail, certes académique qui est ici proposé, mais ce dernier n'en est pas moins particulièrement novateur, novateur il l'est tant par les thèmes qui y sont abordés et mis en synergie que par la thèse audacieuse sur laquelle l'auteur n'a pas hésité à travailler.

Au total cet ouvrage bien ciselé ouvre encore davantage la voie à un domaine d'étude passionnant et encore en devenir. Il s'agit là d'un apport méritoire sur un aspect encore peu connu du droit africain dans les espaces francophones. Gageons que ce remarquable travail ne manquera pas de susciter d'autres recherches complémentaires qui trouveront là un substrat des plus solides pour nourrir leur réflexion, laissant augurer dans la même veine des recherches dignes du plus grand intérêt.

Didier BAISSET
Doyen honoraire
Professeur de Droit à l'Université de Perpignan Via Domitia

SIGLES ET ABRÉVIATIONS

AJDA :	Actualité Juridique du Droit Administratif
AOF :	Afrique Occidentale Française
CAC :	Centimes additionnels communaux
CAOM :	Centre d'Archive d'Outre-mer
CAR :	Comité d'action pour le Renouveau
CDQ :	Comité Villageois de Développement
CE :	Conseil d'État
CEDEAO :	Communauté Economique des États de l'Afrique de l'Ouest
CGCT :	Code Général des Collectivités Territoriales
CNDH :	Commission Nationale des Droits de l'Homme
Col. :	Collection
CVAE :	Cotisation sur la valeur ajoutée des entreprises
CVD :	Comité villageois de développement
CVJR :	Commission Vérité, Justice et Réconciliation
D. :	Dalloz
DGCL :	Direction Générale des Collectivités Locales
DGD :	Dotation Générale de la Décentralisation
DGF :	Dotation Globale de Fonctionnement
DMI :	Droits de mutation immobilière
ESS :	Economie Sociale et Solidaire
FACT :	Fonds d'Appui aux Collectivités Territoriales
FEICOM :	Fond spécial d'Equipement et d'Intervention Intercommunal
FPIC :	Fonds national des recettes fiscales intercommunales et communales
FSRIF :	Fonds de solidarité entre les communes de la région d'Île-de-France
IRFRODEL :	Institut de Recherches et de Formation sur le Développement Local
IRPP :	impôt sur le revenu des personnes physiques
IS :	Impôt sur la société
JO :	Journal Officiel

LGDJ :	Librairie Générale de Droit et de Jurisprudence
NOTRe :	Nouvelle Organisation Territoriale de la République
OIF :	Organisation Internationale de la Francophonie
ONG :	Organisation Non Gouvernementale
ONU :	Organisation des Nations Unies
ORSTOM :	Office de recherche scientifique et technique outre-mer
DSRP-C :	Document complet de réduction de pauvreté
PDC :	Plan de Développement communaux
FMI :	Fonds Monétaire International
BM :	Banque Mondiale
COPED :	Centre d'Observation et de Promotion de l'État de Droit
PNADE :	Programme Nationale d'Action Décentralisées de gestion de l'Environnement
PNDP :	Programme National de Développement Participatif
PNMJ :	Programme de modernisation de la justice
PNUD :	Programme des nations unies pour le développement
PROFADEL/ OIF :	Programme d'appui au développement local des pays francophones
PUF :	Presse Universitaire de France
PUP :	Presse Universitaire de Perpignan
QPC :	Question prioritaire de constitutionalité
RASJ :	Revue Africaine de Science Juridiques
RDP :	Revue de Droit Public
Rec. :	Recueil
RFA :	Redevance forestière annuelle
RFDA :	Revue Française de Droit Administratif
RFFP :	Revue Française de Finances Publiques
RGPP :	Révision Générale des Politiques Publiques
RPT :	Rassemblement du Peuple Togolais
SDN :	Société des Nations
T. :	Tome
TFPI :	Taxe Foncière sur les Propriétés Immobilières
UCT :	Union des Communes du Togo
UCTT :	Union des Chefs Traditionnels du Togo
UEMOA :	Union Economique et Monétaire Ouest Africaine

INTRODUCTION GÉNÉRALE

Rapprocher le citoyen du centre de décision est la principale[1] motivation de tout État ayant opté pour la décentralisation comme mode de gouvernance. Le début des années 1990 a donné l'occasion à de nombreux États d'Afrique de constitutionnaliser, non sans influence historique[2], leur choix pour ce mode d'organisation territoriale[3].

Cependant, une analyse approfondie des textes respectifs encadrant la mise en œuvre de ces politiques de décentralisation suscite de nombreuses interrogations quant à l'efficacité de ce mode de gouvernance dans le contexte africain.

En effet, face à l'organisation traditionnelle des différentes sociétés africaines, les processus de décentralisation en Afrique empruntent différents schémas contrairement aux processus observés dans les États modèles comme la France. Cette situation soulève des ambiguïtés juridiques[4] lorsqu'il s'agit d'analyser les principes

---

[1] La décentralisation poursuit en effet plusieurs buts. Elle vise à assurer une nouvelle distribution du pouvoir dans un Etat unitaire ; la recherche d'une efficacité de l'action publique à travers le transfert de certaines compétences aux collectivités locales; la décentralisation cherche aussi à favoriser une démocratie de proximité. Cette dernière motivation semble la plus célébrée. C'est ainsi que la décentralisation est présentée aujourd'hui pour les jeunes Etats africains comme une opportunité de création d'arènes locales d'exercice de la démocratie dans le but de stimuler une participation à la base aux politiques de développement.

[2] En effet, beaucoup d'Etats africains, surtout francophones, n'ont pas hésité à maintenir et renforcer l'organisation administrative héritée de leur ancienne puissance coloniale.

[3] On peut citer à titre d'exemple : l'article 141 de la constitution de la république togolaise du 14 octobre 1992 : « La république togolaise est organisée en collectivités territoriales sur la base de la décentralisation (…) »; l'article 1 de la constitution du 18 janvier 1996 de la république camerounaise : « La République du Cameroun est un Etat unitaire décentralisé » ; Déjà pour la constitution nigérienne de la troisième République issue de la conférence nationale souveraine du 26 décembre 1992 et reprise par celle de la septième République, notamment en son article 164 : « L'administration territoriale repose sur les principes de la décentralisation et de la déconcentration ».

[4] Pour reprendre l'expression de C. NACH MBACK, « La Chefferie traditionnelle au Cameroun : ambiguïtés juridiques et dérives politiques », *Africa Development*, Vol XXV, N° 3&4, 2000 p. 77.

encadrant la décentralisation dans les États d'Afrique qui entreprennent ces dernières années de vastes programmes de réformes et de modernisation de leurs institutions et administrations publiques.

De façon classique, la décentralisation peut se définir comme le « processus par lequel l'État central confie des compétences et des moyens d'action publique aux collectivités jouissant d'une légitimité démocratique »[5]. Elle se conçoit comme une démarche par laquelle un État de type unitaire accorde à ses collectivités locales le pouvoir de gérer leurs propres affaires dans un certain nombre de domaines. L'État unitaire rend ainsi plus autonome ce qui, en principe, était centralisé. La décentralisation est un mode de gestion qui diffère de la déconcentration qui est plutôt un système d'administration par lequel l'autorité centrale délègue, tout ou partie, de ses pouvoirs et de ses fonctions à des représentants qu'elle nomme aux fonctions ainsi déléguées. À travers la déconcentration, le pouvoir central garantit la présence de son autorité sur les territoires alors que la décentralisation, quant à elle, permet à des élus locaux de prendre en charge les intérêts bien précis des collectivités locales[6]. Le processus de décentralisation en France a été marqué par trois grandes étapes dont la première se situe en 1982 avec l'adoption de la loi Defferre du 2 mars 1982[7]. Cependant il faut reconnaître que cet acte fondateur n'est que l'aboutissement d'un long processus débuté depuis la révolution de 1789 par une consécration des municipalités et des départements sur la base du découpage paroissiale qui existait sous l'ancien régime[8]. Les révolutionnaires de 1789 consacraient une organisation territoriale uniforme. La pratique administrative devait être uniforme dans tous les bourgs, paroisses et villes. À la confusion administrative des provinces, devait se substituer une organisation territoriale identique avec des circonscriptions identiques dans tout le pays. Par deux principales lois adoptées cette année[9], l'Assemblée précise dès lors

---

[5] V. O. NAY, (dir.), *Lexique de science politique*, Paris, Dalloz, 2017.

[6] J.- L. BŒUF, M. MAGNAN, « Les collectivités territoriales et la décentralisation », Paris, La documentation française, 6ème éd., p.7.

[7] Loi n° 82-213 relative aux droits et libertés des communes, des départements et des régions.

[8] V. E. MAESTRI (dir), *La décentralisation : histoire, bilan, évolutions*. Actes du colloque de Saint-Denis de la Réunion, 2-4 septembre 2003, L'Harmattan, 2004.

[9] La première loi, adoptée le 14 décembre 1789, était relative à la constitution des municipalités. Elle installait 44 000 communes qui devaient être des entités juridiques distinctes l'une de l'autre. La loi prévoyait deux organes au sein de ces communes : le conseil général de la commune, composé de notables, et le conseil municipal. La

que la France compterait 83 départements, divisés en districts, cantons, villes et villages.

Le régime de Bonaparte dans le prolongement de la Révolution en l'an VIII[10] accentua cette volonté d'uniformisation de l'administration territoriale vers une centralisation plus accrue. Les assemblées locales cessent d'être élues et sont désormais nommées par le gouvernement central. Tous les maires ne sont plus élus, en effet, ceux des localités de plus de 5000 habitants sont nommés par le premier consul. Dans les départements, il n'y a plus un organe collégial pour administrer, mais un fonctionnaire nommé par le pouvoir central, le préfet.

Ce n'est que sous la troisième République que l'on pourra observer une véritable remise en cause du centralisme de l'État français. La troisième République fut marquée par deux grandes lois sur l'organisation territoriale : la loi du 10 août 1871 et celle du 5 avril 1884. La première relative à l'organisation départementale avait pour objectif de séparer la gestion des affaires départementales de celle des affaires de l'État. L'assemblée départementale devrait être composée d'un conseiller général par canton, élu pour six ans. Le conseil général pouvait délibérer sans approbation préalable du préfet sur des affaires économiques et d'administration générale. La loi du 5 avril 1884 instituait pour sa part l'élection de tous les maires par les conseils municipaux, sauf à Paris. Deux organes étaient chargés de l'administration communale : le conseil municipal, pour les délibérations et le maire pour leur application. Cette évolution de l'autonomisation des collectivités territoriales sous la troisième République a failli être remise en cause par le régime de Vichy. Ce dernier décida en 1940 de nommer tous les responsables locaux pour mieux les contrôler. Dans la foulée, des préfets régionaux furent créés par une loi du 19 avril 1941. Ils avaient des pouvoirs spéciaux en matière de police, de ravitaillement et de fixation des prix en matière économique. Ce qui souleva souvent des conflits de compétences entre ces préfets et ceux des départements. Il fallut attendre 1946 pour

---

deuxième loi adoptée quelques jours après (le 22 décembre 1789) était relative à la constitution des assemblées primaires et des assemblées administratives. L'objet de cette loi était d'organiser l'élection des assemblées chargées d'administrer les départements et les districts. Ces derniers, à la différence des communes apparaissaient comme des échelons de l'administration étatique. Ils sont administrés par des conseillers généraux

[10] Principalement marquée par deux dates : le 13 décembre 1799 : adoption de la Constitution du 28 frimaire an VIII et le 17 février 1800 avec l'adoption de la loi du 28 pluviôse an VIII relative à la division du territoire et l'administration.

une consécration constitutionnelle de la libre administration des collectivités territoriales à travers la constitution du 27 octobre qui leur consacrait un titre. Ainsi, le premier acte de la décentralisation sous la cinquième république fondé par la loi n° 82-213 du 2 mars 1982, dite loi Defferre, venait poursuivre la réforme des collectivités territoriales avec la création des régions. Cette loi, votée le 28 janvier 1982, promulguée le 2 mars et complétée par la loi du 22 juillet de la même année introduisait d'importantes réformes dans l'organisation territoriale. Non seulement elle institutionnalisait les régions comme collectivités territoriales, mais elle définissait également le président du conseil général comme l'exécutif du département et non plus le préfet. Elle remplaçait également la tutelle administrative *a priori* par un contrôle juridictionnel a posteriori.

La décentralisation fut marquée par une seconde étape de réformes symbolisée par la révision constitutionnelle du 28 mars 2003. L'acte II posait le principe de l'organisation décentralisée de la République. Les régions sont enfin intégrées dans la constitution. La liberté locale dans chacune des régions était désormais consacrée. Un troisième acte de la décentralisation a été amorcé par l'adoption et la promulgation le 16 décembre 2010[11] de la loi de réforme des collectivités territoriales. Elle vise d'une part, la redéfinition des Révisions Générales des Politiques Publiques (RGPP), jugées coûteuses et illisibles et d'autre part la mutualisation ou la fusion des départements et régions vers des collectivités uniques[12]. En 2015, le processus de réforme des collectivités territoriales en France a abouti à l'adoption de la loi Nouvelle Organisation Territoriale de la République dite Loi NOTRe[13]. Cette loi vient préciser la compétence des régions désormais fusionnées en treize grandes régions[14] en supprimant la clause générale de compétence. Elle renforce le rôle des régions en matière économique.

Comme nous pouvons le constater, la décentralisation en France n'est pas un processus linéaire, ni abouti. Alors qu'on l'imagine achevée, la décentralisation dans cet État n'a pas cessé de faire l'objet

---

[11] Loi n° 2010-1563 du 16 décembre 2010 relative à la réforme des collectivités territoriales.

[12] Source: « Historique de la décentralisation », https://www.collectiviteslocales.gouv.fr/decentralisation , article consulté sur le 08 juillet 2017.

[13] Loi n° 2015-991 du 7 août 2015 portant nouvelle organisation territoriale de la République.

[14] Loi n° 2015-29 du 16 janvier 2015.

de réformes laissant entrevoir encore de beaux jours devant cette forme d'administration des territoires. Plusieurs étapes marquent également le processus dans le contexte des États africains. Même si les années 1990 sonnent pour les États d'Afrique subsaharienne comme le point de départ de véritables processus de décentralisation, il faut reconnaître avec M. Nahm-Tchougli que les politiques de décentralisation y ont commencé à être appliquées sous la période coloniale.[15] Au Togo[16] et au Cameroun, le cadre juridique et institutionnel de la décentralisation est énoncé par les constitutions dès leur rédaction[17]. Faisant écho aux normes constitutionnelles et dans le contexte des réformes territoriales, plusieurs textes ont été adoptés pour mettre en œuvre la décentralisation.

Ainsi au Togo, intervient en 1998, la loi n° 98-006 du 11 février 1998 fixant le cadre juridique de la décentralisation au Togo. Plus récemment en 2007, le législateur l'a renforcée par un nouveau texte relatif à la décentralisation et aux libertés locales. Cette dernière demeure le cadre juridique actuel en matière de décentralisation dans cet État.

Au Cameroun, le cadre législatif récent de la décentralisation a été précisé en 2004 par l'adoption de trois lois fondamentales concernant les différents échelons des collectivités locales. Il s'agit de la loi n° 2004/017 du 22 juillet portant orientation de la décentralisation, la loi n° 2004/018 du 22 juillet fixant les règles applicables aux communes et la loi n° 2004/019 du 22 juillet relative aux règles applicables aux régions.

La chefferie traditionnelle, qui s'avère être la seule organisation administrative territoriale africaine originairement connue ne paraît pas être intégrée dans la nomenclature juridique des collectivités territoriales dans ces différents États.

L'expression chefferie traditionnelle n'a reçu aucune définition juridique dans le droit des pays de l'espace francophone. Cependant, l'apparition de la notion semble coïncider avec les premières mesures d'aménagement territoriale initiées dans ces territoires. Elle est une

---

[15] M. NAHM-TCHOUGLI, « Pouvoir central et administration locale au Togo : le cas de Lomé », *in* P. GERVAIS-LAMBONY et G. K. NYASSOGBO (eds), *Lomé : dynamique d'une ville africaine*, Karthala, 2007, p. 20.

[16] Ibidem.

[17] Textes constitutionnels actuels : article 141 de la constitution togolaise du 14 octobre 1992..., *op. cit* ; article 18 de la constitution camerounaise du 18 janvier 1996, *op.,. cit.*

invention concomitante à l'arrivée du colon en Afrique[18]. En 1909, l'expression « commandements indigènes »[19] était utilisée pour désigner cette structure locale. Au Togo, son origine remonte au décret ministériel du 21 mai 1919. Celui-ci en fait cas en instituant le conseil des notables en Afrique Occidentale Française qui devait être constitué de chefs coutumiers. Il faut souligner qu'au départ, en 1922, les notables devaient être désignés par les chefs de villages, mais à partir de 1925, ceux-ci devaient être élus pour siéger au conseil communal. Aucun texte ne donnait exactement une définition juridique des chefferies traditionnelles en soi. Même les textes réglementaires régissant les chefferies traditionnelles pris en 1949[20] et le décret de 1959 le révisant n'en donnent aucune définition. Ils se contentent de souligner à travers l'article premier, notamment de l'arrêté de 1949 que l'administration autochtone devait être assurée par des chefs.

C'est en revanche dans la constitution du Ghana de 1979 que nous trouvons la notion juridique de chef. En son article 20, elle donne une définition plutôt claire en ces termes : « chef signifie une personne qui est descendante de la famille appropriée et qui a été légitimement nommée, élue ou choisie et intronisée ou installée en tant que chef ou reine-mère selon le droit coutumier ». Cette même définition est reprise par la Constitution de 1992 à l'article 277.

Il ressort de la lecture de ces textes que la chefferie traditionnelle, comme élément d'organisation administrative et territoriale de différents États africains, est souvent appréhendée sous un double aspect : d'abord, elle est une collectivité humaine établie sur une portion du territoire de l'État, ensuite, elle est considérée comme le cadre d'exercice des compétences de cette autorité spécifique dénommée Chef traditionnel[21]. Pour Gabriel Hamani, elle désignait

---

[18] Selon J.- P. O. de SARDAN, *Les sociétés Songyah-Zarma*, Paris, Karthala, 2000, p. 213, le terme chefferie fut utilisé par les premiers explorateurs et conquérants pour désigner les institutions politiques qu'ils avaient trouvées sur place. Il fut ensuite utilisé pour désigner les nouvelles structures locales créées.

[19] Circulaire de William PONTY de 1909 relative à la politique indigène, p. 447 : « Les nécessités de notre expansion ont souvent amené la constitution de nos commandements indigènes purement territoriaux, calqués sur les anciennes principautés locales ».

[20] Arrêté N°951-49/ du 2 décembre 1949 du Gouverneur de colonie, Commissaire de la République du Togo, JOTT 1949 p.1145-1148

[21] C. NACH MBACK, « La Chefferie traditionnelle au Cameroun … », *op. cit,*. p. 78.

d'abord la résidence royale avant d'être étendue par la colonisation à l'ensemble du territoire de commandement du roi[22].

Cette institution reste l'un des symboles identitaires des sociétés africaines. Cependant, dans la plupart des États son encadrement juridique demeure quasi-introuvable.

Ainsi, les politiques de réformes des collectivités territoriales africaines ont très tôt retenu l'attention[23]. Elles ont toujours été liées à l'organisation territoriale de tout État. En Afrique en général, au Togo et au Cameroun en particulier, la première organisation administrative des chefferies traditionnelles peut être située à la période coloniale. Elle a débuté avec la mise sur pied des conseils de notables ayant conduit à des évolutions autour de ces entités qu'il convient, sans refaire l'histoire, de rappeler ici brièvement avec le cas togolais notamment[24].

Dans ce territoire de l'Afrique Occidentale Française, le conseil des notables, entité locale représentative des autorités traditionnelles a été institué en 1922 par le commissaire de la République française Auguste Bonnecarrère[25] nouvellement nommé pour le Togo. Sur le fondement du décret de 1919 précité, il prit un arrêté le 13 février 1922 qui institue dans les localités du territoire des conseils des indigènes. Ce texte précisait la composition et le fonctionnement de ces nouveaux organes locaux. Concernant la composition, le nombre de conseillers devait varier entre huit et seize selon la densité de la localité. L'article 2 précisait que les membres du conseil des indigènes devaient être désignés par le commissaire de la République parmi les chefs de famille, de cantons ou de village, les principaux commerçants, les riches propriétaires terriens et les autorités morales

---

[22] G. HAMANI, La place du roi et de la noblesse des Kan en pays bamiléké, éd. L'Harmattan, 2014, 216 p.

[23] La question avait même fait l'objet d'un projet de loi à l'assemblée nationale française en 1954. Annexe n° 1 Rapport de la deuxième législature, session de 1954, annexe au procès-verbal de la séance du 2 juin 1954, présenté par L. S. SENGHOR.

[24] Compte tenu de la particularité historique de l'Etat du Cameroun, influencé par le système administratif britannique, nous lui consacreront un peu plus de détails dans le corps du développement. Rappelons néanmoins que le droit public camerounais s'est également intéressé à la question des chefferies notamment à travers l'arrêté n° 244 du 4 février 1933 fixant le statut des chefs coutumiers ; la loi du 10 décembre 1960 relative à la reconnaissance des chefferies traditionnelles et le décret n° 77/245 du 15 juillet 1977 portant organisation des chefferies traditionnelles.

[25] Paul Auguste Bonnecarrère : commissaire de la République au Togo du 2 janvier 1922 au 27 décembre 1931.

religieuses. Le conseil formait un comité représentatif de l'ensemble des membres composant la collectivité. Ils avaient une mission consultative. Ils pouvaient donner leur avis sur la fixation des impôts et les prestations financières locales ainsi que l'exécution des travaux et mesure d'hygiène et d'assainissement intéressant le cercle. Ils exerçaient à titre gratuit un mandat de trois ans pouvant être révoqué par le commissaire de la République sur proposition du commandant de la collectivité. Ils se réunissaient en session ordinaire sur convocation de leur président ou en session extraordinaire lorsque le commissaire de la République souhaitait les convoquer. Nous pouvons noter que le conseil des indigènes, ancêtre administratif de la chefferie traditionnelle servait d'interlocuteur valable entre la population indigène et l'autorité coloniale. Il permettait à ce dernier de faire participer la population locale à la gestion de leur pays.

La première réforme fondamentale de cette entité locale intervint en 1924 par l'arrêté n° 257 du 4 novembre. Selon l'article premier de cet arrêté pris par le commissaire de la République, désormais, les membres du conseil des notables étaient élus pour un mandat de trois (3) ans. Ces membres étaient élus par deux collèges électoraux. L'un composé de l'ensemble des chefs de cantons et de villages de la localité et l'autre de l'ensemble des chefs de quartiers et de familles des centres urbains notamment de Lomé, Aného, Kloto et Atakpamé. Un seul collège électoral, composé des chefs de cantons et de villages, devait cependant élire les membres du conseil des notables de Sokodé et de Bassar. L'arrêté prévoit un véritable processus devant aboutir à l'élection de ces conseillers. Les élections devaient se tenir dans la première quinzaine du mois de mars de l'année de l'élection. La liste électorale était arrêtée dans la première quinzaine du mois de janvier et déposée au siège du commandant de cercle afin que tout indigène puisse en prendre connaissance et faire des réclamations si nécessaires. Selon l'article 10 de l'arrêté, l'élection se faisait à la majorité absolue. Cette nouvelle organisation administrative des autorités traditionnelles locales traduit la volonté de l'administration coloniale de voir ces personnalités locales participer activement à la vie politique et économique de leurs localités respectives. D'ailleurs, dans un courrier du 4 novembre 1924 envoyé au ministère des Colonies, le commissaire de la République Auguste Bonnecarrère justifiait ainsi ces réformes : « Dès mon arrivée au Togo, il y a bientôt trois ans, je fus frappé, au cours d'entretiens personnels avec les indigènes tant à Lomé qu'en différents autres points à l'intérieur, de trouver chez mes interlocuteurs, un grand bon sens, un jugement sûr, une aptitude remarquable à comprendre et à raisonner, chez certains d'entre eux une bonne instruction primaire, et dans l'ensemble un degré d'évolution probablement supérieur à celui des populations dahoméennes. En présence de conditions aussi favorables, il me parut légitime que les indigènes du bas-Togo fussent admis à participer à la gestion des intérêts locaux, et comme en l'occurrence les devoirs de notre tutelle se conciliaient exactement avec notre intérêt de puissance mandataire dont le but devait être de gagner à notre cause par une sollicitude agissante le cœur de nos protégés, je n'hésitai pas à appeler ceux-ci à collaborer officiellement à l'œuvre que nous préparions à entreprendre dans le pays. Dès le 17 février 1922, par un arrêté qui reçut par la suite l'approbation de votre prédécesseur, j'instituai en conséquence, au Togo français, des conseils de notables (...). La désignation des conseillers s'effectua dans des conditions telles qu'elle donna lieu à une véritable consultation électorale et que pratiquement seule la majorité des voix décida du choix fait (...)[26].

La représentation des entités traditionnelles dans la sphère administrative de l'État ne dura pas assez longtemps au Togo. Déjà en 1928, par une lettre adressée au commissaire de la République, l'administrateur en chef des Colonies Bernard Jacques Siadous[27] soulevait son inquiétude face à cette trop grande liberté accordée aux conseils de notables : « Je ne pense pas que le conseil des notables puisse se réunir pour toute question qu'il lui semble utile de discuter comme semble le croire le conseil des notables de Lomé. Certains articles de l'arrêté de 1922 ne sont pas contraires à ceux de l'acte de 1924 ; les articles 6 à 10 prévoient que l'ordre du jour des réunions des conseils des notables est arrêté par le commissaire de la République (...). Je vous serais obligé de me faire connaître quelle est votre manière de voir. Je ne dissimule pas qu'il faut agir avec prudence avec ces assemblées qui collaborent utilement à notre administration, mais il est bon de ne pas les laisser s'engager dans une voie qui est peut-être sans profit pour la bonne administration du territoire (...) »[28]. Pour Obuibé Bassa Komla, toutes ces critiques

---

[26] Courrier n° 532 du 4 novembre 1924, CAOM- AP- sous- série-Togo-Cameroun-Administration et organisation du territoire- Carton 606- dossier 4 : « Assemblée et conseils des notables (procès-verbaux) ».

[27] Bernard Jacques SIADOUS (1879-1967) : administrateur en Chef des colonies, de 1929 à 1931 il fut Gouverneur de la Guyane française.

[28] CAOM, *op. cit.*, courrier du 13 janvier 1928.

incitèrent Bonnecarrère à revenir à l'esprit du texte de 1922 : « Dans la circulaire de 1929, il demanda aux commandants de cercle de s'impliquer davantage dans les débats des conseils, d'exposer eux-mêmes l'ordre du jour des séances-ceci afin de ne pas laisser accroître l'aura des présidents- et de faire de temps en temps des comparaisons avec la situation des colonies voisines du Togo »[29].

Même si le départ de Bonnecarrère en 1931 a mis un frein à cette volonté de démocratiser les entités indigènes[30] en les faisant participer activement à la gestion des affaires locales, nous pouvons retenir qu'avec lui, l'administration coloniale a opéré une des premières réformes administratives du territoire avec une prise en considération des autorités traditionnelles locales. Cependant, rien ne semble avoir changé autour des chefferies au Togo. Les gouvernements successifs au lendemain des indépendances sont restés aussi vagues sur le concept que sur le statut des chefferies traditionnelles. La constitution de 1992 les cantonne, en son article 143 dans un rôle de « gardiens des us et coutumes ». Le législateur togolais a semblé vouloir faire une innovation en adoptant en 2007 une loi relative à la chefferie et censée préciser son statut[31]. Malgré une littérature fluctuante, la précision juridique espérée sur ces entités locales reste encore pour le moins ambigüe.

Les politiques de développement entreprises aujourd'hui et mises en œuvre par lesdits Etats avec l'appui de leurs partenaires internationaux misent sur les réformes institutionnelles de l'administration publique. Ces réformes passent par une modernisation des collectivités territoriales à travers la décentralisation en vue de conduire le citoyen à participer activement à la vie publique de sa localité. Dans ce contexte où le moderne semble devoir composer avec le traditionnel, l'on arrive à une dénaturation, voire, à une méconnaissance des principes encadrant la décentralisation tels qu'élaborés et mis en œuvre dans les États occidentaux comme la France.

Les collectivités territoriales africaines, bien qu'imprégnées des principes de la décentralisation, restent dans les faits moins des collectivités décentralisées que des collectivités locales. Chaque État

---

[29] O. B. KOMLA, « Les conseils des notables au Togo. Du mandat à la tutelle (1922-1958) : tribune d'expression d'une future opposition », *Le contact colonial dans l'empire français : XXe-XXe siècle*, Outre-mer, tome 98, n° 370-371, 2011, p. 92.

[30] Ibid.

[31] L. n° 2007- 002 du 08 mars 2007 relative à la chefferie traditionnelle et au statut du chef traditionnel.

africain décentralisé institue, bon gré mal gré, sa propre nomenclature de l'État. Ainsi, même si l'on retrouve un peu partout en Afrique la réplique du modèle étatique occidental, la réalité du caractère traditionnel propre à la société africaine ne manque pas ici et là d'influer sur les différents projets de réformes territoriales entrepris.

Certains Etats comme le Ghana par exemple maintiennent ces modes d'organisation traditionnelle[32], d'autres, à l'instar du Bénin, les écartent complètement en y imposant en lieu et place le modèle étatique occidental[33]. Mieux encore, on trouve des États qui essaient de réaliser une hybridation entre l'organisation administrative traditionnelle et l'organisation administrative moderne. Évidemment, cela n'est pas sans conséquence sur les résultats attendus par la décentralisation dans ces États.

Les personnes morales, que l'on comptait démultiplier grâce à la décentralisation, se retrouvent comme des coquilles vides, car sans compétences claires et peu adaptées aux réalités locales. Leurs missions et rôles semblent désorientés, voire vidés. La place que l'on veut ici réserver aux autorités locales, plutôt que de contribuer à affirmer les avantages de ce mode de gestion moderne de l'État qu'est la décentralisation, s'apparente à un frein à ce processus dont les mérites sont tant vantés dans les États développés qui en ont fait un choix de gouvernance.

Beaucoup d'États se sont contentés de reproduire le modèle inspiré par l'expérience de leur métropole coloniale. Or le constat est que les institutions mises en place peinent à produire les effets escomptés. La décentralisation qui devait être la manifestation de la volonté du citoyen à s'intéresser à la vie publique locale est plutôt, dans ces États africains, non seulement une volonté imposée du haut vers le bas,

---

[32] P. JACQUEMOT, « Chefferies et décentralisation au Ghana », Afrique contemporaine 2007/1 (n° 221), p. 55-74. La décentralisation a été instaurée au Ghana autant pour organiser le maillage du territoire en institutions démocratiques que pour cantonner les chefs dans leur enclos traditionnel.

[33] Au Bénin par exemple, l'expérience avait été tentée sous Mathieu KEREKOU (Président de la République : 1972-1990 et 1996-2006). La motivation principale était d'assurer la présence de l'Etat jusqu'au niveau des villages. Les chefs traditionnels devaient être assistés d'un délégué élu et d'un conseiller représentant l'Etat. Tous étaient issus de la population locale. Sauf que dans les faits, le pouvoir était exercé par le délégué. Les chefs traditionnels, répugnant à exercer le pouvoir temporel, se contentaient du pouvoir spirituel, ce qui était contraire à la démocratie. L'inféodation des chefs au pouvoir politique fut purement et simplement abandonnée, du moins du point de vue institutionnel.

mais également une occasion pour le pouvoir central de se désengager de certaines parties de son territoire. Même si la décentralisation dans certains États apparaît comme une réussite, son effectivité passe nécessairement par une prise en compte des réalités propres à chaque société.

Plutôt que de remettre en cause en permanence les modes d'organisation traditionnels des sociétés africaines, nous pouvons nous interroger sur leur atout pour la réussite de la décentralisation. Au lieu d'écarter les chefferies traditionnelles des processus de décentralisation, ne serait-il pas pertinent de greffer les principes de la décentralisation[34] à cette organisation administrative traditionnelle qui, à y regarder de plus près, ne font pas du tout obstacle aux valeurs démocratiques.

Le choix d'étudier les chefferies traditionnelles dans le contexte des réformes territoriales en Afrique subsaharienne offre une double utilité. D'une part, il permet de cerner la nature juridique de cette entité territoriale africaine qui dans le cadre des processus de décentralisation devait avoir toute sa valeur en tant qu'organisation administrative originelle locale. D'autre part, et au-delà de l'aspect théorique de la question, nous nous intéresserons à la mise en œuvre effective de la décentralisation dans les jeunes États africains. Même si notre sujet se donne pour cadre d'étude « les jeunes États africains », celui-ci n'a pas pour vocation d'embrasser toutes les chefferies se trouvant sur ce continent. Il s'agit ici d'aborder la question dans des États qui, au lendemain des indépendances, ont cherché à asseoir une organisation territoriale à l'image des États occidentaux où la décentralisation semble assez évoluée. D'où l'expression « jeunes États » qui ne s'oppose pas ici à celui de « vieux États », mais nous permet de situer nos sujets dans le temps. Géographiquement, l'analyse portera sur les cas du Togo, du Cameroun et du Ghana.

Ces territoires pouvaient être qualifiés d'États qu'à partir de l'acquisition de leur souveraineté dans la vague des indépendances des années 1960. Les situations peuvent varier d'un État à un autre, d'une chefferie à une autre. Cependant la problématique reste la même. Face à l'organisation décentralisée de l'État, les autorités traditionnelles locales sont soit intégrées, soit ignorées. Le Togo et le Cameroun ont

---

[34] Qui ont d'ailleurs, comme on peut le constater un peu plus loin, le mérite d'être universels.

un passé colonial commun. Ils ont eu à s'organiser sous une administration coloniale allemande, britannique avant d'hériter définitivement du système français.

Quant au Ghana, il a conservé le système des chefferies tel qu'il existait avant l'arrivée du colon britannique. Nous observons actuellement que dans ces deux modèles d'État africain, notamment francophone et britannique, la Chefferie traditionnelle ne bénéficie pas du même système juridique. Tandis qu'au Togo et au Cameroun les chefferies sont presque écartées de l'administration territoriale étatique[35], au Ghana elles sont au cœur même de la décentralisation[36]. Ce qui semble se justifier du fait même de leur intégration *ab initio* à l'organisation administrative territoriale. Le champ d'études de ce sujet sera effectivement limité à ces trois pays même si des parallèles pourront être faits ponctuellement avec le droit d'autres États.

Cependant, face à un tel sujet, le manque de documentation reste l'une des difficultés majeures. Une abondante littérature existe néanmoins sur la question,[37] mais elle a plutôt un caractère

---

[35] A. CABANIS, « Le dialogue entre civilisation et culture : le nouveau cadre constitutionnel en Afrique francophone », article consulté sur le site http://www.cmiesi.ma, rubrique notes et analyses, p.236 : « Les premières constitutions dont se sont dotés les Etats de l'Afrique francophone aux lendemains des indépendances recouvrées, sont très naturellement placées sous le signe de la construction de l'Etat-Nation. (…) Dans cette perspective, tout ce qui pouvait affaiblir la domination du pouvoir central devait être banni et d'abord les autorités traditionnelles. Longtemps accusées d'avoir collaboré avec le colonisateur et de lui avoir servi de relais pour la transmission des ordres venant de la métropole, celles-ci étaient soupçonnées de défendre une conception réactionnaire de la société tendant à maintenir les coutumes anciennes, à empêcher la promotion des éléments les plus brillants des nouvelles générations et à se désintéresser du développement économique ».

[36] P. JACQUEMOT, … op. cit., p. 55; I. OWUSU-MENSAH, « Politics, chieftaincy and customary law in Ghana », Kas International Report, 9/2013, p.31 : '*Ghana has been recognised internationally in recent years as a country whose democratic reform efforts have not only been emblematic of successful democratisation, but which also have brought significant benefits to the country. However, the country continues to cherish and maintain ancient values and tradition, exemplified most strongly by the institution of Chieftaincy. Chieftaincy is the custodian of the customary values and norms in the country: defined as customary laws that regulate civil behaviour in traditional governance. However, over the years, politics have influenced the institution of chieftaincy and customary law*'

[37] Dont entre autres : J. LOMBARD, Autorités traditionnelles et pouvoir européen en Afrique noire. Le déclin d'une aristocratie sous le règne colonial, Paris, Les presses de Sciences Po., 1967 ; J.-P. MAGNANT (dir), La chefferie ancienne. Etude historique sur le pouvoir dans les sociétés précoloniales du Tchad, PUP, 1994 ; E. A. B. van

anthropologique ou historique. Or le contexte n'est plus le même aujourd'hui. Les rares études de droit positif existantes n'embrassent pas tous les contours des chefferies face à la décentralisation. Elles se contentent souvent de répondre à une question précise soulevée lors d'un colloque ou d'une conférence[38]. Ce travail de recherche a pour ambition de replacer les chefferies au carrefour des politiques de décentralisation entreprises ces dernières décennies dans les États d'Afrique subsaharienne. Ainsi, nos sources documentaires restent en priorité les ouvrages, les thèses, et les écrits du droit public, particulièrement du droit des collectivités territoriales[39], même si la particularité du sujet nous conduira à nous référer à diverses œuvres, notamment anthropologiques et historiques abordant la question[40].

L'organisation territoriale dans la plupart des États francophones d'Afrique, particulièrement au Togo et au Cameroun, reste fortement influencée par leur ancienne métropole occidentale. Les principes de la décentralisation élaborés en droit français et repris, du moins théoriquement par les constitutions de ces États, ne prennent pas en compte les structures traditionnelles locales. Bien que l'existence des chefferies traditionnelles soit reconnue par les textes, cette entité

ROUVEROY van NIEUWAAL, « Le droit coutumier à l'époque des allemands au Togo » ; G. BALADIER, Anthropologie politique, Paris, PUF, 1967 ; C. M. TOULABOR, Le Ghana de JJ. Rawlings. Restauration de l'Etat et renaissance du politique, Karthala, 2003 ; A. N. GOEH-AKUE, « Relation entre autorités traditionnelles et pouvoir public moderne au Togo : atouts et limites au développement local », Revue Cames, Série B, Vol. 1, 1999.

[38] Par exemple : C. PERROT et A. FAUVELLE (dir.), *Le retour des rois. Les autorités traditionnelles et l'Etat en Afrique contemporaine*, Karthala, 2003 ; I. MOUICHE, « Chefferies traditionnelles, autochtonie et construction d'une sphère publique locale au Cameroun », *African Studies Review*, vol. 54, n° 3, 2011 ; C. TRIMUA, « Le statut juridique de la chefferie traditionnelle au Togo : incertitude et ambigüité », www. base.afrique-gouvernance.net/docs/trimual.pdf ; Actes du colloque de Bamako, Entre tradition et modernité, quelle gouvernance pour l'Afrique, 23, 24, 25 janvier 2007, url : www.institut-gouvernance.org/docs/actes_bamako-2-3.pdf

[39] Dont entre autres : E. AUBER et D. CERVELLE, *Les collectivités territoriales*, Armand Colin, 2015 ; J.-B. AUBY, J. –F. AUBY et R. NOGUELLOU, *Droits des collectivités locales,* Thémis, 2015 ; L. N. BEKALE, *Le principe de la libre administration à l'épreuve des collectivités territoriales d'Afrique francophone, (Bénin, Burkina Faso, Gabon, Mali, Sénégal)*. Publibook, 2016 ; M. DOAT, *Recherche sur la notion de collectivités locales en droit administratif français,* Thèse, LGDJ, 2003 ; M. ONDOA (dir), *L'administration publique camerounaise à l'heure des réforme*, L'Harmattan, 2010 ; L. NGONO TSIMI, *L'autonomie administrative et financière des collectivités territoriales décentralisées : l'exemple du Cameroun,* Thèse, 2010.

[40] Ce qui nous permet d'explorer tous les contours du sujet.

locale originelle des territoires africains reste en marge de la nomenclature des collectivités territoriales (Première partie). Or pour une efficacité de la décentralisation qui vise la promotion du développement, de la démocratie au niveau local, il est souhaitable, dans le contexte africain, que ces entités dites traditionnelles soient prises en compte (Deuxième Partie).

PREMIÈRE PARTIE

LES CHEFFERIES TRADITIONNELLES ET LES PRINCIPES DE LA DÉCENTRALISATION : UNE COEXISTENCE CONFLICTUELLE

La décentralisation en Afrique est un projet relativement récent que l'on soit dans l'espace francophone ou anglophone. Dans les pays francophones, il faut se situer dans les années 1990[41] pour assister à sa mise à jour. Cependant dans l'espace anglophone africain à l'instar du Ghana, la décentralisation a commencé dès la mise en place de l'État. La mise en œuvre de la décentralisation est marquée d'une originalité : la prise en compte des chefferies traditionnelles dans la formation des collectivités locales.

L'étude de la décentralisation dans les jeunes États africains à travers le cas des chefferies traditionnelles au Togo ou au Cameroun diffère de l'expérience du Ghana et montre qu'une prise en compte généralisée des chefferies traditionnelles constituerait une originalité africaine.

Le mimétisme hérité par les ex-colonies françaises au lendemain des indépendances notamment en matière constitutionnelle et institutionnelle de l'État[42] n'a pas trouvé un terrain plus propice que celui de la décentralisation pour s'affirmer davantage. Alors que le processus de décentralisation au Ghana hérité du modèle britannique prend en compte l'organisation originale de la société africaine qu'est l'organisation villageoise à travers les chefferies, les jeunes États francophones s'approprient entièrement l'expérience française de la décentralisation. Ces derniers en procédant ainsi n'ont pas hésité à mettre de côté les réalités territoriales propres à l'organisation traditionnelle des populations africaines. Certes, la décentralisation a des fondements universels auxquels aspire tout peuple, quel qu'il soit, cependant elle ne saurait être efficacement mise en œuvre sans tenir compte des spécificités de chaque localité.

---

[41] Les mutations politiques intervenues en Europe de l'Est avec la chute du mur de Berlin suscitèrent la volonté des pays africains à expérimenter le pluralisme. Le Discours de la Baule qui conditionnait l'aide au développement des pays africains à plus de démocratie incita les régimes à parti unique installés depuis le lendemain des indépendances à engager des politiques de réformes institutionnelles dont la décentralisation du pouvoir.

[42] J. B. GAUDUSSON (du Bois de), « Le mimétisme postcolonial, et après ? », *Pouvoirs*, 2009/2 N°129, pp.45-55.

CHAPITRE I

LA PERSPECTIVE ORGANISATIONNELLE DE LA DÉCENTRALISATION : UN LEGS HISTORIQUE

La plupart des États francophones africains notamment le Cameroun et le Togo, à l'image de la France, ont opté pour un État unitaire décentralisé. Ce dernier se distingue de l'État fédéral dans lequel les entités locales sont indépendantes de l'État qu'elles constituent. Alors que dans l'État fédéral, les pouvoirs de chaque entité sont fondamentalement prévus par la constitution, dans l'État unitaire, ceux-ci sont transférés aux collectivités locales par l'État central par le biais des lois que celui-ci adopte selon ses différents projets politiques. Un ensemble de textes fondamentaux garantit néanmoins la mise en œuvre de ce choix. Ces textes, d'ordre constitutionnel et législatif reprennent les principes forts de la décentralisation encadrant le processus dans le droit positif français. A contrario, dans le modèle britannique notamment ghanéen, nous observons la dimension innovante de la décentralisation prenant en compte, dès l'origine, l'organisation traditionnelle de la société africaine avec une consécration institutionnelle des chefferies traditionnelles.

SECTION I
LA DÉCENTRALISATION AU TOGO ET AU CAMEROUN INSPIRÉE DU MODÈLE FRANÇAIS

L'organisation de la décentralisation dans les Etats d'Afrique francophone notamment au Togo et au Cameroun fait recours aux mêmes principes encadrant le procédé dans le droit français à savoir la libre administration et l'autonomie financière. Ces deux principes dits principes de la décentralisation sont affirmés et organisés par plusieurs textes fondamentaux. Cependant en droit français, contrairement au droit camerounais et togolais, avant d'être constitutionnalisé, le principe de libre administration a fait l'objet de débats aussi bien jurisprudentiels que doctrinaires permettant d'appréhender ses caractéristiques. Même si ces dernières permettent de qualifier la libre administration et l'autonomie financière de principes universels, ils s'avèrent difficilement adaptables aux réalités locales de ces États d'Afrique francophone.

§ 1 - Des principes nés du droit français

L'organisation administrative de la plupart des États d'Afrique francophone reste une organisation calquée sur le modèle français bien que les réalités locales ne soient pas les mêmes.

Le Togo et le Cameroun, comme la plupart des États francophones d'Afrique noire[43] ayant opté pour un modèle d'État unitaire à l'image de celui de la France ont par conséquent en commun la décentralisation pour mode d'organisation de leurs collectivités locales[44]. Au Cameroun, c'est la loi N° 96/06 du 18 janvier 1996 portant révision de la constitution du 2 juin 1972 qui fixe le cadre juridique de la décentralisation. Les éléments constitutifs de cette décentralisation restent les mêmes en analysant les textes la consacrant dans tous ces pays. Ces principes restent la libre administration renforcée par une autonomie financière. L'article 141 de la Constitution togolaise du 14 octobre 1992 consacre le principe de la libre administration des collectivités décentralisées : « La République togolaise est organisée en collectivités territoriales sur la base du principe de décentralisation dans le respect de l'unité nationale (...). Ces collectivités territoriales s'administrent librement ». On retrouve également ce même principe à l'article 72 alinéa 3 de la Constitution française de 1958 : « Les collectivités territoriales s'administrent librement ».

[43] Au Sénégal, les textes sur la décentralisation sont mêmes antérieurs à la période des indépendances. Déjà le 10 août 1870, un décret du président de la République française de l'époque a été signé pour créer les communes de Saint-Louis et Gorée, puis Rufisque en 1880 et Dakar en 1887. Cependant, c'est la loi 94-55 du 13 juin 1994 portant révision de la Constitution qui fait de la décentralisation un principe constitutionnel en consacrant le principe de la libre administration des collectivités territoriales.

[44] Si au Cameroun c'est l'article 1er alinéa 2 de la Constitution qui énonce le principe en ces termes : « La République du Cameroun est un Etat unitaire décentralisé », au Togo l'article premier de la Constitution fait juste référence à la forme unitaire de la République. Le constituant ne précise le caractère décentralisé de l'Etat togolais qu'à l'article 141 du Chapitre XII dont la rubrique porte le titre : « Des collectivités territoriales et de la chefferie traditionnelle ».

Bien que les textes des divers États africains aient opté pour la décentralisation à l'image de la France, la question sur la notion et la portée du principe de la libre administration dans l'organisation territoriale africaine demeure.

A. L'évolution jurisprudentielle et doctrinale en France

Le principe de la libre administration des collectivités territoriales, qui suppose que ces dernières ont le droit de gérer leurs propres affaires, n'a pas connu en droit français une consécration aussi aisée que la pratique aujourd'hui peut laisser penser. Si l'article 72 de la constitution de 1958 énonce clairement que : « les collectivités (...) s'administrent librement par des conseils élus et dans les conditions prévues par la loi »[45] et pour sa part, l'article 34 renvoie au législateur la détermination des principes fondamentaux de cette libre administration (...) »[46], c'est à la doctrine que revient la précision de la notion.

En effet, la notion de « libre administration » ainsi que sa relation à la décentralisation a pendant longtemps opposé la doctrine. Selon Maurice Hauriou[47], considéré comme le père de la conception politique de la décentralisation[48], l'élection est le seul critère de décentralisation. Elle traduit l'expression du « droit de s'administrer soi-même » précise G. Marcou.[49] Selon ce dernier, l'introduction du principe électif dans les institutions locales est une œuvre de la Révolution française. En Allemagne, le Stadtordnung prussien de 1808 prévoyait que les deux tiers des conseillers municipaux soient

---

[45] Article 72 de la Constitution française du 4 octobre 1958.

[46] *Ibid.*, article 34.

[47] M. HAURIOU, *Étude sur la décentralisation*, Paris, Dupont, 1892, pp. 9-11.

[48] Voir F. FOURNIE, *Recherche sur la décentralisation dans l'œuvre de Maurice Hauriou,* LGDJ, 2005, où nous pouvons lire avec intérêt la préface de Jean-Araud Mazères. Résumant l'œuvre de Hauriou sur la conception de la décentralisation, il y rapporte quelques écrits édifiants tirés notamment de son œuvre *Précis de droit administratif,* 11ème éd., Librairie recueil Sirey. Pour Hauriou, « les raisons de la décentralisation ne sont point d'ordre administratif, mais bien d'ordre constitutionnel. (...) S'il ne s'agissait que du point de vue administratif, la centralisation assurerait au pays une administration plus habile, plus impartiale, plus intègre et plus économe que la décentralisation. Mais les pays modernes n'ont pas seulement besoin d'une bonne administration, ils ont aussi besoin de liberté politique ».

[49] G. MARCOU, « L'autonomie des collectivités locales en Europe : fondements, formes et limites », *Quel avenir pour l'autonomie des collectivités locales,* éditions de l'aube/ SECPB, p. 37.

propriétaires de leur maison. En Angleterre, des conseils élus ont été introduits dans les bourgs en 1835, mais au niveau des comités, l'autorité traditionnelle et aristocratique de la *justice of peace* n'a été remplacée par un conseil élu qu'en 1888[50]. La décentralisation selon cette conception « est le principe selon lequel chaque ville et chaque région sont libres de choisir par les représentants de la majorité de ses citoyens »[51] les règles qui les régiront.

Une autre conception, contestant cette position de Hauriou, écartait l'élection comme élément constitutif de la décentralisation. Elle avait à sa tête Léon Duguit. Il ne contestait pas la nécessité de l'indépendance des autorités décentralisées, mais les soumet à un contrôle de tutelle[52]. L'accent est davantage mis sur l'autonomie des collectivités locales qui est une liberté accordée aux organes infra-étatiques dans un État décentralisé. Cette autonomie, accordée aux collectivités territoriales, est dite autonomie verticale s'étendant aux organes administratifs de l'État. Elle ne remplace pas l'autonomie dite horizontale, conservée par l'État lui-même et qui lui permet d'édicter des lois. Cette conception de la décentralisation traduit la position selon laquelle une trop grande autonomie des collectivités locales nuirait à l'unité nationale[53]. Mais cette tradition jacobine de l'État a connu de réelles mutations aboutissant à la révision constitutionnelle de 2003 qui constitutionnalise le principe de la libre administration.

Le principe de libre administration permet la mise en œuvre effective de la décentralisation. Il implique une liberté de gestion de leurs affaires par les collectivités locales sans aucune dépendance vis-à-vis des autorités centrales. Au nom de ce principe, un minimum de compétences locales doit être reconnu aux collectivités territoriales.

---

[50] *Ibidem.*, il faut donc reconnaître qu'il y avait aussi des autorités traditionnelles ici également avant leur transformation en autorités locales élues.

[51] H. BARTHELEMY, *Traité élémentaire du droit administratif*, 13e édition, Paris, Rousseau et Compagnie, 1993, p. 112.

[52] L. DUGUIT, *Études de droit public*, T. 2 : l'Etat : les gouvernants et les agents, Paris, Fontemoing, 1903, p. 733 : « Finalement, deux caractères sont communs aux agents décentralisés et fédéralisés et les distinguent des agents centralisés : ils sont institués par un acte auquel ne participent ni directement ni indirectement les gouvernants ; ils sont soumis à un contrôle, et non point à un pouvoir hiérarchique, et ce contrôle autorise l'agent supérieur à ne pas approuver, à suspendre, à annuler, mais jamais à réformer. Ce droit de contrôle est souvent appelé droit de tutelle ».

[53] L. MALO, Autonomie locale et Union européenne, Bruylant, 2010, p. 8.

La révision constitutionnelle de mars 2003[54] intègre des matières sur lesquelles portent les compétences locales et permet de préciser le champ de cette compétence. Pour affirmer son existence, l'art. 72 de la Constitution dispose désormais que les collectivités territoriales « disposent d'un pouvoir réglementaire pour l'exercice de leurs compétences ». Ce qui est nouveau, car, même si ce pouvoir d'édicter des actes administratifs unilatéraux à portée générale et impersonnelle reconnus aux autorités locales existait déjà avant cette révision du 28 mars 2003[55], il n'était pas précisé par la constitution et par conséquent, le juge constitutionnel était moins audacieux à son égard. Ce qui ne sera certainement plus le cas. Les portées de ce principe ont donc été précisées par la jurisprudence notamment celle du juge constitutionnel. L'une des premières décisions fondamentales relatives à la libre administration est celle du 23 mai 1979[56]. Pour le juge constitutionnel, ce principe implique que toute collectivité doit disposer d'un conseil élu doté d'attributions effectives. L'existence de conseils d'élus est une condition *sine qua non* de libre administration[57]. Elle est expressément prévue à l'article 72 de la Constitution française de 1958. Elle fut codifiée par la loi du 2 mars 1982[58]. Les élections locales sont au même rang que les élections nationales. Les conseils doivent être élus par des citoyens bénéficiant des mêmes droits que sur le plan national[59]. Les conseils doivent en outre administrer réellement. Selon la jurisprudence du Conseil

---

[54] Révision constitutionnelle de mars 2003 promulguée par la loi du 28 mars 2003 relative à l'organisation décentralisée de la République. Cette révision intervient pour constitutionnaliser le droit des collectivités territoriales. Elle modifie le titre XII de la Constitution de 1958 consacré aux collectivités en ajoutant des articles nouveaux notamment l'article 72-1, 72-2, 72-3, 72-4, et l'article 74-1. Elle réécrit les articles 72, 73 et 74. Elle complète l'article 1er en précisant que la République est décentralisée.

[55] Cons. Const. 17 janvier 2002, Corse, déc. n° 2001-454 : cette décision consacre pour la première fois l'existence d'un pouvoir réglementaire des collectivités territoriales sur le fondement du principe constitutionnel de la libre administration.

[56] Décision n° 79-104, Territoire de la Nouvelle Calédonie, Rec., 27 ; Cons. Const. 8 août 1985, n° 85- 196 DC : Rec. Cons. Const. 63.

[57] La loi du 2 mars 1982 à travers ses articles 59 et 60 avait par exemple prévu expressément que les régions ne deviendraient des collectivités territoriales qu'à la condition que les conseils régionaux soient élus au « suffrage universel ».

[58] Loi n° 82-213 du 2 mars 1982, art. 1er, al. 1er ; art. L. 1111-1 du Code Général des Collectivités Territoriales : « Les communes, les départements et les régions s'administrent librement par des conseils élus ».

[59] Cons. Const. 6 déc. 1990, n° 90-280 DC, cons. n° 23, Rec. Cons. Const. p. 84.

constitutionnel, ils doivent être dotés d'attributions effectives[60]. Ils doivent avoir le pouvoir de décision pas que de consultation. Ils doivent disposer d'une liberté de décision pour le recrutement et la gestion de leurs agents.

Les collectivités locales, en résumé, pour être qualifiées de décentralisées doivent s'administrer librement par le biais des assemblées d'élus. La libre administration est effective à travers la réunion de deux éléments essentiels : d'une part, les autorités locales doivent être « élues[61]», ensuite le conseil d'élus qu'elles forment doit être doté d'attributions effectives. L'autonomie administrative comme le résume Maurice Hauriou : « est assurée par deux moyens, la nomination des agents à l'élection et leur groupement en des agences collectives qui sont des assemblées participants au pouvoir exécutif »[62]. Ce principe implique également que les collectivités sont indépendantes les unes par rapport aux autres. Les dirigeants des collectivités territoriales décentralisées ne relèvent ainsi d'aucun pouvoir hiérarchique. Pour la doctrine contemporaine[63], l'autonomie qui résulte du principe de libre administration des collectivités locales peut se décliner en cinq formes d'autonomies.

La première, la plus évidente en somme, est ce que l'on peut appeler « l'autonomie de gestion ». Elle correspond à l'idée selon laquelle, concrètement, une collectivité territoriale ne pourra être tenue pour libre d'orienter son action que si elle peut librement disposer des moyens matériels nécessaires à ses objectifs. Elle sera autonome, en ce sens, si elle peut alimenter par ses ressources propres un budget propre, et si elle peut se doter librement d'un personnel propre. La deuxième variété possible d'autonomie est celle qui s'attache à « l'indépendance des organes ». Vu sous cet angle, l'autonomie est consentie aux collectivités locales lorsque celles-ci disposent d'organes indépendants, libres de se déterminer parce que

---

[60] Décision 85-196 DC du 8 août 1985 : en substance, pour le conseil constitutionnel, il ne saurait y avoir de libre administration sans que les organes des collectivités locales soient dotés d'attributions effectives.

[61] Il faut toutefois préciser que même si la présence d'élus au sein des collectivités est nécessaire, la Constitution n'impose pas que l'élection soit au suffrage universel encore moins directe ou indirecte. C'est pourquoi le Conseil constitutionnel, dans la décision relative à la Nouvelle Calédonie, n'a pas jugé inconstitutionnel le fait qu'il y ait des organes exécutifs nommés au sein des collectivités (déc. 85-196 DC du 8 août 1985).

[62] M. HAURIOU, Précis de droit administratif et de droit public, Dalloz, 2002, p. 84.

[63] A l'instar de J.-B. AUBY, J.-F. AUBY, R. NOGUELLOU, *Droit des collectivités locales*, Thémis, 2015, 440 pp.

non-inscrits dans des mécanismes hiérarchiques, et émettant des actes qui ne peuvent pas être privés d'effet ou modifiés par une autorité « supérieure ». Le troisième registre possible d'autonomie s'attache à « la nature des prérogatives juridiques » dont les collectivités locales sont détentrices. Leur autonomie, à cet égard, dépend du point de savoir dans quelle mesure elles disposent elles-mêmes des prérogatives caractéristiques de la puissance publique, ou si ces pouvoirs sont conservés par l'État- lequel, le cas échéant, les manie à leur profit. Un quatrième niveau d'autonomie se retrouve dans la manière dont le droit définit « les activités susceptibles d'être déployées » par les collectivités locales. Étant précisé que la question est autant méthodologique que quantitative : la manière dont le droit définit l'objet des différentes collectivités (par une clause générale ou par des attributions spéciales, en admettant ou non que tout ce qui n'est pas interdit est permis) importe tout autant que le nombre et la variété des compétences conférées aux collectivités. L'autonomie, cinquièmement, qui correspond au « pouvoir d'auto-organisation » est une forme extrême de l'autonomie accordée aux collectivités locales s'il leur est accordé la faculté de déterminer leur propre statut, de modifier elles-mêmes les règles relatives à la condition personnelle de leurs agents et organes, et les règles relatives à l'exercice de leurs compétences[64].

Le juge administratif a eu l'occasion statuant en matière de référé-liberté de se prononcer sur la nature de la libre administration. Pour lui, la libre administration constitue une liberté fondamentale pouvant donc être opposée à l'État[65]. Le juge des conflits s'est également rallié à cette position[66].

L'institutionnalisation de la libre administration des collectivités territoriales se manifeste également sur le plan financier. On parle dans ce cas d'autonomie financière des collectivités territoriales. Ces dernières doivent en effet bénéficier d'une liberté fiscale, voire budgétaire. Considérée comme corollaire du principe de la libre

---

[64] J. – B. AUBY, « La libre administration des collectivités locales : un principe à repenser ? », *Quel avenir pour l'autonomie des collectivités locales ?* éditions de l'aube/SECPB, 1999, pp. 88-89.

[65] CE, ord. Réf., 24 janv. 2002, Commune de Beaulieu-sur-Mer, LPA 14 mars 2002, p. 17, note N. Kattinet ; CE, 12 juin 2002, Commune de Fauillet, rec., 215 ; AJDA 2002. 590, chron. F. Donnat et D. Casas ; CE, ord. Ref., 1er mars 2006, Ministre délégué aux collectivités territoriales, Dr. Adm. 2006, comm. 86.

[66] TC, 19 nov. 2007, Préfet du Val-de-Marne, Lebon, p. 608.

administration, l'autonomie financière des collectivités locales a été également érigée en principe de la décentralisation[67]. Elle est la conséquence *sine qua non* du droit de s'administrer elles-mêmes, octroyé aux collectivités territoriales. L'effectivité de la décentralisation implique que les collectivités territoriales pour la mise en application de leurs politiques publiques locales disposent d'une liberté dans l'élaboration et l'exécution de leur budget. L'autonomie financière des collectivités territoriales peut s'analyser selon V. Dussart comme la situation d'une collectivité territoriale disposant des pouvoirs propres de décision et de gestion de ses recettes et de ses dépenses, regroupées en un budget nécessaire à l'exercice de ses compétences[68].

Ce principe trouve sa justification du fait du transfert des compétences aux collectivités locales réalisé par l'État au nom de la décentralisation. Les ressources étatiques sont liées aux compétences transférées. En conséquence, pas de transfert de compétences sans transfert de moyens. En effet, lorsque l'Etat laisse aux collectivités une compétence qu'il exerçait, il doit leur permettre également de disposer des ressources y afférentes. Théoriquement, ces ressources sont constituées de dotations et de ressources propres.

La révision constitutionnelle de mars 2003 vient préciser le réel contenu de ce principe : les collectivités territoriales bénéficient de ressources dont elles peuvent disposer librement dans les conditions prévues par les lois. De même, elles peuvent recevoir tout ou partie du

---

[67] L'article 72-2 de la Constitution et la loi organique du 29 juillet 2004 la place au rang des principes constitutionnels. Selon ces textes fondamentaux, désormais les collectivités territoriales bénéficient de ressources dont elles peuvent disposer librement ; elles peuvent recevoir tout ou partie des impositions de toutes natures et la loi peut les autoriser, dans certaines limites, à en fixer l'assiette et le taux ; les recettes fiscales et les autres ressources propres des collectivités territoriales représentent, pour chaque catégorie de collectivités, une part déterminante de l'ensemble de leurs ressources ; tout nouveau transfert de compétences doit s'accompagner de l'attribution de ressources équivalentes à celles consacrées à l'exercice de la compétence transférée par l'Etat. Il faut souligner toutefois que la jurisprudence constitutionnelle apparaît un peu souple par rapport à la protection de ce principe dit corollaire du principe de la libre administration. Toute réduction des ressources locales n'était pas contraire à la libre administration. A travers la décision n° 90-277 DC, 25 juillet 1990 (Rec., p. 70) le Conseil constitutionnel limite son contrôle en considérant que le législateur pouvait intervenir pour autant que la loi ne restreignait pas les ressources des collectivités territoriales « au point d'entraver leur libre administration ».

[68] V. DUSSART, « L'autonomie financière des pouvoirs publics constitutionnels », Paris, Cnrs Editions, 2000, pp. 12-13.

produit des impositions de toute nature. La loi peut les autoriser à en fixer l'assiette et le taux dans les limites qu'elle détermine. Les recettes fiscales et les autres ressources propres des collectivités territoriales représentent, pour chaque catégorie de collectivités, une part déterminante de l'ensemble de leurs ressources. Il est prévu qu'une loi organique intervienne pour fixer les conditions dans lesquelles cette règle est mise en œuvre.

La révision constitutionnelle prend le soin de rappeler la condition principale de la décentralisation : tout transfert de compétences entre l'État et les collectivités territoriales s'accompagne de l'attribution de ressources équivalentes à celles qui étaient consacrées à leur exercice. Toute création ou extension de compétences ayant pour conséquence d'augmenter les dépenses des collectivités territoriales est accompagnée de ressources déterminées par la loi.

Avant la réforme de 2003, le juge constitutionnel n'exerçait qu'un contrôle limité sur la garantie de ce droit reconnu aux collectivités territoriales. Il estimait que le législateur pouvait intervenir dans la mesure où la loi ne restreignait pas les ressources des collectivités territoriales au point d'entraver leur libre administration[69]. En d'autres termes, l'État pouvait intervenir sur les finances des collectivités territoriales si en le faisant, il ne portait pas atteinte à l'exercice du principe de la libre administration lui-même. Sa jurisprudence a été constante sur ce point, car il n'a jamais constaté une entrave à l'exercice du principe de la libre administration par le biais d'une atteinte à l'autonomie financière[70].

La réelle évolution sur ce principe d'autonomie est donc venue de la révision de 2003 notamment à travers sa loi organique du 29 juillet 2004[71] qui définit le contenu des ressources propres des collectivités comme des ressources de base minimale à reconnaître et garantir aux collectivités territoriales. Le législateur fixe le seuil des ressources propres de chaque catégorie de collectivité en se référant à l'année n-

---

[69] Déc. n° 90-277 DC, 25 juillet 1990, Rec. p. 70.

[70] Déc. n° 2000-432 DC, 12 juillet 2000, Rec., 104 : pour le Conseil constitutionnel, la suppression de la part régionale de la taxe d'habitation, si elle réduit de nouveau la part des recettes fiscales des régions dans l'ensemble de leurs ressources, n'a pour effet ni de restreindre la part de ces recettes ni de diminuer les ressources globales des régions au point d'entraver leur libre administration.

[71] Plusieurs lois organiques ont été prises après la promulgation de la loi constitutionnelle du 28 mars 2003 notamment celle du 29 juillet 2004 prise en application de l'article 72-2, relative à l'autonomie financière des collectivités territoriales.

1. Les ressources de chaque collectivité ne devraient donc pas être inférieures, en l'occurrence, à l'année 2003.

Le Conseil constitutionnel ne s'est d'ailleurs pas opposé à cette définition même si elle ne semble pas du tout satisfaisante selon certains analystes (Déc., n° 2004-500 DC, 29 juillet 2004). En effet, « pour certains élus, les ressources propres ne pouvaient s'entendre que du seul produit des impositions dont les collectivités territoriales sont en mesure de déterminer le taux ». Alors que pour d'autres, la notion de ressources propres devait inclure également « les partages de produits d'impôts entre l'État et les collectivités territoriales »[72].

En résumé, la libre administration d'une collectivité territoriale implique que cette collectivité a non seulement, le droit de décider et d'agir dans le respect des lois, mais également la capacité de le faire grâce à des ressources suffisantes dont elle peut disposer librement[73]. Le droit des États africains d'inspiration française consacre également ces principes même s'ils ne sont encore qu'à leur étape embryonnaire.

B. Une consécration constitutionnelle et législative au Togo et au Cameroun

Le principe de la libre administration tel qu'élaboré dans le droit positif français a fait l'objet d'une importation dans le droit des pays francophones africains, en l'occurrence au Togo et au Cameroun. Son évolution n'a cependant pas bénéficié de la même richesse jurisprudentielle et doctrinale. Sa consécration ici est plus théorique qu'effective. À la faveur du vent démocratique des années 1990[74], les constituants africains fiers de présenter à leurs concitoyens un État à étiquette « moderne » n'hésitèrent pas à sacraliser les principes de bonne gouvernance mis en œuvre dans les États dits développés. Les différentes Constitutions adoptées au cours de ces années s'alignèrent derrière les nouvelles normes internationales. Passant d'un État unitaire centralisé à un État unitaire décentralisé présenté comme gage

---

[72] J.-F. PICARD, *Finances locales*, Lexis Nexis, 2013, p.3.

[73] G. MARCOU, « L'autonomie des collectivités locales en Europe : fondements, formes et limites », *Quel avenir pour l'autonomie des collectivités locales*, *op. cit.*, p. 36.

[74] La fin de la guerre froide avec la chute du mur de Berlin donnait l'occasion à l'Occident de mettre fin à l'idéologie communiste au profit du libéralisme économique en mettant l'accent sur les libertés individuelles. La communauté internationale n'a pas hésité en s'appuyant sur le discours de la Baule à conditionner ses aides au développement en faveur des pays africains au respect du triptyque démocratie-décentralisation-développement.

de la démocratie et du développement local, la plupart de ces pays firent de la libre administration des collectivités territoriales un principe constitutionnel.

La libre administration est consacrée par la Constitution camerounaise à l'alinéa 2 de son art. 55 en disposant que : « les collectivités territoriales décentralisées sont des personnes morales de droit public. Elles jouissent de l'autonomie administrative et financière pour la gestion des intérêts régionaux et locaux. Elles s'administrent librement par des Conseils élus et dans les conditions fixées par la loi »[75].

Allant dans la même logique, l'article 141 de la constitution togolaise de 1992 qui consacre la décentralisation fait également de la libre administration le mode de gestion des collectivités territoriales en ces termes : « La République togolaise est organisée en collectivités territoriales sur la base de la décentralisation dans le respect de l'unité de la nation (…). Les collectivités territoriales s'administrent librement par des conseils élus, dans les conditions prévues par la loi »[76]. Au Togo, avant cette affirmation constitutionnelle, une loi fut déjà adoptée en 1981 pour doter les collectivités d'une autonomie administrative[77]. Elle faisait déjà des collectivités territoriales togolaises, des personnes morales dotées donc de la libre administration et de l'autonomie financière[78].

Suite à la consécration constitutionnelle de 1992, plusieurs lois sont intervenues pour préciser le contenu de la libre administration reconnu aux collectivités territoriales. À part la loi n° 98-006 du 11 février 1998 portant décentralisation au Togo[79] qui, évoque juste une reconnaissance du principe de libre administration aux collectivités territoriales, toutes les autres lois sur la matière apportent plus de précisions.

Par exemple, la loi de 2007 relative à la décentralisation et aux libertés locales y consacre toutes les dispositions de son chapitre II en précisant les compétences de chaque niveau de décentralisation.

---

[75] Art. 55 al.2 de loi constitutionnelle camerounaise du 18 janvier 1996.

[76] Article 141 de la Constitution togolaise du 14 octobre 1992. La Constitution béninoise du 11 décembre 1990 précise également dans les mêmes termes à son article 150 que les collectivités territoriales « s'administrent librement par des conseils élus et dans les conditions prévues par la loi ».

[77] Loi n°81-8 du 21 juin 1981 portant organisation territoriale. Voir Annexe n° 2

[78] *Ibid.* Art. 10 et 18

[79] Loi n° 98-006 du 11 février 1998 portant décentralisation au Togo

Toutes les collectivités, au nom du principe de libre administration sont sur un pied d'égalité : elles ont les mêmes types de compétences. Chaque collectivité s'administrant librement, seul le juge administratif peut déclarer la nullité d'un acte administratif après saisine faite par l'autorité compétente[80].

Le législateur intervient également dans ce même sens en 2008 pour donner la possibilité aux collectivités locales de se doter de leurs propres fonctionnaires locaux avec l'adoption de la loi n° 2008-006 du 11 juin 2008 portant statut des agents des collectivités territoriales.

En donnant la personnalité morale aux collectivités territoriales et en leur permettant de se gérer librement par le biais des conseils d'élus locaux, la libre administration est ainsi adoptée sans ambiguïté par les textes constitutionnels et législatifs des pays d'Afrique francophone dont le Cameroun et le Togo. Cependant, l'exercice n'est pas aussi aisé lorsqu'il s'agit de son corolaire qu'est l'autonomie financière.

Au plan formel, la Constitution togolaise est moins bavarde sur cette autonomie. Comparativement aux développements consacrés au principe de libre administration, aucun article n'est expressément dédié à l'autonomie financière. Elle découle plutôt de la mise en œuvre de l'article 141. Sa consécration est alors l'œuvre du législateur intervenant pour fixer les conditions d'exercice de la libre administration reconnue à ces collectivités territoriales[81]. Le législateur togolais à travers la loi n° 2007-011 relative à la décentralisation et aux libertés locales dispose à l'article 308 que « les collectivités territoriales sont dotées de budgets propres exécutés par les organes exécutifs »[82].

Concernant les dotations, au Togo, la loi de 2007 a mis en place une institution autonome chargée de gérer les fonds alloués par l'État aux collectivités décentralisées. Il s'agit du Fonds d'Appui aux Collectivités Territoriales (FACT). Au Terme de l'article 365 de cette loi, le FACT a pour objet de mobiliser les ressources financières en vue de compenser les transferts de compétences et d'appuyer les actions de développement initiées par les collectivités territoriales[83].

---

[80] Loi n° 2007-001 relative à la décentralisation et aux libertés locales.

[81] Article 141 de la constitution togolaise … *op. cit.*, « (…) Les collectivités territoriales s'administrent librement par des conseils élus (…), dans des conditions prévues par la loi ».

[82] Loi n° 2007-001 relative à la décentralisation et aux libertés locales

[83] Loi n° 2007-011 … *op.cit.*, art. 365.

Ce fonds est constitué d'une part, de la dotation générale du budget de l'État et d'autre part, des contributions des collectivités territoriales dont le taux est fixé par voie réglementaire, des contributions des partenaires au développement de même que les dons et legs. Il faut noter que ce fonds est destiné à compenser par les mécanismes de péréquations[84] les inégalités financières des différentes collectivités territoriales du pays.

En outre, les collectivités décentralisées disposent de ressources propres issues de l'impôt local. Ce sont des impôts que l'État transfert aux collectivités. Ils relèvent exclusivement de la compétence des collectivités locales. Celles-ci en déterminent le taux, fixent les modalités d'exonération et en organisent la collecte. Il faut rappeler toutefois qu'en dehors de ces impôts prévus par la loi, les collectivités locales n'ont pas le pouvoir d'en créer d'autres malgré l'autonomie qui leur a été reconnue. Cette situation appelle quelques observations. Au regard des textes constitutionnels des États africains objets de notre étude, l'autonomie financière des collectivités territoriales, supposée inhérente à la libre administration reconnue à ces entités n'a pas fait l'objet de grandes précisions.

Au Cameroun, elle est prévue sommairement par l'article 55 al.1 de la Constitution qui dispose que les collectivités territoriales jouissent de l'autonomie financière pour la gestion des intérêts régionaux et locaux. Elle ne fait pas l'objet de définition constitutionnelle.

Le silence de la Constitution sur la question serait justifié par le principe de la légalité de l'impôt reconnu au seul législateur. En effet, sur le fondement du consentement à l'impôt[85], l'article 26 de la Constitution du Cameroun indique que « la création des impôts et taxes et la détermination de l'assiette, du taux et des modalités de recouvrement de ceux-ci » relèvent du domaine de la loi.

Il revient au législateur de fixer le régime de l'impôt local. Les collectivités locales ne peuvent donc pas créer elles-mêmes des impôts. Dans cette même perspective que l'article 22 de la loi du 22 juillet 2004 portant orientation de la décentralisation au Cameroun

---

[84] La péréquation qui théoriquement est un mécanisme consistant à atténuer les disparités de ressources entre collectivités territoriales au regard des charges auxquelles elles doivent faire face peine à atteindre ses objectifs escomptés.

[85] Art. 14 de la déclaration universelle des Droits de l'Homme et du citoyen : « Tous les Citoyens ont le droit de constater, par eux-mêmes ou par leurs Représentants, la nécessité de la contribution publique, de la consentir librement, d'en suivre l'emploi et d'en déterminer la quotité, l'assiette, le recouvrement et la durée ».

énonce que « les ressources nécessaires à l'exercice par les collectivités territoriales de leurs compétences leur sont dévolues soit par transfert de fiscalité, soit par dotations, soit par les deux à la fois ».

Ainsi, même si le principe de libre administration est reconnu aux collectivités territoriales, il est d'entrée limitée dans les États objets de notre étude par l'appréciation faite de son corollaire qu'est l'autonomie financière. Comme le souligne Alexis Essono Ovono : « … il ne peut y avoir une libre administration des collectivités locales sans une véritable autonomie fiscale locale, c'est-à-dire sans que les autorités locales puissent décider du niveau de la pression fiscale locale »[86].

Mais ces principes constitutionnels inspirés du modèle juridique français, transposés dans les textes fondamentaux de ces Etats d'Afrique francophone peinent à être assimilés par les populations locales.

§ 2 - Des principes peu adaptés aux réalités locales du Togo et du Cameroun

Au Togo et au Cameroun, le principe de libre administration et son corollaire qu'est l'autonomie financière souffre d'une absence d'effectivité. Au rang des difficultés soulevées se trouve entre autres la notion de collectivité territoriale dont les contours restent toujours insaisissables.

Le contenu et la délimitation des « collectivités territoriales » telles qu'élaborés dans le droit français a été pratiquement repris ici dans les ex-colonies françaises. Cette transposition, ne tenant pas compte des réalités locales, ne permet pas l'assise effective des principes liés à la décentralisation. Malgré le caractère universel des principes de la décentralisation, une précision sur la notion de collectivité territoriale nous permettra de relever les raisons pour lesquelles ces principes, inspirés du droit français, ne sont pas facilement adoptés par les populations locales africaines.

---

[86] A. E. OVONO, « L'autonomie financière des collectivités locales en Afrique noire francophone. Le cas du Cameroun, de la Côte-D'ivoire, du Gabon et du Sénégal », *revue d'étude et de recherche sur le droit et l'administration dans les pays d'Afrique*, n°2, p.6.

A. L'évolution de la notion de collectivités territoriales au regard du droit français

Les collectivités territoriales sont juridiquement des personnes morales de droit public, distinctes de l'État exerçant des compétences générales sur un territoire donné. Cette notion découle de la conception même de la décentralisation traduisant le mouvement par lequel l'État central transfère prérogatives et compétences aux personnes publiques qualifiées de décentralisées. La collectivité territoriale bénéficie donc d'une autonomie administrative avec son propre personnel et son propre budget[87]. Pour O. Gohin et J.-G. Sorbara, cette autonomie doit être exercée dans des conditions de mise en œuvre déterminées par le pouvoir institué, formé de l'assemblée délibérante et de l'exécutif de la collectivité[88].

La notion de collectivité territoriale a été juridiquement évoquée pour la première fois par la Constitution de 1946. Elle faisait des communes, des départements et les territoires d'Outre-mer des collectivités à part entière bénéficiant du principe de la libre administration. Désormais ce sont des sujets du droit constitutionnel. L'article 72 de la Constitution du 4 octobre 1958 reprend cette conception de collectivité territoriale en réaffirmant le principe de la libre administration au profit des communes, des départements et des territoires d'outre-mer ainsi que pour toute autre collectivité territoriale que la loi pourra créer. Avant cette date, ces dernières étaient considérées comme de simples entités administratives.

Il faut relever qu'avant la réforme de 2003, l'emploi indifférencié de la notion de collectivité territoriale et collectivité locale avait soulevé un débat au niveau doctrinal[89]. Il était soutenu par une partie

---

[87] R. CHAPUS, *Droit administratif général*, Montchrestien, Col. Domat, Tome 1, 15ème éd., p. 260 : « Constituant des unités administratives personnalisées et autonomes, elles ont leurs représentants élus, chargés de régler leurs affaires, sous la surveillance (et non l'autorité) des représentants de l'Etat. Elles disposent de personnels, de services et de biens qui leur sont propres. Elles ont leur propre budget ». Voir également M.-C. ROUAULT, *Droit administratif général*, 3ème éd., 2015, p. 145 et s.

[88] O. GOHIN, J.-G. SORBARA, *Institutions administratives*, LGDJ, 2016, p. 88 : « Toute collectivité territoriale est dotée de la personnalité morale et, à ce titre, bénéficie d'une autonomie administrative par rapport à l'Etat, c'est-à-dire qu'elle dispose de son propre personnel et de son propre budget, dans des conditions de mise en œuvre déterminées par le pouvoir institué, formé de l'assemblée délibérante et de l'exécutif de la collectivité ».

[89] C. BACOYANNIS, *Le principe constitutionnel de la libre administration des collectivités territoriales*, Economica, 1999, p. 90.

de la doctrine que les collectivités territoriales étaient distinctes des collectivités locales. Les tenants de cette thèse trouvaient leur argumentation dans la Constitution, notamment sur le fondement de la distinction faite par les articles 34 et 72 relativement au domaine de la loi et celui du règlement. En effet, l'article 34 de la Constitution donne compétence au législateur pour définir le statut des collectivités locales alors que l'article 72 en parlant de la libre administration n'avait fait référence qu'aux collectivités territoriales. La réforme constitutionnelle du 28 mars 2003 vient lever le doute en adoptant la notion unique de collectivité territoriale lorsqu'on évoque le principe de la libre administration caractérisant la décentralisation.

La notion de collectivités territoriales englobe aussi les établissements publics territoriaux. Cependant, à la différence des collectivités territoriales classiques, les établissements publics territoriaux ne bénéficient pas du principe de la libre administration au sens de l'article 72 de la constitution, car ils ne disposent pas de ressources propres, ni d'organes élus par les citoyens comme pour les collectivités territoriales. D'ailleurs, pendant longtemps la région n'était qu'un établissement public, dirigé par un conseil régional et un comité économique et social. La notion de collectivité territoriale va évoluer et inclure les régions par des lois de réformes de 1982 et 1986. Se basant sur l'article 72 de la Constitution qui lui accordait la possibilité de créer toute autre collectivité, le législateur ajoute la région au rang des collectivités territoriales pouvant s'administrer librement par un conseil d'élus. Une loi du 6 janvier 1986 vient préciser le mode de fonctionnement des régions qui reste à l'image des départements.

Typologiquement, au regard du droit français, les collectivités territoriales sont donc les communes, les départements et les régions. Or l'organisation sociale des pays d'Afrique de traditions juridiques françaises notamment au Togo comme au Cameroun fait appel à d'autres structures locales à l'instar des chefferies traditionnelles. Ces dernières semblent être de facto exclues par la transposition telle quelle de la notion de collectivités territoriales dans le droit de ces pays. La délimitation institutionnelle des collectivités territoriales dans le contexte sociojuridique africain reste à préciser.

B. L'appréhension des « collectivités territoriales » en Afrique

La collectivité territoriale telle qu'instituée par les textes[90] ne correspond pas à la représentation sociale de ce que l'on peut entendre par collectivité en Afrique. Elle écarte les réalités historiques et familières propres à l'organisation administrative traditionnelle africaine.

La société africaine a toujours été organisée autour des chefferies traditionnelles. Ces entités locales sont les autorités premières exerçant un pouvoir politique sur le plan local. L'une des ambitions de la décentralisation étant de rapprocher le citoyen local de l'organe politique, il se pose alors la question de la prise en compte de cette réalité locale qu'est la chefferie traditionnelle dans la libre administration territoriale. L'analyse de l'organisation territoriale telle que consacrée dans ces jeunes États africains, permet de relever une forte ressemblance par rapport à celle de la France. Alors qu'elle devait marquer la dissemblance entre l'administration territoriale française et celle africaine, la chefferie traditionnelle reste chez cette dernière quasi introuvable.

Au Togo, en dehors de la préfecture qui présente une particularité[91] nous avons, ainsi qu'au Cameroun, la région et la commune comme collectivités territoriales décentralisées. Les villages, entités symbolisant la société traditionnelle africaine, bien que sacralisés par le constituant sont absents de la reconnaissance juridique des collectivités territoriales. Le constituant togolais en titrant son chapitre XII : « Des collectivités territoriales et de la chefferie traditionnelle » semble avoir lui-même distingué les deux entités. La distinction peut laisser penser que la loi fondamentale voulait préciser que les chefferies, structures caractérisant l'organisation des villages,

---

[90] L. N. BEKALE, Le principe de la libre administration à l'épreuve des collectivités territoriales d'Afrique francophone (Bénin, Burkina Faso, Gabon, Mali, Sénégal), Publibook, 2016, 242 pp. La notion de collectivité territoriale dans le droit de la plupart des Etats d'Afrique francophone est calquée sur le modèle d'organisation de l'Etat français.

[91] Voir *infra :* (Chapitre 2, Section 1, Paragraphe 1), B. « La particularité de la préfecture ». Le département n'existe pas dans la nomenclature de la décentralisation au Togo. Les textes de décentralisation font coexister la circonscription administrative dirigée par le préfet (la préfecture) et la collectivité décentralisée disposant d'une assemblée délibérante élue (le Conseil de Préfecture) ayant à sa tête un président de conseil élu. Cependant, c'est le préfet qui est chargé des fonctions exécutives et administratives.

ne devaient pas être confondues aux collectivités territoriales. La rédaction du constituant peut aussi être interprétée dans un autre sens complètement contraire au premier : en regroupant « collectivités territoriales » et « chefferie traditionnelle » sous un même titre, peut-être qu'il entendait laisser la liberté au législateur dans le cadre de l'exercice de ses compétences de pouvoir préciser le statut des chefferies traditionnelles.

Le constituant ne s'est pas attardé sur la chefferie traditionnelle sous ce chapitre XII. L'unique article dédié à la chefferie reste également moins bavard sur cette dernière. Il précise seulement que : « l'État togolais reconnaît la chefferie traditionnelle, gardienne des us et coutumes. La désignation et l'intronisation du chef traditionnel obéissant aux us et coutumes de la localité »[92]. Peut-être, si on se fonde sur la loi de 1981 notamment en son article 26 à travers lequel le législateur fait du village une unité administrative[93], on peut penser que le constituant laissait le soin au législateur d'en faire une collectivité par rapport aux réalités locales.

Le constat est que les textes fondamentaux, notamment la Constitution et les textes de lois camerounaises et togolaises n'ont pas évolué sur la question. Ils se bornent soit à lister les composantes des collectivités locales soit à définir leurs compétences[94]. Ainsi, au regard de cette analyse, on pourrait conclure que les villages ne font pas parties des collectivités territoriales. Cependant les textes eux-mêmes renforcent l'ambigüité notamment en laissant la possibilité de création et de suppression des collectivités territoriales au législateur[95].

---

[92] Art. 143 Constitution togolaise de la 4ème République.

[93] Loi n°81-8 du 21 juin 1981 portant organisation territoriale. *op cit.*, art. 26.

[94] Exemple dans le droit togolais, l'article 2 de la loi N° 2007- 011 relative à la décentralisation et aux libertés locales pour définir les collectivités territoriales dispose que : « Le territoire national est divisé en collectivités territoriales (…). Ces collectivités sont : la commune, la préfecture, la région. Les collectivités territoriales sont créées ou supprimées par la loi ». L'équivalant de l'art. 55 alinéa 1 de la Constitution camerounaise du 18 janvier 1996 qui dispose que : « les collectivités territoriales de la République sont les régions et les communes. Tout autre type de collectivité territoriale décentralisée est créé par la loi ».

[95] Cf. le premier chapitre de la deuxième partie. En France, grâce à la réforme constitutionnelle de 2003, le constituant a clairement donné la possibilité au législateur de créer non seulement une collectivité territoriale au sein d'une catégorie existante mais également de créer une nouvelle catégorie de collectivité.

Au Cameroun, la Constitution de 1996 renforçant le décret n° 77/245 du 15 juillet 1977 portant organisation des Chefferies traditionnelles fait des communautés villageoises des structures de base comme les communes[96] sans toutefois donner plus de précisions sur leur nature juridique[97]. Ici également, il est difficile d'affirmer que la chefferie traditionnelle est considérée comme une collectivité territoriale. Le territoire camerounais est organisé comme en France en collectivités territoriales. Il est, d'une part, découpé en circonscriptions administratives déconcentrées et d'autre part en collectivités territoriales décentralisées. La question se pose de savoir dans quelles catégories se classent les chefferies traditionnelles en tant que structures communautaires de base.

En effet, les chefferies sont envisagées comme des « collectivités traditionnelles »[98]. Le décret du 15 juillet 1977 les organise sur la base des circonscriptions administratives. L'article 2 dispose que : « La chefferie traditionnelle est organisée sur une base territoriale. Elle comporte trois degrés hiérarchiques suivants : chefferie de 1er degré, chefferie du 2e degré ; chefferie du 3e degré ». Cette disposition est complétée par l'article 3 qui précise les contours de ces différents niveaux de chefferies de 2e degré en ces termes : « (…) est de 1er degré toute chefferie dont le territoire de commandement englobe le territoire d'au moins deux chefferies de 2e degré. Ses limites n'excèdent pas en principe celles du département. Est de 2ème degré, toute chefferie dont le territoire de commandement englobe le territoire d'au moins deux chefferies de 3e degré. Ces limites n'excèdent pas en principe celle d'un arrondissement. La chefferie de 3e degré correspond au village en milieu rural et au quartier en milieu urbain ».

Or, au terme de l'article 1er du décret relatif à l'organisation administrative de la République du Cameroun[99] et ceci, contrairement au décret de 1977, le territoire est structuré en circonscriptions administratives. Ces circonscriptions administratives sont les régions,

---

96 Sauf que pour la commune, l'article 2 alinéa 1 de la loi n° 2004/18 du 22 juillet 2004, fixant les règles applicables aux communes, revient préciser qu'elle est la collectivité décentralisée de base.

97 G. BALANDIER, *Anthropologie politique*, Paris, PUF, 1967, p. 208.

98 Décret n° 77/245 du 15 juillet 1977, *op. cit.* Faut-il entendre une collectivité territoriale décentralisée ou déconcentrée ?

99 V. décret n° 2008/376 12 novembre 2008 portant organisation administrative de la République du Cameroun.

les départements et les arrondissements. Les régions sont subdivisées en départements, et ces derniers sont composés d'arrondissements[100].

À aucun moment, il n'a été fait référence aux chefferies traditionnelles. Ne font donc pas partie des circonscriptions administratives les chefferies traditionnelles. Le législateur n'a pas précisé la composition d'un arrondissement. Or dans les faits, celui-ci est le regroupement de plusieurs villages ou cantons qui ne sont, en réalité, que les chefferies traditionnelles.

Il en va de même lorsqu'il faut l'analyser comme une collectivité territoriale décentralisée. Au rang des collectivités locales, la loi[101] cite la commune et le département.

La chefferie qui représente cette institution communautaire traditionnelle de base constituée de personnes ayant le désir de vivre ensemble et d'organiser leurs activités en commun n'en fait pas partie. Ici, le législateur camerounais a également voulu déroger aux règles d'organisation territoriale postcoloniale et adopter celles dites modernes.

Or ces règles d'organisation dites modernes restent artificielles lorsqu'on les transpose aux réalités des populations locales africaines. L'institution des collectivités territoriales en Afrique noire et plus particulièrement au Togo comme au Cameroun, États de traditions juridiques françaises, ne reflète pas exactement la réalité préexistante. Une étude[102] consacrée à la fonction publique camerounaise révèle quelques raisons de l'échec des institutions occidentales importées dans les ex-colonies françaises d'Afrique en ces termes : « sur la base des structures administratives coloniales, les institutions administratives échafaudées en Afrique francophone portaient déjà les germes de leur propre destruction (...). La fonction publique tout comme la commune est une institution dont l'efficacité suppose une adhésion consciente des populations sur lesquelles elle exerce une emprise totale. Faute d'avoir ignoré ces données fondamentales au moment de l'instauration de l'administration dans les pays africains, l'action administrative (...) se trouve rejetée (...). L'entreprise

---

100 Chapitre II de la loi n° 2004 portant organisation ... *op. cit.*

101 Loi constitutionnelle du 18 janvier 1998

102 M. NEMBOT, Le Glas de la Fonction Publique dans les Etats d'Afrique Francophone. Essai sur la signification d'une institution en quête de légitimité, (préface de Monique Chemilier-Gendreau), L'Harmattan, 2000.

coloniale en Afrique a d'abord répudié le sacré en sapant les structures traditionnelles qui le véhiculaient et l'entretenaient »[103].

La notion de collectivité territoriale en Afrique en général et dans les pays africains objets de notre étude en particulier aurait pu partir des quartiers, des villages et des cantons constituant le territoire actuel des chefferies. Ce sont de véritables cellules de base qui préexistaient avant l'époque coloniale et qui restent encore des références d'organisation du pouvoir et d'expérimentation de la démocratie au niveau du territoire local. Dans le droit des collectivités locales au Ghana, contrairement aux droits togolais et camerounais, malgré des réalités sociales semblables, les principes inspirés du modèle occidental semblent plus adaptés aux structures locales.

SECTION II
UN MODÈLE BRITANNIQUE INNOVANT AVEC LA PRISE EN COMPTE DES CHEFFERIES TRADITIONNELLES

Après les indépendances, les chefferies traditionnelles au Ghana semblent rester le seul lien entre les collectivités locales et l'État postmoderne. Institutionnalisée par l'État post colonial, la chefferie traditionnelle est aujourd'hui hissée au rang d'institution fondamentale de l'État. Cette particularité ghanéenne (P2) tire sa source de l'*indirect rule* pratiquée par l'Empire britannique (P1).

§ 1 - Une dimension historique : l'indirect rule britannique

L'essence même du maintien de la chefferie traditionnelle comme forme d'administration territoriale tire son existence du principe de *l'indirect rule*, mode de gestion administrative des colonies britanniques. Le système d'administration britannique consistait à gouverner par l'intermédiaire des administrés eux-mêmes. L'administration indirecte des colonies permettait d'associer les chefs indigènes à la gestion de leur pays. Elle garantissait les prérogatives des chefferies à l'époque coloniale. L'avantage de ce mode d'administration est qu'il permet d'asseoir un mode de gestion des populations locales basé sur leurs propres institutions, leurs propres habitudes de pensée, leurs us et coutumes, le tout adapté aux nouvelles

[103] *Ibid.*, p. 11-12.

conditions[104]. Les territoires coloniaux conquis par l'Empire britannique étaient gérés par l'intermédiaire des chefs indigènes. Dans cette perspective l'organisation traditionnelle précoloniale fut maintenue. Cette méthode de gestion des colonies britanniques a permis à l'administration traditionnelle locale de s'impliquer dans la gestion de ses propres affaires. Le même effet fut remarqué dans la partie du Cameroun qui était autrefois colonie britannique.

A. L'implication des autorités traditionnelles dans l'administration coloniale

Contrairement au '*direct rule*' français qui considérait que les autorités traditionnelles formaient un écran à supprimer, les Britanniques se sont très tôt appuyés sur ces dernières. Dans les colonies britanniques, les administrations indigènes locales furent intégrées à l'administration coloniale. Les chefs indigènes garantissaient à l'Empire britannique les intérêts commerciaux et la perception des impôts. Celui-ci en retour pouvait assurer au pouvoir local une sécurité militaire.

Au Ghana, plusieurs structures permettaient d'assurer cette administration indirecte. Notamment les « native courts » ou tribunaux composés d'indigènes, les « *native treasuries* » ou trésoriers indigènes chargés de la collecte d'une partie des impôts et de leur réinvestissement au bénéfice de la communauté ; - et surtout, les *native authorities*[105], véritables piliers de l'*indirect rule*.

Les chefferies traditionnelles effectuaient en quelque sorte les actes du pouvoir britannique dans les colonies. Elles étaient chargées de percevoir les impôts et taxes au profit de la couronne britannique. Tant que ces chefferies n'accomplissaient pas des actes pouvant entraver la prospérité de l'Empire colonial britannique, elles étaient maintenues.

---

[104] L. LUGARD, The dual mandate in british tropical Africa, 1922, Cornell University Library, p. 219

[105] La native *authority* est en principe un chef traditionnel ou toute autre personne désignée comme tel. A défaut, c'est un conseil de notables indigènes. La *native authority* est dotée d'une compétence territoriale (une circonscription) et d'une compétence personnelle (un ensemble de personnes formant une communauté de base). Il jouit d'une assez large autonomie pour la gestion des affaires locales (éducation, santé, commerce, police judiciaire, prisons municipales, environnement, construction et urbanisme, domaines fonciers etc.). De même, son autonomie financière est sans équivoque (inexistence du principe d'unicité de caisse). Les ressources financières proviennent des impôts, des redevances pour service rendu, des revenus du domaine, des subventions de l'Etat.

Les chefs récalcitrants, non coopératifs étaient destitués et remplacés par les plus conciliants. Avec la politique coloniale britannique, les chefferies traditionnelles jouaient pleinement le rôle de personnes morales au sein de la collectivité. Peu importait à cette époque de savoir s'il s'agissait des organes décentralisés ou non. Elles accomplissaient pleinement des actes au nom de l'intérêt général. Les chefferies étaient ainsi associées à la gestion des affaires les concernant directement. Une politique de décentralisation qui s'appuiera sur ces personnes n'aura en effet pas de difficultés majeures à s'affirmer. Les personnes directement concernées par cette délocalisation du pouvoir sont ainsi déjà préparées à sa mise en œuvre. En effet, elles en sont les initiatrices et les premières bénéficiaires.

L'effectivité de la décentralisation aujourd'hui au Ghana est la preuve que ces autorités traditionnelles locales sont indispensables à la gestion des affaires locales. Elles n'ont pas été dissociées de la nomenclature des collectivités locales. Elles sont restées actrices majeures de la démocratie locale. Le Ghana a gardé cet héritage de l'*indirect rule*. Les chefferies traditionnelles sont devenues les relais de l'administration [106]contrairement au pouvoir colonial français pour qui « l'administration indigène doit être réduite au minimum d'action directe, elle (l'administration indigène) ne doit être en quelque sorte qu'un contrôle sur les actes des chefs ou des collectivités indigènes »[107]. Les deux politiques différentes de gestion des territoires coloniaux ont eu pour conséquences soit d'amener les populations locales à s'intéresser aux affaires locales les concernant soit de les en éloigner. Il n'est pas étonnant aujourd'hui de constater que la décentralisation proclamée au Togo, pays voisin du Ghana, peine encore à voir le jour.

Une objection peut toutefois être soulevée. Le Togo et le Ghana étant deux pays différents, il est évident qu'ils n'allaient pas fonctionner sur une politique identique de décentralisation. Mais il faut également souligner que ces deux États avaient sur le plan local pratiquement les mêmes organisations traditionnelles. La survie de ces dernières dans l'un ou l'autre cas a été influencée par le traitement

---

[106] V. N. CHAZAN, « An Anatomy of Ghanaian Politics: Managing Political Recession, 1962-1982 », Boulder, Westview, 1993.

[107] Vr S. ABBA, « La chefferie traditionnelle en question », *Politique Africaine*, n° 38, 1990, p. 51. Les chefs traditionnels se sont vus adjoindre d'autres entités ou ont été remplacés progressivement par des chefs administratifs, notamment des chefs de cantons, des chefs de villages.

colonial dont elles ont fait l'objet. L'exemple de l'évolution des deux systèmes notamment l'*indirect rule* et le *direct rule* dans le cas camerounais peut être encore plus explicite.

B. La politique coloniale britannique au Cameroun

Une partie du Cameroun un peu plus tôt dès 1920 eut à connaître l'*indirect rule* lorsqu'elle devint une colonie britannique. Ce qui n'est pas sans conséquence sur la place des chefferies dans certaines localités du Cameroun même si cet Etat aujourd'hui unitaire est resté proche du système juridique français.

1. Une justification historique

En 1916, l'Allemagne vaincue de la Première Guerre mondiale fut obligée d'abandonner ses colonies au profit de la Société des Nations (SDN) sur la base du Traité de Versailles du 28 juin 1919. Certains États victorieux se virent confier la gestion des ex-colonies allemandes sous mandat de la Société des Nations. Par un accord du 10 juillet 1919, le Cameroun, qui était une colonie allemande, fut partagé entre la Grande-Bretagne et la France. La partie administrée par la Grande-Bretagne fut appelée le « Cameroun occidental » et celle administrée par la France était le « Cameroun Oriental ». De 1922 à 1945, ces deux territoires seront administrés « sous-mandat » c'est-à-dire que la SDN donnait plein pouvoir aux puissances colonisatrices. Celles-ci pouvaient administrer librement ces colonies comme partie intégrante de leur territoire. En 1946, après la Deuxième Guerre mondiale, ces territoires furent placés sous tutelle de la nouvelle organisation mondiale remplaçant la SDN, l'Organisation des Nations Unies (ONU). Désormais les puissances colonisatrices détentrices de la tutelle avaient l'obligation d'emmener progressivement ces territoires à l'indépendance. Le Cameroun oriental (francophone) devient indépendant le 1er janvier 1960, tandis que le Cameroun occidental (anglophone), pour des raisons de « commodité administrative »[108], reste rattaché à la colonie britannique du Nigeria qui en fait une province divisée en deux parties ; la partie nord (Northern Cameroons) et la partie sud (Southern Cameroons). Lorsque le Nigéria accède à l'indépendance le 1er octobre 1960, seul le Northern Cameroons est intégré dans son

[108] A. D. TJOUEN, Droits domaniaux et techniques foncières en droit camerounais : étude d'une réforme législative, Paris, Economica, 1982, p. 69.

territoire. Par le plébiscite du 11 février 1961, le Southern Cameroons choisit de s'allier au Cameroun occidental (francophone) pour former la République fédérale du Cameroun, composée de deux Etats : un État francophone et un État anglophone. Onze ans plus tard, le 20 mai 1972, la République fédérale du Cameroun devient la République unie du Cameroun par fusion des deux États fédérés.

2. L'expérience camerounaise de l'*indirect rule*

Il fut mis en place dès 1922 au Cameroun les Native Court. Ces assemblées d'autorités traditionnelles avaient le droit de légiférer et de lever l'impôt sous le contrôle des officiers de circonscriptions, les Districts Officiers. La chefferie traditionnelle que constituait l'ensemble des autorités traditionnelles pouvait gérer les affaires locales avec une certaine autonomie tant qu'elles n'interféraient pas avec les intérêts des colons. Le statut des *locals authorities* fut adopté dès 1940. Mais ce modèle de gestion fut abandonné en 1974,[109] car il s'opposait au système francophone qui avait une conception centralisée de l'État. Sur le fondement du *direct rule*, la France de tradition jacobine transposa dans ses colonies le système d'administration centralisée des institutions.

Cette méthode consistant à placer le territoire soumis sous la domination directe du colonisateur appliqua le découpage territorial sur la base des circonscriptions communales à l'image de la France. Elle ignora complètement ces structures traditionnelles qui avaient court à l'époque.

La loi du 5 décembre 1974 va mettre un terme définitif à l'application du principe de l'*indirect rule* et imposer la gestion centralisée de l'État. Ce principe d'*indirect rule* maintenu par contre par l'Etat du Ghana, une autre ex-colonie britannique, fut intégré au processus de décentralisation et amélioré par les autorités de ce pays. Ce qui ne manqua pas d'avoir un effet sur l'organisation actuelle de leurs chefferies traditionnelles.

[109] Loi du 5 décembre 1974 relative à l'organisation communale au Cameroun.

§ 2 - Un cadre juridique et sociopolitique particulier : l'exemple ghanéen du "*chieftaincy act*" ou la loi de 1971

État unitaire, le Ghana a opté à travers sa constitution pour un État décentralisé[110]. Avant la Constitution de 1992, les pouvoirs publics avaient déjà entrepris une politique de décentralisation marquée par l'adoption en 1971 de la loi sur les chefferies traditionnelles dite le chieftaincy act.

En 1988 cette politique de décentralisation fut renforcée avec l'adoption du Local Government Law afin de donner plus de moyens juridiques à la population locale de prendre part au pouvoir politique. Dans cette dynamique, la constitution de 1992 intervient et sacralise la place des autorités traditionnelles dans la vie publique locale. La chefferie se voit consacrer le chapitre 22.

Ainsi les articles 270 à 277 sont consacrés à l'encadrement des autorités traditionnelles et à la chefferie[111]. La constitution prévoit la création d'organes officiels représentant les chefferies notamment : la Chambre nationale des chefs, les Chambres régionales des chefs, les conseils traditionnels et les conseils de divisions[112]. Toute modification de ces dispositions ne pouvant intervenir que par référendum. Ceci démontre l'intention du constituant de faire de cette entité locale une institution fondamentale de l'État. Cette reconnaissance constitutionnelle de l'autonomie des chefferies n'est que l'aboutissement d'une évolution socio-politique héritée de la période précoloniale et coloniale. Contrairement aux pays francophones, l'évolution du cadre juridique des chefferies au Ghana est restée linéaire. La chefferie traditionnelle n'a pas fait place à une quelconque organisation administrative importée. L'organisation territoriale locale sous la colonisation et même postcoloniale est restée calquée et fidèle au modèle traditionnel qui avait court avant l'avènement de la colonisation.

Avant la colonisation, le territoire ghanéen était organisé en chefferies. L'*indirect rule* fut mis en place à partir de 1878 et étendu à tout le pays en 1904[113]. Il avait pour avantage de permettre la mise en

---

[110] Article 240 de la Constitution de 1992 : « Le gouvernement local et l'administration locale doivent être décentralisés et les attributions, pouvoirs, responsabilités et ressources devront être transférés du gouvernement central aux unités gouvernementales locales. »

[111] *Ibid.* art. 270 à 277

[112] *Ibid.* art. 273-274

[113] P. JACQUEMOT, « Chefferies et décentralisation au Ghana », *Afrique contemporaine*, 2007/1, n° 221, p. 56.

place d'une organisation traditionnelle dite *local government* assurée par les *Native Authorities*[114]. L'*indirect rule* eut pour conséquence d'avantager la formation de communautés ethniques associées à l'administration locale. La légitimité ethnique dont ces autorités locales jouissaient suffisait aux colonisateurs britanniques pour les rendre utiles à la gestion et à l'exploitation des territoires coloniaux.

Cependant, au lendemain des indépendances, l'hostilité des mouvements nationalistes vis-à-vis des pouvoirs coloniaux s'étendit aussi aux chefferies traditionnelles considérées comme des obstacles à la démocratisation et à la modernisation du pays[115]. Les *Native Authorities* furent dissoutes par le parti nationaliste au pouvoir du nationaliste Kwamè Nkrumah[116] et remplacés par les *local concils* nommés et contrôlés par le parti au pouvoir. Les chefs furent alors dépouillés de leurs pouvoirs d'antan. Pierre Jacquemot écrit à ce propos : « Aux chefs, il restait le folklore, les festivals, les cérémonies et les rites religieux. Certains chefs, désemparés par les positions de Nkrumah cherchèrent à concilier l'inconciliable. Dans une lettre de 1965, deux éminents chefs de la Brong Ahafo Region et de la *Volta Region*, en appelèrent au Président pour qu'il reconnaisse l'organisation des chefferies comme faisant partie intégrante du parti marxiste-léniniste. D'autres prosélytes furent remerciés pour leur zèle, l'un par un poste d'ambassadeur, d'autres par des postes dans d'importants et lucratifs conseils d'administration »[117].

Nkrumah fit en sorte que tous les chefs traditionnels soient des fidèles du parti. Ainsi il pouvait mieux contrôler tout le territoire. On assista alors à une centralisation renforcée du pouvoir de Koumassi.

---

[114] Voir note 50

[115] On peut lire à juste titre C. M. TOULABOR dans l'ouvrage qu'il a dirigé, « *Le Ghana de JJ. Rawlings. Restauration de l'Etat et renaissance du politique* », KARTHALA, 2003, p. 148 : « … D'un autre côté, les détracteurs de la chefferie soutiennent qu'il s'agit d'une institution obsolète qui empêche le développement d'une société mature, prospère, démocratique et juste, à laquelle on ne doit donc pas réserver de place dans une société progressiste. Par conséquent, les gouvernements successifs ont adopté une attitude ambivalente et parfois hostile à l'égard des chefs. Le Parti de la Convention du Peuple (*Convention People's Party- CPP*) de Kwame NKrumah, formé et lancé en juin 1949 se considérait depuis le départ comme un parti socialiste (…). Son objectif était entre autres de libérer le peuple de l'esclavage dans lequel le maintenait le colonialisme étranger et de la tyrannie du despotisme féodal local et de remplacer 'les chefferies féodales et despotes' par des chefferies démocratiques et constitutionnelles' ».

[116] Président de la République du Ghana du 1er juillet 1960 au 24 février 1966.

[117] *Op cit*. P. JACQUEMOT, « Chefferies et décentralisation … p. 57

En 1966 le gouvernement de Nkrumah fut renversé par un pouvoir militaire. Celui-ci renoua avec les chefs en rétablissant dans leurs droits ceux remplacés sous l'ancien pouvoir. Les chefs qui étaient nommés sous la bannière du parti politique de Nkrumah uniquement pour leur zèle furent destitués. Cependant ce nouveau régime ne reconnut pas la fonction politique aux chefs traditionnels. Ils n'avaient que des fonctions purement coutumières. Ce qui, cinq années plus tard se montra désavantageux pour le développement local cher aux politiques à cette époque.

Pour dynamiser la politique du développement local, une certaine autonomie fut reconnue aux administrations locales. Celles-ci furent contraintes de créer leurs propres institutions sans le contrôle de l'État. Dans ce contexte et pour affirmer la légitimité des chefferies traditionnelles, la loi de 1971 sur la chefferie dite '*Chieftaincy Act*' fut adoptée. Cette loi met en place les règles et les processus devant encadrer les chefferies dans leur fonctionnement. Elle reconnaît aux chefferies le pouvoir de décision pour des questions relatives au droit coutumier dans le domaine de l'héritage, du droit de la famille et de la propriété. Malgré cette évolution juridique, le politique a continué à tenir la chefferie en laisse au Ghana. L'arrivée au pouvoir de J. J Rawlings marqua un nouveau coup d'arrêt à cette évolution démocratique des chefferies traditionnelles. La politique de décentralisation entreprise par ce nouveau président avait pour objectif de bannir les chefs traditionnels des assemblées locales. Celles-ci, tout comme sous Nkrumah étaient considérés comme anti-démocratiques. Les chefferies n'étaient pas sans rappeler les régimes féodaux, alors que la démocratie exigeait de s'éloigner du communautarisme ou encore du régionalisme.

Au milieu des années 1980, les organisations communautaires se révélèrent être de véritables outils de développement local face à l'état de décroissance du pays. Elles apparurent comme des instruments d'entraide communautaire. Ceci provoqua la restauration du pouvoir des chefs locaux.

La politique qui guida la décentralisation se résumait à l'idée que les institutions néo-traditionalistes devraient contribuer à la réalisation de l'ordre social et égalitaire. L'idéologie qui s'imposa fut celle du retour à l'organisation politique traditionnelle des collectivités locales ghanéennes au lieu de fonctionner sur des modèles importés. Ce qui semblait contraire à la démocratie, car non loin du système féodal combattu par J.J Rawlings fut paradoxalement reconnu unanimement comme le prototype même de la démocratisation locale[118] : les chefferies traditionnelles.

Cette nouvelle politique reçut même l'appui de l'expertise de la Banque Mondiale recommandant d'inclure les chefs dans les processus de décentralisation et de redressement du pays. Ce qui aboutit en 1992 à l'adoption de la nouvelle Constitution du pays consacrant son chapitre 22 entièrement aux autorités traditionnelles et à la chefferie. La constitution va désormais préciser l'esprit de la *chieftaincy act* à travers l'organisation et le fonctionnement des chefferies traditionnelles.

On parlera de bureaucratie des chefferies[119]. La chefferie a toute une histoire au Ghana. Aujourd'hui, elle fait partie du paysage sociojuridique de l'État du Ghana. Les pouvoirs publics ne peuvent mettre en œuvre la décentralisation efficacement sans associer les chefferies traditionnelles. Ceci est possible, car, non seulement la Constitution, et par ricochet le législateur les sacralise, mais également elles ont été historiquement présentes tout au long de l'organisation administrative du pouvoir au niveau des collectivités territoriales de l'État. Une telle gouvernance parallèle peut être souhaitée pour les États francophones d'Afrique notamment le Togo et le Cameroun d'autant plus que les Constitutions et les textes législatifs respectifs de ces États reconnaissent ces entités locales.

---

[118] K. GYEKYE, « The unexamined life: Philosophy and the African experience », *Ghana Universities Press*, 1988, p. 29.

[119] J. R. A. AYEE, « *Decentralization and Good Governance in Ghana* », *Unpublished paper*, May 2000, Accra (Canadian High Commission), p. 12.

CHAPITRE II
LES CHEFFERIES TRADITIONNELLES À L'ÉPREUVE DES COMPÉTENCES ADMINISTRATIVES ET ÉCONOMIQUES DES COLLECTIVITÉS DÉCENTRALISÉES

Les textes fondamentaux consacrant le principe de la libre administration des collectivités territoriales et son corollaire, l'autonomie financière, renvoient également à l'affirmation de leurs compétences respectives. Les constituants africains en inscrivant les collectivités territoriales dans leurs Constitutions marquent la reconnaissance de ces sujets en tant qu'entités faisant partie de l'organisation de leurs territoires. De nombreuses lois et textes réglementaires ont suivi ou précédé cette démarche constitutionnelle. Toutes ces réformes témoignent de la volonté de faire de la décentralisation un mode de gouvernance territoriale en Afrique. L'organisation administrative adoptée par les États africains emprunte à de nombreux niveaux celle rencontrée dans les vieilles démocraties occidentales à l'instar de la France. La démarche mérite d'être appréciée, car elle s'inscrit dans la dynamique engagée par ces États afin de s'inscrire dans la modernisation de leurs institutions et s'adapter aux exigences démocratiques. Mais ces nouveaux sujets institutionnels des collectivités territoriales africaines se heurtent quelquefois dans leur élan aux réticences des populations locales, remettant en cause le modèle d'organisation ainsi imaginé. La réussite des différentes réformes territoriales passe nécessairement par une identification précise des différents sujets appelés à jouer un rôle important dans l'atteinte des objectifs souhaités par la décentralisation. La présentation des nouvelles institutions locales puis les limites qu'elles rencontrent dans la mise en œuvre de leurs compétences vont constituer nos deux angles d'analyse pour ce nouveau chapitre.

SECTION I
L'ORGANISATION ADMINISTRATIVE DES COLLECTIVITÉS LOCALES

L'organisation administrative de la plupart des pays d'Afrique noire francophone, du moins d'un point de vue théorique, laisse penser à l'organisation administrative française. Le principe de la libre administration confère aux collectivités territoriales une autonomie administrative. Contrairement à la déconcentration, la mise en œuvre de ce principe implique que l'État central ne s'immisce pas dans la gestion administrative des collectivités décentralisées. Afin que ce principe soit librement mis en œuvre, le territoire des États décentralisés est structuré en différentes collectivités variant d'un pays à un autre.

Cependant dans la plupart des cas, notamment pour les États objets de notre étude à savoir le Togo et le Cameroun, les structures restent pratiquement les mêmes. Ces dernières sont inspirées du maillage territorial hérité du système juridique français. On distingue les communes, les départements et les régions. Ces pays n'ont pas fait preuve d'originalité contrairement au modèle ghanéen qui a gardé et adapté l'organisation administrative des chefferies traditionnelles à la gestion locale des collectivités. Ces différentes collectivités sont librement administrées par des organes élus organisés en assemblées locales dotées de bureaux exécutifs. Les compétences de ces différentes collectivités semblent plus affirmées et efficaces dans le système ghanéen où l'organisation administrative traditionnelle assumée par les chefferies est associée à la gouvernance des collectivités locales. L'organisation administrative des collectivités locales décentralisées peut être caractérisée de superposée dans les États à tradition juridique française en l'occurrence au Cameroun et au Togo et pyramidale dans le cas britannique comme au Ghana.

§ 1 - Une organisation superposée au Togo et au Cameroun : l'exclusion des chefferies traditionnelles

La décentralisation implique que les collectivités territoriales disposent de leur propre organisation par rapport à l'organisation de l'État central. L'organisation des collectivités territoriales présente selon les pays étudiés une certaine différence même si elle est en grande partie inspirée du modèle français.

Au Togo, trois échelons de collectivités décentralisées structurent le découpage territorial, à savoir les communes, les préfectures et les régions[120]. Il existe 5 régions, 39 préfectures. La préfecture est l'équivalent du département en France. Le chef-lieu de la préfecture constitue une commune urbaine[121]. Ainsi, il y a 35 communes urbaines et 344 communes rurales[122]. Les régions ne sont pas opérationnelles. Le Cameroun se subdivise plutôt en deux échelons de collectivités décentralisées : régions et communes. Le département n'est pas érigé en collectivité décentralisée comme en France. Au terme de l'article 55 de la Constitution du 18 janvier 1996, c'est la loi qui détermine l'organisation, le fonctionnement, et le régime financier de ces collectivités décentralisées[123].

La constitution de ces différents États en soumettant la gestion des collectivités territoriales aux seules règles établies par la loi semble marquer l'autonomie qui doit prévaloir dans les rapports entre les autorités locales et l'État central. Cette autonomie se dégage à travers le mode de composition et d'administration propres à ces différentes collectivités. L'organisation de ces différentes collectivités décentralisées peut être analysée à travers leur institutionnalisation et la reconnaissance de leurs compétences respectives. Cette organisation adopte un schéma théoriquement identique à celui que l'on peut voir dans le droit français. Cependant pour éviter une présentation reprenant uniquement le schéma du droit français, il conviendrait d'analyser, d'une part, l'organisation des communes et régions, qui sont deux entités décentralisées qu'on retrouve au Togo et au Cameroun comme en droit français également et d'autre part, l'organisation du département qui présente quelques particularités dans l'un ou l'autre cas. (Voir tableau 1 ci-dessous.)

---

[120] Cette organisation est basée sur la Constitution de 1992 qui liste les différentes collectivités territoriales en son article 141 : « La République Togolaise est organisée en collectivités territoriales sur la base du principe de la décentralisation dans le respect de l'unité nationale. Ces collectivités territoriales sont : les communes, les préfectures et les régions (…) ». La Loi N° 2007-011 relative à la décentralisation et aux libertés locales reprenant la loi N° 98-006 portant décentralisation définit la commune comme collectivité territoriale de base.

[121] Selon la loi sur la décentralisation togolaise, la commune est dite urbaine lorsqu'elle est composée d'arrondissements et de quartiers. Elle est rurale lorsqu'elle n'est constituée que de villages.

[122] Mais il faut noter qu'aucune de ces communes n'est effective à ce jour faute d'élections locales non encore organisées. Seules 21 communes urbaines sont opérationnelles. Sources UCT : www.uct-togo.tg

[123] Art. 55 al. 5 et 6 de la Constitution.

	France	TOGO	CAMEROUN
COMMUNES	- 1er échelon de la décentralisation ; - Organes : Conseil municipal et le maire - 36 658 communes.	1er échelon de la décentralisation ; - Organes : Conseil municipal et le maire - Pas encore effectives ; administrées par les délégations spéciales - 116 communes créées.	- 1er échelon de la décentralisation - Organes : Conseil municipal et le maire - 360 communes.
DEPARTE- MENTS Ou PRÉFECTURES	Départements, **collectivité décentralisée** ; - 2e échelon de la décentralisation ; - Réformes du 2 mars 1982 ; - 101 départements.	- Préfectures, **collectivité décentralisée** ; - 2e échelon de la décentralisation - Loi n° 81/9 du 6 juillet 1981 ; - Organes : Une assemblée élue, un conseil de préfecture chapeauté par un préfet. - 39 préfectures	- Départements, collectivités déconcentrées, **pas décentralisées.** - Décret n° 2008/376 du 6 nov. 2008 - Organe : Préfet. - 58 départements
RÉGIONS	- 3e échelon de la décentralisation ; - Révision constitutionnelle du 28 mars 2003 ; Loi n° 2015-29 du 16 janvier 2015 - Organes : Conseil régional, Président du conseil régional - 13 régions	- 3e échelon de la décentralisation ; - Art. 141 de la Constitution de 1992 ; Loi n° 98-006 du 11 février 1998 ; - Organes : Conseil régional, Président du conseil régional - 5 régions	- 2e échelon de la décentralisation - Art. 55 de la Constitution du 18 janvier 1996 ; Loi n° 2004/17 du 22 juillet 2004 - Organes : Conseil régional, Président du conseil régional - 10 régions

A. L'inspiration française des communes et des régions

Les communes et les régions sont des catégories de collectivités territoriales instituées par la constitution. Comme en droit français depuis la révision constitutionnelle de 2003[124], la constitution du Cameroun et celle du Togo garantissent l'existence des communes et des régions. Ces différentes catégories de collectivités territoriales sont l'œuvre du pouvoir constituant, le législateur peut créer d'autres collectivités territoriales, mais ne peut pas revenir sur celles créées par la constitution elle-même[125].

1. L'organisation communale

L'organisation administrative des communes est la même dans les différents États francophones objets de notre étude. La commune est une personne morale de droit public. À ce titre et conformément au principe de la décentralisation, elle jouit d'une autonomie administrative et financière. En dehors du fait qu'elle est dans la plupart des États d'Afrique noire francophone seulement à sa phase théorique, elle emprunte ses différentes règles au modèle français dont il convient de rappeler le cadre tout en mettant un accent sur les particularités existantes dans le droit togolais et camerounais sujets délimitant notre étude.

a. La commune, une collectivité de base au regard du droit français

La commune est la collectivité de base dans un État décentralisé. La France compte actuellement 36 658 communes[126]. Elle est un espace géographique au sein duquel s'exercent des activités politiques, économiques, sociales et culturelles. La France et ses ex-colonies d'Afrique noire francophone ont adopté cette formule d'Alexis de Tocqueville : « C'est dans la commune que réside la force des peuples libres. Les institutions communales sont à la liberté ce que les écoles primaires sont à la science ; elles la mettent à la portée du peuple ; elles lui en font goûter l'usage paisible et l'habituent à s'en

[124] Loi constitutionnelle n° 2003-276 du 28 mars 2003, JO du 29 mars 2003, p. 5568 : Article 72, al. 3 : « Les collectivités territoriales de la République sont les communes, les départements, les régions, les collectivités à statuts particulier et les collectivités d'outre-mer régies par l'article 74. Toute autre collectivité est créée par la loi (…) »

[125] L. FAVOREU, *Décentralisation et Constitution*, R.D.P. 1982, p.1283.

[126] Source DGCL 1er janvier 2015.

servir. Sans institutions communales, une nation peut se donner un gouvernement libre, mais elle n'a pas l'esprit de liberté »[127].

Cette conception de la commune comme institution infra-étatique par excellence de la décentralisation n'a malheureusement pas connu dans les pays d'Afrique noire francophone une évolution qu'on aurait espérée. Elle n'a pas été adaptée aux réalités historiques locales comme en France.

La commune trouve son origine en France au 12e siècle. Elle est l'œuvre de l'association de paix des bourgeois[128]. Au départ, elle était une sorte de communauté de base des bourgeois auxquelles les seigneurs féodaux consentaient certains privilèges par rapport à l'ensemble des habitants de la cité. Elles étaient des communautés autonomes regroupant des bourgeois qui s'unissaient pour réaliser une association de paix par opposition aux luttes féodales de l'époque. De cette union devait naître une ville nouvelle, équipée, pour répondre aux besoins des membres de la communauté[129]. L'union se faisait par un « serment juratoire » consacré par l'expression : « ils ont juré commune »[130]. Cette union était consignée dans une charte symbolisant la commune. Plusieurs chartes virent le jour traduisant ainsi la multiplication des communes. Les chartes sont devenues les actes juridiques caractérisant les communes. Ils symbolisaient la personnalité morale que revêtait la commune. Ces actes juridiques contenaient les clauses relatives aux prérogatives des communes et définissent *in fine* la commune comme l'ensemble d'un territoire, d'une population et d'un organe exécutif. Ce dernier est composé des représentants du prince (des administrateurs, des juges et des échevins[131]). Il est présidé par un maire qui est assisté dans ses tâches par des échevins des jurés ou notables de la ville et l'assemblée des chefs de famille.

La commune était alors dotée de prérogatives de puissance publique et de prérogatives fiscales. Ces prérogatives seront alors

---

[127] A. de TOCQUEVILLE, *De la démocratie en Amérique*, Paris : Gallimard (coll. Idées), 1968, p. 72.

[128] J.-F. LEMARIGNIER, La France médiévale, Institution et Société, Armand Colin, 1970.

[129] A. VERMEESCH, *Essai sur les origines et la signification de la commune dans le nord de la France (XIe et XIIe siècle*), 1966, Heule, cité par J.-F. LEMARIGNIER, La France médiévale, Institution et Société, Armand Colin, 1970, p. 185.

[130] J.-F. LEMARIGNIER, *op. cit.*, p. 186.

[131] Les échevins sont des magistrats nommés par le prince.

progressivement intégrées dans la gestion administrative des communes telle que nous l'observons de nos jours.

b. Le rapport limité de la commune à la communauté de base dans le droit togolais et camerounais

En Afrique noire francophone, notamment au Togo et au Cameroun, la commune n'a pas connu cette même évolution historique liée à la communauté traditionnelle.

Elle semble n'avoir aucun lien avec la communauté locale. Pour illustrer cette problématique, on peut faire appel à Landry Ngono Tsimi, qui dans sa thèse consacrée aux collectivités territoriales africaines présentait clairement la situation en ces termes : « Dire qu'il ait existé des sociétés humaines (et même animales) sans la moindre organisation préalable relèverait de la pure fiction. La négation d'une telle vision est assez connue pour qu'il soit nécessaire d'y insister longuement. Ainsi, bien avant la colonisation, tous les pays d'Afrique vivaient et se mouvaient à l'intérieur des communautés bien structurées et organisées.

Ces communautés comprenaient de nombreuses familles qui s'étendaient parfois sur plusieurs villages. Elles avaient à leur tête un chef, héritier, ou conquérant des territoires, et qui incarnait l'autorité et le pouvoir. C'est cet ensemble, chef traditionnel et communauté, qui formait la chefferie traditionnelle (…). Le chef traditionnel est le représentant moral de la communauté. Telle une seigneurie banale, il jouit de certaines prérogatives et veille, assisté par une cour de notables et de plusieurs autres structures secrètes, au meilleur destin de toute sa communauté. La chefferie traditionnelle, avant la colonisation, s'apparente donc à une sorte de commune dans son acceptation moderne »[132].

Il rejette la thèse selon laquelle les sociétés traditionnelles africaines étaient mal organisées pour servir de base à une quelconque structure communale. Les chefferies traditionnelles auraient pu être le point de départ d'une organisation communale au lieu de les écarter complètement au profit de la mise en place de nouvelles structures comme les circonscriptions administratives.

Au Cameroun, les premières communes naissent avec l'arrêté de 1941 du gouverneur français du Cameroun qui créait les communes

---

[132] L. NGONO TSIMI, L'autonomie administrative et financière des collectivités décentralisée : l'exemple du Cameroun, Thèse 2010, Université Paris-Est, pp. 37-38

mixtes de Douala et de Yaoundé qui avaient à leur tête un chef de région. En 1952, un arrêté crée les communes mixtes rurales étendues à tout le territoire du pays. La loi française n° 55-1489 du 18 novembre 1955 relative à la réorganisation municipale des pays d'Afrique noire, à l'exception du Sénégal, introduit les communes de plein exercice et les communes de moyen exercice[133].

La réforme constitutionnelle du 18 janvier 1996 provoque une révolution majeure en confiant la création des circonscriptions administratives au chef de l'État. La loi constitutionnelle du 18 janvier 1996 en disposant en son article 61 alinéa 2 que : « le Président de la République peut en tant que de besoin : modifier les dénominations et les délimitations géographiques des régions (...) » fonde la compétence du Président de la République en la matière.

Cet article fait référence uniquement à la région. Mais pour certains analystes, il n'était pas nécessaire que le constituant rappelle la même compétence du chef de l'État par rapport aux communes. Cela semblait une évidence, car « qui peut le moins peut le plus ». Le législateur par la suite à travers les différentes lois sur les communes semble confirmer cette argumentation. La loi sur les communes[134] en son article 2 alinéa 1 dispose que les communes sont des collectivités territoriales décentralisées de base. Le législateur n'hésite pas à réaffirmer cette compétence du Président de la République à l'alinéa 2 de ce même article : « La commune est créée par décret du président de la République »[135]. Il le répétera d'ailleurs tout au long de la même loi notamment à l'article 109 alinéas 6 et l'article 120.

Le Cameroun est divisé en 360 communes. Trois types de communes sont distingués : la commune ordinaire, la commune d'arrondissement et la communauté urbaine[136].

La Commune ordinaire est le nom que porte la collectivité locale de base au Cameroun. Elle est la plus importante en termes de nombre. Puisqu'on en compte actuellement 314.

---

[133] La différence fondamentale entre ces deux entités tient au fait que, dans la commune de plein exercice, le maire est désigné au sein du conseil municipal, tandis que dans les communes de moyen exercice, il est nommé par le chef de la circonscription administrative parmi les fonctionnaires de sa localité.

[134] Loi n° 2004/018 du 22 Juillet 2004 relative aux règles applicables aux communes.

[135] *Ibid.*, art. 2 al. 2

[136] Vr G. PEKASSA NDAM, « La classification des communes au Cameroun », RASJ, Vol. 6, n° 1, 2002, pp. 239-266.

Les communes de grandes ou moyennes agglomérations urbaines sont des communes d'arrondissement qui font 45 et 14 communautés de communes qui sont des regroupements de deux ou plusieurs communes d'arrondissements. La commune est définie au Togo par l'article 33 de la loi de 2007 relative à la décentralisation et aux libertés locales comme « collectivité territoriale de base dotée de la personnalité morale et de l'autonomie financière. Elle regroupe les habitants d'un espace territorial continu ».

La loi sur la décentralisation distingue la commune urbaine et la commune rurale[137]. En 1996, le Togo comptait trente communes effectives. Et ces communes ne sont que des communes urbaines. La réforme de 2007 relative à la décentralisation projette de créer 344 communes rurales et 14 communes urbaines en plus de celles déjà existantes[138]. Contrairement au Cameroun, la Constitution togolaise se garde de confier la création des communes à la compétence du Président de la République. Elle reste l'œuvre du législateur[139]. Le constituant togolais semble s'inscrire dans la logique du droit français qui confie également la création des collectivités territoriales au législateur[140]. Selon la jurisprudence du Conseil constitutionnel, la compétence du législateur ne s'arrête pas seulement à la création de catégories de collectivités territoriales, mais de toute nouvelle collectivité territoriale[141].

Conformément aux principes fondamentaux de la décentralisation, l'administration des communes est assurée par des organes dotés d'une autonomie vis-à-vis de l'État central. Elle est administrée par

---

[137] La commune au Togo est dite urbaine lorsqu'elle est composée d'arrondissements et de quartiers ; elle est rurale lorsqu'elle est constituée de plusieurs villages.

[138] Une loi organique en ce sens a été adoptée le 31 mai 2012 érigeant en communes urbaines les chefs-lieux de préfecture conformément à l'article 34 de la loi sur la décentralisation de 2007.

[139] Sur la base de l'art. 141 al. 3, la loi sur la décentralisation de 2007 précise en son article 2 que : « Les collectivités territoriales sont créées ou supprimées par la loi. La loi fixe la dénomination des collectivités territoriales ».

[140] Concernant les communes très particulièrement, la Constitution de 1958 reste muette sur leur création. C'est plutôt l'article 86 de la Constitution de 1946 qui réservait à la loi la fixation du cadre, étendue, regroupement éventuel des communes ». En revanche, sur le fondement des articles 34 et 72 de la Constitution de 1958 qui distinguent les domaines de la loi et du règlement, la création des collectivités territoriales reste la compétence du législateur. L'alinéa 1er de l'art. 72 précise en effet que toute collectivité territoriale est créée par la loi.

[141] Décision 91-290 DC du 9 mai 1991.

deux organes. Un organe délibérant, le conseil municipal et un organe exécutif, le maire.

Le conseil municipal est normalement élu au Togo comme au Cameroun pour une durée de cinq ans. Pour prendre les termes de l'article 26 de loi fixant les règles applicables aux communes, « le conseil municipal règle par délibération les affaires de la commune[142] ». Non seulement il délibère sur les affaires relevant de sa commune, il est chargé d'administrer et de gérer les affaires communales. Le conseil municipal puisqu'il est élu par la population de la commune a donc pour mission d'assurer la bonne condition de vie de celle-ci. Il détient le pouvoir local et est donc le représentant de la collectivité locale décentralisée qu'est la commune.

La compétence du conseil municipal s'exerce par son organe exécutif représenté par le maire. Ce dernier est assisté dans ses tâches par des adjoints. Il est élu parmi ses pairs au sein du conseil municipal. Il met en œuvre la politique décidée par le conseil dans l'intérêt de la commune dans le respect des règles de l'État. Il représente également l'État au niveau de sa collectivité. Au Cameroun par exemple, la loi lui confie trois missions : il est un agent de l'État, un agent de la Commune et chef de l'administration.

À ce titre, il est chargé de veiller, sous l'autorité du représentant de l'État, à la publication et à l'exécution des lois, règlements et décisions prises par le pouvoir exécutif. Il est en même temps officier de l'état civil et officier de police judiciaire. Il peut en revanche déléguer ses missions à un adjoint.

Il représente la commune dans tous les actes juridiques, il a le pouvoir financier, patrimonial, le pouvoir de surveillance et de contrôle sur les écoles de la commune[143]. À côté de ces pouvoirs, il a aussi des pouvoirs propres qu'il peut exercer sans l'obligation de rendre compte au conseil. Cette organisation permettant à la commune de jouir de sa liberté d'administration en tant que collectivité territoriale décentralisée se retrouve également au niveau de la région

2. La région

Pendant que dans le droit français, la région reste une collectivité territoriale sacralisée par la révision constitutionnelle de 2003, il est important de souligner qu'en droit togolais et camerounais, comme

[142] Loi n° 2004/018 du 22 juillet 2004 fixant les règles applicables aux communes.
[143] Art. 71 de la loi fixant les règles applicables aux communes …*op. cit.*

d'ailleurs dans la majorité des États africains au sud du Sahara, elle est une œuvre constitutionnelle *ab initio.*

a. La région en droit français, une collectivité territoriale sacralisée par la révision constitutionnelle de 2003

D'un point de vue théorique et en référence au droit français, la région est une collectivité décentralisée au même titre que la commune. Elle n'a été instituée en collectivité territoriale que par la révision constitutionnelle de 2003. Avant cette date, et d'un point de vue chronologique, elle n'a été d'abord instituée par la loi du 5 juillet 1972 que comme une simple personne morale décentralisée, tout comme les établissements publics territoriaux. Cette loi pour la première fois accordait à la région la qualité de personne morale, mais pas au même rang que les collectivités territoriales. Deux principaux organes avaient alors été institués pour permettre à cette nouvelle personne morale de mener à bien ses missions : le conseil régional et le comité économique et social.

Le conseil régional se voulait un véritable organe représentatif de la région. Il était composé de représentants de l'ensemble des organes décentralisés de la région. À cet effet, il comprenait les députés et les sénateurs élus dans la région, les représentants des collectivités locales élus dans les départements, les représentants des agglomérations désignés par leurs pairs dans les conseils municipaux.

Même si le conseil régional n'était pas tout à fait un organe d'élus au sens du principe de la libre administration, c'est un organe local composé d'élus[144]. Cependant, il est chapeauté par le préfet de région qui est en même temps le préfet du département chef-lieu de la région. Ce dernier instruit les affaires et exécute les délibérations du conseil régional. Parallèlement au conseil régional, organe politique de la région, la loi de 1972 dans son innovation a créé le comité économique et social composé de représentants des organismes et activités à caractère économique, social, professionnel, familial, éducatif, scientifique, culturel et sportif de la région. Celui-ci n'avait qu'un rôle consultatif.

Par la loi 82-214 du 2 mars 1982, le législateur va intervenir pour faire de la région une collectivité territoriale au même rang que les

[144] CE, 24 juin 1977, Serieyx, D. 1978, p. 245 : le représentant au sein du conseil régional devait avoir nécessairement un mandat électif au sein de sa collectivité d'origine.

communes et les départements. Elle n'est plus un établissement public. Désormais, les membres du conseil régional devaient être élus au suffrage universel. Les conditions de cette élection furent précisées par la loi du 6 janvier 1986. Le préfet n'est plus l'exécutif de la région. Cette qualité lui a été retirée et confiée au président du conseil régional. Celui-ci est élu au sein du conseil régional par ses pairs. Les premières élections marquant ce changement eurent lieu en mars 1986.

Par cette loi de 1982, le législateur va faire également de la Corse une région, mais une région aux caractéristiques particulières[145]. C'est à cette occasion que le Conseil constitutionnel va se prononcer et admettre que le législateur pouvait créer de nouvelles catégories de collectivités territoriales[146]. Il a fallu attendre 2003 pour qu'une loi constitutionnelle intègre cette disposition législative dans la Constitution. C'est la révision constitutionnelle de 2003 qui vient ajouter la région à la liste des collectivités territoriales de la République. Avant 2003, la Constitution n'énumérait que les communes, les départements et les territoires d'outre-mer même si elle prenait soin d'ajouter que « toute autre collectivité territoriale est créée par la loi »[147].

b. La région en droit togolais et camerounais, une œuvre constitutionnelle

Les États d'Afrique noire francophone ont une fois encore fait preuve d'anticipation en intégrant *ab initio*[148] la région parmi la liste constitutionnelle des collectivités territoriales. L'inspiration est venue évidemment de l'évolution jurisprudentielle et doctrinale française entourant la nécessité d'une constitutionnalisation de cette collectivité territoriale. La région, dans ce contexte, symbolise une fois de plus le

---

[145] La région de Corse reçut immédiatement le statut de collectivité territoriale. Elle fut dotée d'une assemblée et non un conseil régional. Ce qui marque le caractère électif de cet organe. Vr Y. GAUDEMET, *Traité de Droit Administratif*, Tome I, LGDJ, 16ème édition, p. 165.

[146] Décision 82-138 DC du 25 février 1982.

[147] Art. 72 de la Constitution française de 1958.

[148] La Constitution togolaise du 14 octobre 1992 et celle camerounaise du 18 janvier 1996 dès leur rédaction reconnaissaient les régions comme collectivités territoriales contrairement en France où c'est à la suite de plusieurs décisions du conseil constitutionnel qu'il fut nécessaire de réviser la Constitution à cet effet.

mimétisme caractéristique des constitutions africaines dont les institutions sont sans réel impact sur le quotidien de la population[149].

Selon la Constitution camerounaise du 18 janvier 1996 et la loi n° 2004/017 du 22 juillet 2004 relative à l'orientation de la décentralisation, les collectivités territoriales décentralisées sont la commune et la région. On retrouve également la même démarche au niveau des textes fondamentaux togolais. Elle est instituée par la loi n° 98-006 du 11 février 1998 relative à la décentralisation administrative répondant à la volonté du constituant de 1992 notamment à son article 141 : « La République togolaise est organisée en collectivités territoriales sur la base du principe de la décentralisation dans le respect de l'unité nationale. Ces collectivités territoriales sont : les communes, les préfectures et les régions. Toute autre collectivité est créée par la loi. Les collectivités territoriales s'administrent librement par des conseils élus au suffrage universel dans les conditions prévues par la loi »[150]. Bien que reconnue par la loi fondamentale des deux États, cette collectivité territoriale peine à être effective. Elle bénéficie théoriquement d'une parfaite organisation.

Au Cameroun, la région est organisée en même temps en collectivité décentralisée et circonscription administrative[151]. Selon l'article 61 de la Constitution, l'État est subdivisé en dix régions. Chaque région dispose de deux organes de fonctionnement : le conseil régional qui est l'organe délibérant et le président du conseil régional[152], l'organe exécutif. Le conseil régional est composé de conseillers régionaux représentant les départements. Ces représentants sont tous élus. Une partie représente les délégués des départements élus au suffrage universel indirect et l'autre des représentants du

---

[149] J. Du BOIS DE GAUDUSSON, « Le constitutionalisme en Afrique », *Les constitutions africaines publiées en langue française*, t. 1 et 2, La documentation française, 1998, p. 3 :« (…) l'étendue des droits africains dans ce domaine, comme en droit public en général, serait de peu d'intérêt, car ils ne représenteraient que de simples prolongements des droits des pays industrialisés et plus spécialement des anciennes métropoles. Ces droits ne seraient en outre que le produit d'une influence générale et omniprésente de modèles et conceptions élaborés ailleurs, en ce sens qu'ils auraient la caractéristique d'être sans réel impact, le mimétisme contribuant, à leur ineffectivité, leur principal office étant de remplir des rôles purement symboliques ».

[150] Art. 141 de la constitution togolaise du 14 octobre 1992.

[151] Vr Décret n° 2008/376 12 novembre 2008 portant organisation administrative de la République du Cameroun.

[152] Au Togo, au terme de l'art. 226 de loi n° 98-006 du 11 février 1998 relative à la décentralisation, c'est le bureau collégial du conseil qui est l'organe exécutif.

commandement traditionnel élus par leurs pairs. Le législateur est motivé dans cette démarche par l'idée de faire en sorte que le conseil régional soit un reflet exact de la composition sociologique de la région. Une démarche à saluer dans la mesure où les organisations traditionnelles ont toujours été considérées dans ce type d'Etat comme incompatibles avec l'idée de décentralisation[153]. Les conseillers régionaux sont donc élus au suffrage universel pour une durée de 5 ans. Le nombre de membres composant le conseil est variable d'une région à une autre. Il est fonction de l'importance de la population donnée. L'article 28 de la loi n° 2004/019 du 22 juillet 2004 fixant les règles applicables aux régions dispose que « le conseil régional règle par ses délibérations les affaires de la région ». Il vote le budget dans les conditions fixées par la loi. Il joue le rôle de coordination des actions de développement à l'égard des communes qui la composent. Les décisions du conseil sont des délibérations qui doivent être alors mises en œuvre par le bureau constituant l'organe exécutif.

Le président du conseil régional doit être obligatoirement un membre du conseil élu par ses pairs. Il est assisté de deux vice-présidents, de deux rapporteurs[154] élus en même temps que lui pour une durée de cinq ans. La loi précise les attributions et les fonctions du Président du conseil. Il gère le domaine de la région en exerçant à cet effet les pouvoirs de police dans le respect des attributions des compétences qui lui sont reconnues. La lecture combinée des textes togolais et camerounais relativement à la région[155] permet de relever que le président du conseil régional : prépare et exécute les délibérations du conseil, il ordonne les dépenses et prescrit l'exécution des recettes de sa collectivité, il peut passer des conventions avec des organismes publics ou privés, nationaux et internationaux dans le cadre des limites fixées par la loi. Il est l'interlocuteur du représentant de l'État et peut en cas de besoin, pour la préparation et l'exécution des délibérations du conseil régional, disposer des services déconcentrés de l'État dans le cadre d'une convention signée avec son représentant.

---

153 E. M. ZAMBO, « La décentralisation dans le paysage administratif au Cameroun », *in L'administration publique camerounaise à l'heure des réformes*, L'Harmattan, 2010, p. 121.

154 Art. 217 de la loi togolaise n° 98-006 *op. cit.* Au Cameroun, il est assisté de deux questeurs et de deux secrétaires.

155 Voir Loi camerounaise n° 2004/019 du 22 juillet 2004 fixant les règles applicables aux régions.

L'État n'est pas complètement absent de la gestion des régions. Dans le cadre de la déconcentration, il dispose d'un représentant au niveau de la région en la personne du gouverneur de région. Nommé par décret, ce dernier ne doit pas être confondu au Président du conseil désigné par ses pairs élus.

Le gouverneur de région veille à l'ordre public, à la sauvegarde des intérêts nationaux et au respect de la loi. Remplaçant tous les ministères au plan régional, cette personnalité morale déconcentrée s'assure que les autorités décentralisées exercent leurs attributions conformément à la loi par le biais du contrôle de la légalité a posteriori. Sa présence aux délibérations du Conseil régional est de droit chaque fois qu'il en fait la demande[156]

B. La particularité de la préfecture

Dans l'organisation déconcentrée de l'État du Cameroun, la préfecture constitue une circonscription administrative de l'État. Ce qui est tout à fait normal au regard du droit français qui en est la référence. Cependant, elle est communément appelée département, terme qui sème une ambiguïté si l'on veut faire la distinction entre collectivités décentralisées et collectivités déconcentrées[157].

La loi constitutionnelle camerounaise de janvier 1996 n'emploie en aucun moment le terme de circonscription administrative. Cette expression est l'œuvre des réformes du 12 novembre 2008 relatives au nouveau découpage administratif du Cameroun. En effet, aux termes de l'article 1er, alinéa 1 du décret n° 2008/376 du 12 novembre 2008, « le territoire de la République du Cameroun est organisé en circonscriptions administratives ». L'alinéa 2 du même article précise que ces circonscriptions administratives sont les régions, les départements et les arrondissements. La circonscription administrative

---

[156] Au Sénégal, l'article 50 de la loi n° 96.06 du Code des collectivités locales, stipule que : « une fois par an, le Gouverneur expose, devant le Conseil régional, par un rapport spécial, présenté au mois de janvier de l'année suivante la fin de la gestion, l'activité des services de l'Etat dans la région et ce rapport donne à un débat en sa présence ».

[157] D. TRUCHET, *Droit administratif,* Thémis, 5ème éd., p. 93, parlant de la même confusion en France : « Il faut prendre garde à une difficulté de vocabulaire : les termes 'département' et 'régions' désignent à la fois des circonscriptions géographiques d'organisation des services de l'Etat (...) et les collectivités territoriales qui agissent dans ces mêmes territoires. Ce phénomène existe pour les communes mais de manières différentes (le maire exerce très généralement ses attributions au nom de sa commune mais parfois aussi au nom de l'Etat, pour l'Etat civil par exemple ».

est un cadre physique organisé par l'État en vue d'asseoir ses organes déconcentrés. Selon le droit camerounais, elle est constituée de régions, de départements et d'arrondissements avec à leur tête respectivement un gouverneur de région, un préfet et un sous-préfet[158]. À travers ce texte, la région, circonscription administrative coïncide avec la région collectivité décentralisée. La présence à la tête du département d'un préfet vient nous rappeler qu'elle est une collectivité déconcentrée. Seul le pouvoir politique centralisé a la maîtrise sur les circonscriptions administratives de l'État. Selon les articles 26 et 27 de la constitution camerounaise[159], l'organisation administrative du territoire relève du domaine réglementaire. En l'occurrence, le pouvoir de créer et d'organiser les circonscriptions administratives appartient au Président de la République. Celui-ci n'hésite donc pas à en user à sa guise. Sur la base de ce pouvoir discrétionnaire, il peut donc créer, modifier et dénommer les circonscriptions comme bon lui semble. Et c'est ce qu'il a fait avec ces décrets de novembre 2008.

Cette réforme de 2008 a pour conséquence d'affirmer la place de l'État au niveau des collectivités territoriales. Cette affirmation s'opère à travers les attributs reconnus aux représentants de l'État à la tête des circonscriptions administratives notamment aux gouverneurs, préfets et sous-préfets. Le décret n° 2008/377[160] précise qu'ils sont

---

[158] Article 2 du décret n° 2008/377 du 12 novembre 2008.

[159] Ces articles définissent le pouvoir réglementaire du Président de la République. Ce pouvoir est défini comme le pouvoir qu'il a d'édicter, sous forme d'actes administratifs unilatéraux, des normes à portée générale et impersonnelle.

[160] Le décret n° 2008/377 en ses articles 5 à 8 pour le Gouverneur, 37 à 40 pour le Préfet et 52 à 53 pour le Sous-préfet. Ils bénéficient d'importantes prérogatives pouvant être résumées comme suit : ils sont dépositaires de l'autorité de l'Etat dans leurs circonscriptions administratives respectives. A ce titre, ils exercent des attributions presque similaires et enserrées dans une stricte hiérarchie, notamment : la représentation de l'Etat dans tous les actes de la vie civile et en justice; le maintien de l'ordre public; l'exécution des lois et règlements de la République, ainsi que des plans et programmes de développement; l'assurance de la continuité du service public; la présidence de plein droit de toutes les réunions ou commissions administratives ou techniques qui intéressent les services déconcentrés de l'Etat dans la circonscription, à l'exception de celles que des textes particuliers confient à une autre autorité. Ils détiennent, sous l'autorité du Gouvernement et de chacun des ministres, le pouvoir de supervision, de coordination et de contrôle de l'activité des services civils de l'Etat installés dans leurs circonscriptions respectives, à l'exception de ceux de la justice. Ils gèrent les fonctionnaires et agents de l'Etat en poste dans les services déconcentrés de l'Etat dans la circonscription, à l'exception de ceux relevant de la justice, des Forces Armées et de la Sûreté Nationale. A

tous des hauts fonctionnaires nommés par décret du Président de la République.

Enfin, le Gouverneur et le Préfet assurent la tutelle de l'État respectivement sur la région et sur la commune. Au niveau du département, qui rappelons-le est l'équivalent de la préfecture dans le droit français, le préfet est le titulaire du pouvoir. Il représente le pouvoir central.

Au Togo, la préfecture est définie par l'article 28 de la loi de décentralisation de 2007. Elle est une collectivité locale dotée de la personnalité morale et de l'autonomie financière. Elle est issue des réformes administratives du 23 juin 1981[161]. Cette réforme apportait une double innovation. D'abord, elle transforme les circonscriptions existantes et organisées pendant la période coloniale[162] en préfectures. On comptait alors vingt et une préfectures, neuf sous-préfectures et la commune de Lomé. Aujourd'hui une trentaine de préfectures sont opérationnelles au Togo. Ensuite, l'innovation majeure marquant la loi de 1981 est l'affirmation de la coexistence de la circonscription administrative dirigée par le préfet et la préfecture disposant d'une assemblée délibérante élue et d'un président de conseil élu, mais chapeauté par le préfet qui est chargé des fonctions exécutives et administratives[163]. Il représente la population[164]. Ici est la particularité togolaise par rapport à ce qu'est la préfecture en France et dans les autres États de tradition juridique française. Normalement la préfecture est une circonscription administrative représentant l'État sur le plan local. Elle symbolise la déconcentration du pouvoir central.

Cette collectivité territoriale ne devrait donc pas se retrouver dans la nomenclature des collectivités décentralisées. La préfecture est distincte du département[165] qui représente la collectivité locale.

---

cet effet, ils assurent à l'égard de ces personnels des actes de gestion tels que : l'évaluation, la notation, l'avancement, l'octroi des congés, le recrutement, la mutation, le licenciement et toutes autres sanctions disciplinaires.

[161] Loi n° 81-8 du 23 juin 1981, J.O. du 6 juillet 1981, pp. 1-4.

[162] Arrêté n° 686/APA, du 6 Septembre 1946.

[163] On peut dire que deux institutions normalement opposées se retrouvent ici en une : la préfecture et le département. L'une représente l'Etat déconcentré symbolisé par le préfet et l'autre la collectivité locale représentée par le président de conseil.

[164] M.S. AMLALO, « La décentralisation en marche au Togo », www.afrique-gouvernement.net , Novembre 2010, p.4

[165] En France le département a été créé en 1790 et érigé en collectivité locale par les Lois des 10 août 1871 et 5 avril 1884 portant sur la Constitution du régime juridique des départements et des communes.

Cependant dans le cas du Togo, les deux entités semblent confondues. La préfecture ici est en même temps le département. La loi de 1981 fait coexister « la circonscription administrative dirigée par le préfet et la collectivité décentralisée disposant d'une assemblée délibérante élue (le Conseil de Préfecture) et d'un Président de Conseil élu, mais c'est le préfet qui est chargé des fonctions exécutives et administratives »[166] de la collectivité. C'est là une des particularités de la décentralisation au Togo. Peut-être que le législateur togolais prend en compte les réalités locales en faisant coexister les deux entités au sein d'un seul organe. Mais cela peut également semer la confusion dans l'exercice des compétences reconnues à chacune des collectivités. Les fonctions reconnues au Conseil de préfecture sont bien distinctes de celle du Préfet. En France, le préfet est le représentant de l'État au niveau du département. Il ne devait pas, comme au Togo, être confondu à celui-ci. Le représentant de la population devrait être le Conseil de Préfecture et non le préfet comme le laisse sous-entendre l'article 14 de la loi de 1981 relative à l'organisation territoriale : « Le préfet exerce dans sa préfecture les pouvoirs de police administrative. Il peut prendre toute décision pour assurer l'ordre et la tranquillité publique. Il représente la population... »[167] Le législateur dans cet article aurait pu s'arrêter au rôle régalien du préfet. Ajouter qu'il représente la population ajoute la confusion aux compétences qui devraient être les siennes par rapport à celles du représentant de la collectivité territoriale qu'est en l'occurrence la préfecture. Le Président du Conseil de Préfecture devrait être comme en France l'organe exécutif[168]. Ceci peut être encore l'un des ratés du mimétisme postcolonial. La législation togolaise semble n'avoir pas mis à jour les règles relatives à l'exécutif départemental par rapport aux réformes décentralisatrices qui ont eu lieu en France.

En effet, avant la réforme de 1982, et ce depuis l'an VIII, le préfet cumulait avec sa qualité de représentant de l'État dans le département

---

[166] M. S. AMLALO, « La décentralisation en marche au Togo » ... *op.cit.*

[167] Art. 14 de la loi de 1981 relative à l'organisation territoriale. Voir annexe 2, ... *op. cit.*

[168] Art. 25 al. 1 de la loi du 2 mars 1982 relative aux droits et libertés des communes, des départements et des régions : « Le président du conseil général est l'organe exécutif du département ». Bien entendu, le conseil général étant l'ancienne appellation du conseil départemental. Désormais avec la loi n° 2013-403 du 17 mai 2013 relative à l'élection des conseillers départementaux, des conseillers municipaux, des conseillers communaux, le président du conseil départemental est bien l'exécutif du département.

celle d'autorité exécutive du département, personne morale décentralisée[169]. Le transfert de la qualité d'autorité exécutive du département au président du conseil s'est opéré par la loi du 2 mars 1982 notamment en son article 25. Le législateur togolais peut également innover en faisant participer la chefferie traditionnelle à la gestion des affaires de cette collectivité territoriale qu'est la préfecture en distinguant clairement le préfet qui est le représentant de l'État du Conseil de préfecture, représentant la population locale. Les membres du Conseil Préfectoral auraient pu être une assemblée élue de chefs de cantons. Ces derniers semblent mieux placés que le préfet pour connaître les besoins des populations locales[170].

Au Ghana, afin de faire participer activement les chefferies aux affaires locales, elles ont été associées à tous les échelons des collectivités territoriales. L'institutionnalisation de leurs compétences administratives et juridiques mérite une attention particulière.

§ 2 - Une organisation pyramidale au Ghana : l'autonomisation des chefferies traditionnelles

Au Ghana, la chefferie est organisée par la constitution elle-même. On y retrouve trois échelons représentant les trois types de collectivités locales. Il faut rappeler que la Constitution de 1992 interdit la politique aux chefferies. Elles bénéficient d'une organisation parallèle au niveau de chaque collectivité territoriale. La Chefferie est structurée comme suit : la Chambre Nationale des Chefs au sommet, ensuite la Chambre Régionale des Chefs et au bas de la pyramide le Conseil Traditionnel. Pour mieux ressortir l'influence des chefferies traditionnelles au niveau des collectivités locales ghanéennes (B), il convient de les distinguer selon l'échelon des collectivités territoriales (A).

---

[169] Art. 3 de la loi du 10 août 1971 relative l'organisation et aux attributions des Conseils généraux : « Le préfet est le représentant du pouvoir exécutif dans le département. Il est, en outre, chargé de l'instruction préalable des affaires qui intéressent le département, ainsi que de l'exécution des décisions du Conseil général et de la commission départementale, conformément aux dispositions de la présente loi ».

[170] En France par exemple, l'évolution de la décentralisation avec la loi du 2 mars 1982 fait du Conseil général (désormais Conseil Départemental) l'exécutif du département au détriment du préfet. Il est donc l'organe décisionnel du département. Ses membres sont élus au suffrage universel lors d'élections cantonales pour un mandat de 6 ans.

A. La représentation institutionnelle de la chefferie traditionnelle

Le territoire administratif ghanéen est divisé en régions, villages et districts ou communautés urbaines. Ces différentes collectivités sont administrées par des personnalités nommées par le gouvernement et des représentants des chefs élus. Ceux-ci forment des assemblées qu'on retrouve respectivement à tous les niveaux de l'administration territoriale (Voir tableau 2 organigramme *infra*).

a. The National Houses of Chiefs

La Chambre nationale des Chefs est le premier niveau de la chefferie. Elle est l'œuvre de la loi de 1971 relative à la chefferie dite *Chieftaincy act*[171]. Elle compte cinquante membres à raison de cinq chefs élus par chaque Chambre régionale des chefs. Cette structure est donc la composition des représentants de chaque chefferie dans toutes les régions du pays. Elle est présidée par un de ses membres élu par ses pairs. Il est assisté d'un vice-président élu également par ses pairs. La chambre nationale des chefs a des fonctions variées et diverses précisées par la loi de 1971 :

Elle est gardienne des us et coutumes. En ce sens, elle peut initier des études des us et coutumes traditionnelles en vue de codifier les bonnes coutumes et d'éliminer les coutumes dépassées ou socialement nocives. Elle peut également conseiller toute autorité chargée de toute question relative à la chefferie.

En plus de ces fonctions propres à la chefferie et de conseil, elle a également des fonctions judiciaires. Elle représente la région devant la cour d'appel pour toute affaire affectant la chefferie. Elle a donc la compétence d'appel pour toute matière mettant en cause la Chambre Régionale des Chefs. Cette fonction judiciaire est exercée par sa Commission judiciaire composée de cinq membres nommés par la Chambre et assistés d'un avocat nommé par la Chambre Nationale sur proposition du procureur général.

b. The Regional Houses of Chiefs

Cette chambre est établie pour chaque région du pays. Ses membres sont désignés par le parlement conformément à la loi. Elle a à sa tête un Président et un Vice-président élus par leurs pairs. Les

---

[171] Art. 1 de la loi 370 du 17 September 1971, Chieftaincy Act : « *There is hereby established a national house of Chiefs* ».

fonctions de cette Chambre sont complémentaires de celles de la Chambre nationale des chefs. Elle a pour fonction entre autres : d'écouter et d'examiner les requêtes des Conseils traditionnels de la Région en ce qui concerne la nomination, la désignation, la sélection, l'élection ou la destitution d'une personne en tant que chef ; de constituer la juridiction traditionnelle compétente pour toute affaire relative à l'intronisation même en ce qui concerne les reines ; d'entreprendre des études en vue de formuler des recommandations appropriées pour la résolution rapide des conflits liés à la chefferie dans sa région de compétence ; d'entreprendre la compilation des lois coutumières concernant les lignes de successions applicables à chaque chefferie dans la région. La Chambre régionale des chefs dispose de deux sièges au niveau de l'organe administratif régional déconcentré, le conseil régional de coordination. Le Conseil régional est mis en place dans chacune des dix régions que compte l'État du Ghana en application de l'article 255 de la Constitution de 1996. Il a pour fonction de : contrôler, coordonner et évaluer les résultats des assemblées de districts de la région, contrôler l'affectation de tous les fonds alloués aux assemblées de districts par les agences du gouvernement central et enfin d'examiner et coordonner les services publics dans leur ensemble dans la région et exécuter toute autre fonction qui peut leur être imputée par ou en vertu d'une disposition[172].

c. Le Conseil traditionnel des Chefs

Il s'agit du troisième niveau de chefferie au Ghana. Le Conseil traditionnel se compose d'un Chef et de chefs divisionnaires. Il remplit les fonctions de la Chambre Nationale des Chefs et de la Chambre Régionale des Chefs au niveau du district. Le Conseil traditionnel détermine donc conformément au droit et à l'usage coutumier appropriés, la validité de la nomination, de l'élection, de la désignation, de l'installation et de la destitution d'une personne en tant que Chef.

Ces différentes Chambres sont l'équivalent de ce que nous avons en droit français, du moins dans la décentralisation telle qu'appliquée au Togo et au Cameroun. La seule différence et ce qui fait l'intérêt de l'analyse, tient au fait que la décentralisation au Ghana a su insérer les

[172] Loi de 1993 sur les autorités administratives locales, dite *Local Government Act* (462), Section 42.

chefferies à toutes les couches territoriales de l'État. Ainsi, au plan national, la *National Houses of Chiefs*. Au niveau régional, le *Régional Houses of Chiefs* l'équivalent du Conseil Régional et au niveau des communes ou départements le Conseil traditionnel des chefs.

Le district constitue l'échelon le plus abouti de la décentralisation. Les assemblées des districts sont apolitiques. Le tiers des membres des *District Assembly* est nommé par le gouvernement tandis que les deux tiers sont élus au suffrage universel direct pour un mandat de quatre ans.

Cette possibilité de nomination laissée au gouvernement peut influer sur le caractère indépendant de cette assemblée. Elle peut constituer une limite de l'indépendance des chefferies traditionnelles au Ghana. Il existe, outre l'assemblée, un District Chief Exécutive nommé par le gouvernement comme représentant officiel de l'État dans le district.

À travers cette présentation, l'on voit bien que la chefferie est présente à tous les niveaux de la décentralisation au Ghana. Ce qui permet à ces autorités publiques originales des États africains de participer activement à la vie publique de la collectivité. Même si officiellement les chefs traditionnels n'ont pas le droit de faire de la politique[173], ils ne sont pas affectés à l'unique gestion des us et coutumes.

B. La prépondérance des chefferies dans l'administration des collectivités locales

L'article 276 de la Constitution ghanéenne de 1992 encadrant les chefferies traditionnelles interdit formellement aux chefs de faire de la politique. Ceci ne les empêche pas pour autant d'entretenir des relations étroites avec le politique. Cette complicité entre le politique et la chefferie se remarque à plusieurs niveaux.

D'abord au niveau de leur institution. La reconnaissance des chefs est normalement une compétence réservée au conseil traditionnel des chefs ou aux maisons des chefs[174]. Autrement dit, on n'est pas chef

---

[173] En effet, l'art. 276 de la Constitution de la République du Ghana du 16 décembre 1996 dispose que : « A Chief shall not take part in active party politics; and any Chief wishing to do so and seeking election to Parliament shall abdicate his stool or skin ».

[174] Article 270 de la Constitution de 1992:'' (1) The institution of chieftaincy, together with its traditional councils as established by customary law and usage, is hereby guaranteed. (2) Parliament shall have no power to enact any law which (a) confers on

parce que le gouvernement le décide, mais parce qu'on n'est reconnu par ses pairs. Cependant pour exister au sein d'un organe politique, l'avis du gouvernement semble nécessaire. La Constitution elle-même prévoit que la Chambre nationale des chefs, les Chambres régionales des chefs, les conseils traditionnels et les conseils de division sont créés en vertu de la Constitution et des textes de loi d'habilitation[175]. Ce qui donne l'occasion au gouvernement central d'influer sur la composition des membres de ces organes locaux. Si le pouvoir central ne trouve pas d'intérêt politique à nommer un chef au sein d'un de ses organes locaux ou national, ce dernier a de fortes chances de ne représenter que sa famille. Selon une étude publiée par *Open Society Initiative for West Africa*, la loi prévoit par exemple que pour la nomination de 30 % des membres des assemblées de district par le gouvernement, les autorités traditionnelles soient consultées, mais force est de constater que ces dernières se plaignent qu'elles sont, depuis quelques années, de moins en moins consultées ou, dans les rares cas où elles le sont, le gouvernement fait fi de leurs propositions[176].

Ensuite, dans les faits, les chefs sont véritablement impliqués dans la vie socio-économique de leurs localités malgré l'interdiction constitutionnelle de faire la politique[177]. Ils sont devenus en quelque sorte des acteurs politiques informels. Certains chefs sont de véritables négociateurs entre le pouvoir central et la population. Leurs avis sont souvent demandés avant la mise en place d'un nouveau projet de développement local. Certains députés sont d'ailleurs moins écoutés

---

any person or authority the right to accord or withdraw recognition to or from a chief for any purpose whatsoever; or (b) in any way detracts or derogates from the honour and dignity of the institution of chieftaincy. (3) Nothing in or done under the authority of any law shall be held to be inconsistent with, or in contravention of, clause (I) or (2) of this article if the law makes provision for (a) the determination, in accordance with the appropriate customary law and usage, by a traditional council, a Regional House of Chiefs or the National House of Chiefs or a Chieftaincy Committee of any of them, of the validity of the nomination, election, selection, installation or deposition of a person as a chief.''

[175] *Ibid,* art. 273 et 274

[176] Ghana, démocratie et participation au processus démocratique, Open Society for West Africa, 2007, p. 130.

[177] *Ibid*, p. 128 : « Certains chefs ont indiqué qu'ils n'hésiteront pas à faire des commentaires sur les questions qui les affectent ou qui affectent leurs populations et qu'ils aimeraient 'jouer un rôle de premier plan dans le développement socio-économique du pays, malgré la disposition constitutionnelle qui leur interdit de faire de la politique partisane ».

que les chefs d'une collectivité donnée. Ils sont dans les faits les seuls interlocuteurs directs dans les localités les plus éloignées de la capitale ou des districts.

Aujourd'hui les chefs sont de plus en plus présents dans la sphère publique non seulement locale, mais aussi nationale. Conformément à la Constitution, ils sont nommés par exemple au niveau du Conseil d'État[178]; ils siègent également à la commission nationale de la police et de la prison[179] et au niveau des commissions foncières nationales et régionales[180]. Ils jouent un rôle important dans la vie sociale et économique de la collectivité.

Le pouvoir judiciaire des chefs est de plus en plus sollicité pour la résolution des conflits. Son organisation hiérarchique se présente sous une forme pyramidale. Le conseil traditionnel des chefs de village est par exemple compétent pour connaître des affaires d'héritage, du droit de la famille et de la propriété. Il juge en premier ressort. La maison nationale des chefs constituant elle une cour d'appel en cas d'insatisfaction, elle peut être saisie. La Cour suprême peut seulement être saisie par un appel en dernier ressort.

Sur le plan économique, les chefferies jouent un important rôle dans la mobilisation des ressources foncières pour les collectivités. Au Ghana, les terres dites *stools and skin lands* appartiennent aux chefs traditionnels. C'est en quelque sorte le territoire sur lequel s'étend l'autorité du chef de la collectivité en question. Il dispose d'un droit d'usage et de contrôle sur tout son territoire. Même si la loi distingue un domaine public à côté de ce domaine traditionnel reconnut au chef, dans la réalité, le droit de ce dernier reste confondu sur toutes les ressources foncières de son territoire local[181].

Finalement, la chefferie n'est pas si éloignée du politique comme pourrait le laisser penser la constitution ghanéenne de 1992. Sa présence permanente dans la vie publique malgré les nombreuses tentatives des politiques visant à provoquer sa disparition a plutôt fait d'elle un acteur politique incontournable.

---

[178] Constitution du Ghana … *op. cit.*, art. 206

[179] *Ibid*, art. 204 et 209.

[180] *Ibid*, 259 et 261.

[181] L'idée qui sous-tend la prépondérance de l'autorité du chef sur son territoire est que la terre est un bien commun et elle n'est pas à vendre. Seul le chef peut garantir ce bien commun. Il arrive que l'Etat ait besoin des portions de terrain appartenant à un particulier, la médiation du chef auprès du particulier est souvent sollicitée afin d'amener ce dernier a facilement céder son domaine.

SECTION II
UNE ORGANISATION LIMITÉE DES RESSOURCES ÉCONOMIQUES

Il n'y a pas de décentralisation efficace sans une réelle autonomie financière des collectivités locales. L'autonomie financière des collectivités locales renvoie à la notion de décentralisation fiscale. Celle-ci peut s'entendre comme le transfert vers les administrations locales des pouvoirs de décision relatifs à la mobilisation des ressources au niveau local en vue de l'exécution des responsabilités dévolues par le gouvernement central. Selon François P. Yatta, « l'idée est de donner aux collectivités locales un certain nombre de pouvoirs en matière de prélèvement fiscal et de dépenses publiques et le pouvoir de décider sur la structure et le niveau des dépenses publiques locales »[182]. Dans les États africains, le véritable problème, freinant tout projet de développement économique des collectivités locales, reste le caractère informel de la fiscalité de ces entités.

Le constat est identique au Togo comme au Cameroun. La fiscalité locale n'est pas à la hauteur des attentes. Le transfert des compétences, opéré par la décentralisation, ne s'est pas toujours accompagné du transfert des ressources qui en découlait. En outre, le faible encadrement des transactions économiques dans les sociétés africaines a pour conséquence d'empêcher une optimisation des recettes fiscales de ces localités. La décentralisation fiscale n'implique pas pour autant l'abandon des collectivités locales par le gouvernement central. Les collectivités pour la plupart ont recours aux aides de l'État. Ce qui laisse un large champ de manœuvre au pouvoir central pour brider l'autonomie de ces entités dans le contexte d'une décentralisation embryonnaire, où les juridictions administratives, seuls recours pouvant garantir les libertés des collectivités locales, restent absentes.

§ 1 - La relative autonomie financière des collectivités locales : la légitimité de l'impôt dans les sociétés traditionnelles

La difficile mise en œuvre de la fiscalité locale en Afrique s'explique, entre autres, par la remise en cause au plan général du caractère sacré qu'avait l'impôt dans les sociétés traditionnelles africaines. La structure fiscale traditionnelle n'a pu résister à la volonté coloniale déstabilisatrice

[182] F.-P. YATTA, La décentralisation fiscale en Afrique, enjeux et perspectives, Karthala, 2009, p 21.

de l'organisation coutumière africaine. Le nouveau système fiscal, imposé par le colon, qui n'avait aucune attache au « sacré », ni au divin, va fondamentalement porter un grand frein au caractère légitime de l'impôt dans ces sociétés de type traditionnel.

L'impôt a, à l'origine, ici un caractère religieux. Il semble rapprocher le citoyen de la divinité qui l'a établi. Son acceptation signifie l'adhésion au sacré[183]. Le chef, détenteur de ce pouvoir, était vénéré, car il détenait l'autorité fiscale qui revêtait un caractère sacré dont la non-exécution pouvait attirer des sanctions mystiques. Pour Jacques Lombard, le chef « détenteur principal du pouvoir fiscal, était toujours considéré comme un intermédiaire entre les hommes et les forces surnaturelles, comme celui dont la puissance spirituelle et magique devait être utilisée pour attirer la bénédiction des ancêtres »[184]. Il était celui par qui « l'impôt religieux offert sous forme de sacrifice, devait attirer l'abondance des pluies et permettre une bonne récolte (…) »[185].

Ce caractère traditionnel de l'impôt disparaît « sous la violence coloniale »[186]. La prise en main des territoires africains par le colonisateur marqua la fin de ce caractère sacré voué à l'impôt. Ce dernier devint un moyen de contrôle des populations indigènes. Le système de l'impôt instauré dans le but de favoriser l'autofinancement[187] des colonies fut corroboré par l'instauration de la pratique du travail forcé[188].

---

[183] M. BOUVIER : « Anthropologie et finances publiques : réflexions sur la notion de sacrifice fiscale », *R.F.F.P.*, n° 17, 1987, pp. 188-203

[184] J. LOMBARD, Autorités traditionnelles et pouvoirs européens en Afrique noire. Le déclin d'une aristocratie sous le régime colonial, Paris, Les presses de Sciences Po, 1967, p. 66.

[185] J-B. FOTSING, Le pouvoir fiscal en Afrique : Essai sur la légitimité fiscale dans les Etats d'Afrique noire francophone, Paris, L.G.D.J., 1995, p. 100.

[186] J.-B. FOTSING, *ibid.*, p. 19 : « En répudiant le sacré de la sphère de son fondement, le pouvoir fiscal colonial ne peut rencontrer d'adhésion et dès lors, ne peut s'imposer que par la violence. La violence fiscale sera la conséquence de l'affrontement de deux cultures fiscales. En effet, la pénétration coloniale a sonné le glas du pouvoir fiscal traditionnel. Parce que instauré en rupture avec la culture fiscale africaine, et sous le coup de la ruse et de la violence, le pouvoir fiscal colonial est, aux yeux des africains, un pouvoir illégitime ».

[187] La loi de finance française du 13 avril 1900 relativement au financement des colonies stipule en son article 33 que « les colonies doivent prendre en charge le financement de toutes les questions relatives aux affaires civiles et de gendarmerie ».

[188] Appuyant l'ampleur de ces travaux forcés au nom de l'impôt au Sénégal, P. LOUM relèvera dans sa thèse, *La politique de décentralisation et les nouvelles stratégies de développement : le cas du Sénégal*, 2013, Montpellier, pp. 55-56 que :« Les périodes de

Dans ce contexte, malgré la diversité des ressources locales, la conception contemporaine de l'impôt dans les États africains a du mal à produire les effets escomptés.

A. Une existence de ressources diversifiées

Dans un État de type décentralisé, au plan local, on peut distinguer deux types de fiscalités : la fiscalité directe et la fiscalité indirecte. La même distinction peut être faite dans les États africains décentralisés en l'occurrence au Togo comme au Cameroun. L'article 22 de la loi du 22 juillet 2004 portant orientation de la décentralisation au Cameroun dispose que : « les ressources nécessaires à l'exercice par les collectivités territoriales de leurs compétences leur sont dévolues soit par transfert de fiscalité, soit par dotations, soit par les deux à la fois ». La fiscalité directe ou l'impôt direct local constitue la principale ressource des collectivités locales. Cet impôt comprend la taxe foncière sur les propriétés bâties, taxe foncière sur les propriétés non bâties, taxe d'habitation, la taxe professionnelle, taxe d'enlèvement des ordures ménagères tandis que la fiscalité indirecte regroupe les droits de mutation, carte grise, part de taxe intérieure sur les produits pétroliers ou de taxe spéciale sur les contrats d'assurance… Dans les États africains, notamment au Togo comme au Cameroun ces types d'impôts locaux revêtent une certaine particularité méritant une attention particulière.

1. Les impôts directs

On distingue ici essentiellement les impôts fonciers et la taxe d'habitation. Pour les impôts fonciers, tout comme en France[189], on peut relever d'abord la taxe foncière sur les propriétés bâties qui s'applique à toutes les propriétés bâties sises sur le territoire national. Elle s'entend donc des constructions fixées au sol à perpétuelle

---

recouvrement des impôts étaient ainsi des moments très redoutés par la majorité des populations et l'administration coloniale n'hésitait pas à recourir à des pratiques d'intimidation très éprouvantes par le biais des chefs de canton (le chef de famille attaché au soleil ou humiliation devant sa famille ou ses voisins), lorsque le responsable contribuable ne parvenait pas à payer l'intégralité de l'assiette fiscale. Au-delà de sa fonction financière, le système de l'impôt s'est révélé au fil des années, comme un mécanisme efficace de contrôle des populations, contrôle à la fois physique mais aussi nominatif et économique. Ce contrôle s'est avéré encore plus serré avec l'apparition d'autres taxes (…). ».

[189] Art. 1380 du Code général des impôts.

demeure, aux installations destinées à abriter des personnes ou des biens ou à stocker des produits, les ouvrages d'art et voies de communication, les terrains non cultivés employés à un usage industriel ou commercial, ainsi que les terrains cultivés ou non utilisés pour la publicité commerciale ou industrielle[190]. La question en Afrique était de savoir si l'impôt foncier relevait du national ou du local.

Depuis longtemps cet impôt a été national. L'État prélevait et il lui revenait de repartir au prorata des terres que détenait chaque village. La répartition se faisait sous la supervision d'un conseil de village. Il est utile de rappeler que les pays d'Afrique sont essentiellement des pays agricoles. L'impôt foncier revêt dans ce cadre un intérêt capital pour les ressources locales. Il est donc l'impôt local par excellence.[191]

Ensuite, la taxe sur les propriétés non bâties, qui apparaît comme une ressource secondaire pour les collectivités locales. Elle s'applique sur toutes les propriétés non bâties sises sur le territoire. Elle est perçue par les communes également sur les terrains à usage agricole.

La taxe d'habitation, appelée taxe de résidence au Burkina Faso ou encore taxe civique au Togo, souffrant d'une effectivité dans les États d'Afrique, constitue un deuxième type d'impôt direct prévu par les textes. Elle est due par les personnes qui ont la disposition ou la jouissance de locaux d'habitation dans une commune.

En France, depuis le 1er janvier 2011[192], cette taxe est recouvrée au profit des communes et de leurs groupements à fiscalité propre[193]. Elle est donc due, en principe[194], par toute personne physique ou morale disposant dans la commune d'une habitation meublée à titre privatif, que ce soit en qualité de propriétaire, de locataire ou à tout autre titre.

---

190 Certaines propriétés peuvent bénéficier d'une exonération pouvant être permanente ou temporaire. Celles qui bénéficient des exonérations permanentes sont les propriétés publiques affectées à un service public notamment de l'Etat, de la commune, des régions, des départements (en France) ou préfectures (au Togo). Celles qui bénéficient d'exonérations temporaires sont le plus souvent les propriétés affectées à des constructions nouvelles.

191 F. - P. YATTA, *La décentralisation fiscale en Afrique*, Enjeux et perspectives, *op. cit.*, p. 116.

192 Loi n° 2010-1657 du 29 décembre 2010 de finances pour 2011.

193 M. BOUVIER, M.- C. ESCLASSAN et J.- P. LASSALE, *Finances Publiques*, LGDJ, 14e édition, 2016, p. 771.

194 Il faut noter qu'actuellement, un projet de loi prévoie sa suppression progressive pour une catégorie de contribuable

Elle prend donc en compte le local d'habitation proprement dit ainsi que les dépendances telles que garages, caves, jardins d'agrément[195].

Elle recouvre non seulement les locaux occupés par les sociétés, associations et organismes privés non soumis à la cotisation foncière des entreprises, mais également les locaux meublés sans caractère industriel ou commercial occupés par les organismes de l'État, des départements et des communes.

Au Togo c'est la maison d'habitation qui est le domaine d'application de cette taxe. Les personnes imposables sont donc les personnes occupant une maison à usage d'habitation. Il faut relever qu'à côté de ces deux types d'impôts directs, l'activité économique est également une source de revenus pour les collectivités locales. L'impôt caractérisant ces revenus est appelé « la patente[196] ». Au Cameroun, elle est perçue à l'occasion de l'exercice effectif d'une activité lucrative.

2. Les impôts indirects

Les impôts indirects ne sont pas très développés en Afrique bien que prévus par les textes. Ce sont des taxes fiscales payées au trésor public par une personne qui est différente de celle qui en supporte effectivement le coût. Ainsi le contribuable et le redevable de l'impôt sont deux personnes distinctes. Dans les États africains, on peut distinguer deux types d'impôts indirects.

D'abord il y a ceux qui sont indexés sur certains services publics locaux notamment l'eau et l'électricité[197]. Ce sont des frais ajoutés aux factures permettant de collecter des ressources indirectement pour les collectivités. Au Cameroun, les agglomérations dans lesquelles les communes supportent les frais de gestion des points d'eau ou de fontaines peuvent percevoir les taxes d'eau.

De même, elles peuvent percevoir les taxes d'électricité dites taxes d'éclairage dans les agglomérations où elles supportent les frais d'éclairage des rues ou des lieux publics ou lorsqu'elles projettent

---

[195] F. LABIE, *Finance locales*, Dalloz, 1995, p. 87

[196] La patente selon la définition de la Direction des services Fiscaux est l'impôt dû par toute personne exerçant une activité professionnelle indépendante, et dans un but lucratif.

[197] Elle a été créée en France par R. Poincaré en 1926 et était facultative. Cependant le 18 mars 2010, la Commission européenne a mis en demeure la France de revoir sa politique de taxation énergétique. Ce qui a été fait par la loi dite NOME de 2010 portant Nouvelle Organisation du Marché de l'Électricité entrée en vigueur le 1er janvier 2011. Désormais, elle n'est plus facultative mais obligatoire au niveau des collectivités territoriales.

d'entreprendre des travaux publics à cet effet. Ensuite, le second type d'impôts indirects est indexé sur les impôts d'État.

Il s'agit d'une surtaxe sur un impôt d'État au profit des collectivités territoriales. La surtaxe revient en principe aux collectivités locales. Elles sont souvent greffées sur la TVA ou sur les salaires et reversées aux collectivités où elles ont été collectées. Au Cameroun, ces taxes en forment une seule appelée Centime additionnel communal (CAC)[198]. À côté de l'impôt, les collectivités territoriales ont recours à diverses autres ressources. Au Togo par exemple, il est possible de distinguer les concours financiers de l'État, les rémunérations de la gestion du patrimoine et les services publics locaux et de l'emprunt[199]. Les concours financiers correspondent à l'ensemble des aides apportées par l'État sous forme de subvention et de dotation pour l'exécution des dépenses des collectivités territoriales. L'État, pour assurer l'équilibre des dépenses sur tout son territoire, met en œuvre des techniques de péréquation[200].

Pour les rémunérations de la gestion du patrimoine et services publics locaux, les collectivités territoriales peuvent décider du taux des taxes et des redevances perçues par les services publics locaux. Les collectivités ont également la possibilité de recourir à l'emprunt toutefois avec pour obligation d'obtenir une autorisation préalable de l'État.

Bien que la diversité des ressources soit reconnue par les constitutions de ces pays, force est de constater que la majeure partie du budget des collectivités locales est alimentée par les concours financiers et les ressources fiscales étatiques[201].

---

[198] Les Centimes Additionnels Communaux sont annexés aux impôts d'Etat tels que l'IRPP (10%), l'IS (10%), la TCA (10%), la patente (10%), la taxe foncière (10%), la taxe sur les jeux (10%), et la licence (10%). Ces ressources sont reversées au Fonds d'équipement et d'intervention des communes (FEICOM) qui est chargé de les rétrocédées aux communes.

[199] Art. 318 de la loi n° 2007-011 du 13 mars 2007 relative à la décentralisation et aux libertés locales

[200] Voir les développements sur la péréquation dans la deuxième partie de ce chapitre.

[201] « S'agissant des concours, ils représentent, selon les collectivités locales entre 34% et 74% des ressources totales. Ces chiffres cachent de fortes disparités car dans les collectivités rurales, la dépendance à l'égard des concours financiers de l'Etat est très forte. Ces concours financiers présentent deux défauts majeurs. D'abord, ils ne sont pas évolutifs et sont souvent reconduits d'une année à une autre, alors qu'en France, par exemple, leur progression est garantie par des indexations, selon un mécanisme d' « enveloppe normée ». Ensuite, le versement de ces concours financiers est souvent dépendant de la conjoncture économique et financière. Ainsi en période de crise

Malgré cette autonomie reconnue aux collectivités territoriales, quelques limites la rendent relative.

B. Une organisation des ressources insuffisante

Décentraliser consiste pour le gouvernement central et ses organismes « à transférer la responsabilité juridique et politique de la planification de projets, de la prise de décision et de la gestion d'activités publiques à des gouvernements infranationaux[202] ». Si les collectivités territoriales des États africains jouissent de ressources diversifiées, celles-ci souffrent d'une organisation lacunaire liée à l'encadrement de la fiscalité locale. Le cadre juridique de la fiscalité locale, contrairement à celui de l'État, n'est pas régi par le principe de la souveraineté financière, mais celui de l'autonomie financière. Cette autonomie financière est mise à mal par la présence de plus en plus accrue de l'État central au travers des règles de la subsidiarité inhérentes aux transferts des compétences.

1. L'autonomie financière et la souveraineté financière

L'autonomie financière est la possibilité que les collectivités territoriales ont pour mobiliser les ressources propres notamment les impôts[203]. La souveraineté financière se rattache quant à elle à l'État parce que la souveraineté elle-même est un attribut de l'État[204]. La définition communément retenue est celle de Louis Le Fur à la fin du XIXe siècle. Ce dernier la définit « comme la qualité qu'a l'État de n'être obligé ou déterminé que par sa propre volonté dans la limite du principe supérieur du droit, et conformément au but collectif qu'il est

---

économique – ou de tensions de trésorerie – les collectivités locales ont accès difficilement à cette source de financement car l'Etat – confronté lui-même à des difficultés - ne reverse qu'une partie de ces dotations et dans des délais trop longs. Et dans cette hypothèse, les collectivités locales n'ont évidemment aucun moyen de recours. » A. ESSONO OVONO, *L'autonomie financière des collectivités locales en Afrique noire francophone ... op. cit.*

[202] R. D. Ebel, « Le concept de décentralisation fiscale et survol mondial », *Symposium International, Commission sur le déséquilibre fiscal*, Québec, 14 et 15 septembre 2001, p. 25.

[203] L'impôt s'entendant ici comme l'ensemble des recettes fiscales locales composées des taxes et de l'impôt proprement dit.

[204] Dans « *Les six livres de la République* », J. BODIN (1530-1596) pose la théorie de la souveraineté en la définissant comme « la puissance absolue et perpétuelle de l'Etat ». Aucune autre entité ne peut l'exercer en concurrence à l'Etat.

appelé à réaliser »[205]. La souveraineté financière serait cette qualité reconnue à l'État d'agir et de n'être obligé sur le plan de sa fiscalité que par sa propre volonté[206]. Ce qui ne peut être le cas des collectivités territoriales qui sont tenues d'agir surtout en matières financières dans le cadre des lois et règlements de la République.

Dans la gestion fiscale des collectivités territoriales, on ne saurait parler d'autonomie financière plutôt que de souveraineté financière. L'autonomie financière peut s'entendre comme étant la situation d'une collectivité locale disposant d'un pouvoir propre de décision et de gestion de ses recettes et de ses dépenses, regroupées en un budget, nécessaire pour l'exercice de ses compétences[207].

Le principe d'autonomie financière suppose que les collectivités locales disposent de ressources suffisantes pour mettre en œuvre, de façon autonome leurs compétences. Il implique donc la liberté de gestion, l'autonomie budgétaire et l'autonomie des ressources[208]. L'autonomie financière des collectivités locales n'est en fait qu'une compétence dérivée, car en principe les collectivités ne bénéficient que des impôts créés par l'État.

Au Togo et au Cameroun comme dans la plupart des collectivités locales africaines les impôts locaux sont pratiquement inexistants. Dans le cas où ils existent, ils sont maintenus par les gouvernements centraux à travers le trésor public. L'autonomie des collectivités

---

205 L. LE FUR, *Etat fédéral et confédération d'Etats*, Thèse 1896, éditions Panthéon-Assas, 2000, p. 443 ;

206 Même si cette qualité fiscale de l'Etat est de plus en plus remise en cause notamment dans le cadre des organisations économiques communautaires comme la CEDEAO, l'UEMOA au niveau du continent africain ou encore la CE au niveau de l'Union Européenne.

207 Voir V. DUSSART, « L'autonomie financière des pouvoirs publics constitutionnels », Paris, Cnrs Éditions, 2000, p. 12 et 13.

208 E. AUBER, D. CERVELLE, *Les collectivités territoriales. Une approche juridique et pratique de la décentralisation*, SEDES, 2010, p. 165. La liberté de gestion des collectivités territoriales est le corollaire le plus direct de leur libre administration. L'autonomie budgétaire concerne les dépenses et se traduit par la liberté donnée aux collectivités de dépenser ce qu'elles souhaitent dans la limite de leurs ressources (principe d'équilibre budgétaire). L'autonomie de ressources suppose que les collectivités territoriales doivent avoir la maîtrise du niveau suffisant de leurs ressources. D'une part, l'autonomie fiscale qui dépend de la parcelle de souveraineté fiscale octroyée aux collectivités territoriales, comporte la possibilité de moduler l'assiette et de fixer le taux des impôts. D'autre part, la liberté de rendre des services publics est limitée par les compétences attribuées aux collectivités tandis que la liberté de tarifer les services est encadrée par l'interdiction d'une tarification au-delà du coût du service.

locales sur ce plan financier est quasiment sous contrôle étatique. Les raisons de cette limite fiscale des collectivités territoriales peuvent être trouvées non seulement dans les textes mêmes qui l'instituent, mais également dans la pratique qui en est faite.

2. L'autonomie financière et les règles de subsidiarité

L'autonomie financière locale n'équivaut pas à une indépendance des collectivités territoriales dans la gestion de leurs finances locales. L'État, étant le seul détenteur de la souveraineté, dispose de la compétence absolue sur les ressources de tout le territoire.

Même si dans le cadre de la décentralisation il est appelé à accorder une liberté aux collectivités de s'administrer elles-mêmes, il dispose d'un droit de regard sur leur budget. Pour garantir l'unité étatique, les lois, qu'elles soient ordinaires ou fiscales sont toujours de la compétence du législateur. La compétence locale obéirait au principe de subsidiarité[209].

Le législateur camerounais par exemple soumet expressément le transfert des compétences au principe de subsidiarité[210]. Le principe de subsidiarité est un « principe d'organisation administrative de l'État unitaire décentralisé tendant, d'une part, à garantir à la collectivité territoriale de base tous les pouvoirs et compétences qu'elle est en mesure d'exercer efficacement et, d'autre part, à contraindre la collectivité supérieure de suppléer aux carences éventuelles de la collectivité inférieure[211]». Originairement, la subsidiarité commande à l'État central de prendre la place de la collectivité, seulement, si cette dernière est défaillante dans l'exercice de ses compétences. Les États africains semblent avoir fait de leur intervention dans le domaine fiscal des collectivités territoriales un principe et la compétence des autorités locales l'exception.

Deux raisons sont souvent évoquées pour justifier cet état de fait : la première est liée au manque de personnels qualifiés au plan local pour cette mission et la seconde tient au fait que « permettre aux

---

[209] A. DELCAMP, « Droit constitutionnel et droit administratif Principe de subsidiarité et décentralisation. », *Revue Française du Droit Constitutionnel*, n° 23, 1995, p. 609.

[210] Art. 9 al. 2 de la loi n° 2004/017 du 22 juillet 2004 portant orientation de la décentralisation : « Le transfert et la répartition des compétences (...) obéissent au principe de subsidiarité de progressivité et de complémentarité ».

[211] G-C. MBONGO OTANGO OTANDO, « L'applicabilité du principe de subsidiarité en droit africain de la décentralisation (cas du Gabon, du Cameroun et du Burkina –Faso) », *RTSJ.*, n°0000, Janvier/Juin 2011, p. 316

autorités infranationales de dépendre des impôts (…) perçus à l'échelle locale entraînera des iniquités entre les localités riches et les localités pauvres »[212].

Sur le premier point, notamment le manque de personnels qualifiés, au Cameroun, une étude de 2008, réalisée par l'État, atteste que 39 % des agents ne possèdent pas de formation adéquate ou un diplôme lié à leurs fonctions. Par ailleurs, 64 % d'entre eux ont des qualifications inférieures au brevet et seulement 20 % (au niveau des collectivités territoriales seulement 11 %) d'entre eux atteignent le niveau du baccalauréat et au-delà[213]. Il est donc primordial de former les agents locaux afin qu'ils puissent maîtriser l'ensemble des techniques liées à la fiscalité locale et notamment la tenue à jour du cadastre, la détermination de l'assiette de l'impôt qui est souvent mal faite ainsi que l'enregistrement de tous les administrés.

Par rapport au second point, au contraire, une autonomisation des collectivités locales sur ce plan favoriserait une émulation entre elles. Si les autorités locales sont effectivement bien élues, elles pratiqueraient une politique fiscale locale responsable sous peine de perdre leur électorat. Comme le soulignent Robert D. Ebel et Serdar Yilmaz à travers l'étude effectuée par la Banque Mondiale : « une politique de décentralisation fiscale soigneusement conçue devrait non seulement accroître l'autonomie locale des gouvernements infranationaux, c'est-à-dire le pouvoir d'agir indépendamment, dans leur propre sphère de compétence, en vue de l'élaboration de politiques relatives aux revenus et aux dépenses, mais également promouvoir l'imputabilité politique, l'efficacité économique et la transparence »[214].

La mauvaise organisation des ressources locales rend moins efficaces toutes les politiques de décentralisation. Les collectivités locales sont la plupart du temps obligées de recourir aux dotations provenant essentiellement de l'État. Or une réelle liberté de gestion

---

212 N. MONKAM et M. MOORE, « Les avantages de l'impôt foncier pour l'Afrique », *African Researsh Institute*, Mai 2015.

213 A titre d'exemple pour illustrer ce manque de ressources humaines qualifiées, le rapport sur la situation quantitative et qualitative des effectifs des personnels et élus communaux élaboré par l'Etat du Cameroun avec l'appui de la coopération française établit qu'en l'absence de cadre compétent, le délégué du gouvernement de la communauté urbaine de N'Gaoundéré encadre seul 50 agents pour 400 000 habitants. Pour remplir cette obligation il fait quelquefois recours à des stagiaires.

214 R. D. EBEL, « Le concept de décentralisation fiscale … », *op.*, *cit.*

des ressources naturelles propres aux collectivités assurerait une autonomie locale efficace. L'exemple des ressources forestières est le plus frappant surtout dans ces collectivités à majorité rurales. En Afrique subsaharienne, les principales ressources à partir desquelles les communes rurales peuvent se développer se trouvent dans une gestion rationnelle des ressources forestières[215]. Ainsi, pour le Mali par exemple, 12 % des taxes d'exploitation forestière pourraient alimenter tout le budget des communes rurales. Cependant moins de 6,8 % des sommes sont effectivement perçues par ces dernières. Ces taxes forestières, ressources propres des collectivités territoriales, sont finalement insuffisantes pour assurer leur équilibre budgétaire. Il serait donc vain d'espérer une décentralisation efficace si les droits de gestion ne sont pas pleinement reconnus et mis en œuvre par les collectivités locales concernées.

Les textes prévoyant les transferts de compétences aux collectivités locales notamment du domaine forestier sont bien adoptés, mais le réel obstacle est la réticence des pouvoirs centraux à prendre les mesures d'accompagnement pour faciliter leur mise en œuvre au niveau local. Les difficultés souvent enregistrées au niveau des collectivités territoriales elles-mêmes ont trait aux conflits de compétences, notamment entre l'autorité élue locale et l'autorité traditionnelle détentrice naturelle du droit foncier. Au Nord-Cameroun par exemple, le contrôle de l'accès aux ressources forestières est assuré par une autorité traditionnelle, le *lamido*[216]. Suivant que le *lamido* est puissant et respecté, voire craint, ou qu'il a peu d'emprise, le contrôle sur les ressources sera plus ou moins important. Il y a ainsi des *lamidats* au Nord Cameroun où rien ne se passe dans le territoire sans que le *lamido* soit au courant et d'autres au contraire où le *lamido* n'est pas le mieux informé. Quand il exerce un contrôle fort, c'est pour veiller à la sécurité de ses sujets, au bon fonctionnement du *lamidat*, mais aussi pour récolter les taxes qu'il peut réclamer à tous

---

[215] E. IDELMAN, *Le transfert des compétences en gestion des ressources naturelles aux communes rurales de la région de Kita (Mali). D'un encadrement étatique intégré à des logiques d'acteurs locaux*, Thèse de Doctorat en Géographie, Université de Paris X – Nanterre, décembre 2008, p. 202, URL : http://tel.archives-ouvertes.fr/tel-00353162/fr/

[216] Chef traditionnel dont le pouvoir s'étend sur un *lamidat* (territoire correspondant généralement à un canton, soit une dizaine à une centaine de villages).

les étrangers au territoire qui en utilisent les ressources parfois appelées *zakât*[217].

Il est important dans le cadre de la décentralisation de procéder à une réforme du système fiscal dans ces États d'Afrique. Une modernisation des procédures de recouvrement s'avère nécessaire à l'heure où tout est informatisé.

§ 2 - Des systèmes de péréquation aux effets attendus

Dans un État de type décentralisé, pour un développement harmonieux des collectivités territoriales dont les ressources économiques ne sont pas équitables selon le territoire donné, un système de péréquation s'avère nécessaire. Pensé comme un mécanisme visant à atténuer les disparités de ressources entre collectivités territoriales au regard des charges auxquelles elles doivent faire face, la péréquation est un mécanisme de redistribution qui vise à réduire les écarts de richesse entre les collectivités territoriales. En principe, si sur la base de la décentralisation chaque collectivité devait se financer grâce à ses propres ressources, sans aucune intervention de l'État central, il y aurait des collectivités plus riches que d'autres.

Emilie Caldeira[218] écrit à ce propos que : « dans un système décentralisé, si les juridictions financent leurs activités à partir de leurs propres ressources, les plus riches d'entre elles bénéficient de plus de services publics »[219]. Ainsi, il apparaît très vite une inégalité des citoyens devant les services publics étatiques.

Fiscalement, pour reprendre l'exemple d'Émilie Caldeira, les collectivités les plus riches peuvent proposer des taux de taxation plus faibles que les autres pour le même service public[220]. La péréquation

---

[217] Ce terme fait référence à plusieurs types de taxes. Il peut désigner : des taxes payées par les éleveurs pour s'assurer le droit de pâturage et de passage dans le territoire ; des taxes payées par des migrants pour défricher de nouvelles terres et s'y installer ; des taxes payées par les bûcherons pour faciliter leurs coupes, dont le permis ou l'autorisation sont par ailleurs délivrés par le Ministère de l'Environnement et des Forêts (MINEF Cameroun).

[218] E. CALDEIRA, *Essais sur la décentralisation dans les pays en développement,* Economie et Finance, Thèse Université d'Auvergne, 2011, 219 pp.

[219] *Ibid*, p. 47.

[220] *Ibid*, « Ces inégalités d'origine devraient, de plus, s'accroître par le bais de la mobilité des populations : les juridictions les plus riches ayant des bases fiscales plus importantes, elles peuvent proposer des taux de taxation plus faibles pour le même niveau de services

apparaît comme un dispositif permettant de pallier les inégalités financières que peut engendrer la décentralisation.

Dans les États d'Afrique noire francophones, dont le Cameroun et le Togo, ce système est nécessaire dans la mesure où les collectivités n'ont pas toutes les mêmes richesses économiques. La péréquation vise à réduire les inégalités.

Les pouvoirs publics de ces différents États ont procédé à la mise en place de structures permettant de recueillir des fonds afin d'assurer une efficacité à leurs politiques de péréquation. Si en France les mécanismes permettant de réaliser cet objectif ont bien été définis et encadrés, au Togo et au Cameroun comme dans la plupart des Etats francophones qui ont fait écho à ce principe, il est intéressant de se pencher sur son effectivité.

A. Fondements et mécanismes de la péréquation

Proclamée objectif à valeur constitutionnelle en France par la révision constitutionnelle du 28 mars 2003[221], la péréquation n'était pas étrangère au droit français de la décentralisation. Elle fut révélée par le Conseil constitutionnel par une décision du 6 mai 1991[222]. La jurisprudence née de cette décision a permis au Conseil constitutionnel de préciser les règles devant orienter le législateur dans l'institution des péréquations.

1. La constitutionnalisation du principe de péréquation

Avant sa constitutionnalisation par la réforme de 2003, la péréquation n'était pas pour autant absente du paysage juridique français. Déjà dans sa célèbre décision du 6 mai 1991, le juge constitutionnel se prononce en faveur de l'existence d'un droit à péréquation rappelé par le préambule de la Constitution de 1946 repris par celle de 1958[223].

---

publics attirant de nouveaux résidents et, par là -même, augmentant encore leur potentiel fiscal ».

[221] Article 7 de la loi constitutionnelle n° 2003-276 du 28 mars 2003 relative à l'organisation décentralisée de la République

[222] Article 7 de la loi constitutionnelle n° 2003-276 du 28 mars 2003 relative à l'organisation décentralisée de la République

[223] *Ibid.* Dans cette décision relative à la loi instituant une dotation de solidarité urbaine et un fonds de solidarité des communes de la région d'Ile de France, le Conseil constitutionnel souligne que le préambule de la Constitution ne fait pas obstacle à l'institution par la loi d'un mécanisme de solidarité aussi bien nationale que locale.

En effet, l'alinéa 12 du préambule de la Constitution de 1946 dispose : « La Nation proclame la solidarité et l'égalité de tous les Français devant les charges qui résultent des calamités nationales ».

Le principe fondamental qui semble guider le juge constitutionnel dans sa motivation est le respect du principe d'égalité devant la loi et les charges publiques proclamées par les articles 6 et 13 de la Déclaration des Droits de l'Homme et du Citoyen de 1789[224]. Cette idée maîtresse qui motivait la position du juge peut être retrouvée à travers la constance de sa jurisprudence issue de cette décision de 1991. Dans un considérant de principe, il fixe les critères devant justifier la mise en place d'une loi de péréquation : « Le principe constitutionnel d'égalité ne s'oppose ni à ce que le législateur règle de façon différente des situations différentes ni à ce qu'il déroge à l'égalité pour des raisons d'intérêt général pourvu que, dans l'un et l'autre cas, la différence de traitement qui en résulte soit en rapport avec l'objet de la loi qui l'établit »[225]. Pour le juge constitutionnel, la recherche d'une certaine égalité entre les collectivités territoriales peut

---

[224] Déclaration des Droits de l'Homme et du Citoyen de 1789, art. 6 : « La Loi est l'expression de la volonté générale. Tous les Citoyens ont droit de concourir personnellement, ou par leurs Représentants, à sa formation. Elle doit être la même pour tous, soit qu'elle protège, soit qu'elle punisse. Tous les Citoyens étant égaux à ses yeux sont également admissibles à toutes dignités, places et emplois publics, selon leur capacité, et sans autre distinction que celle de leurs vertus et de leurs talents » ; art. 13 : « Pour l'entretien de la force publique, et pour les dépenses d'administration, une contribution commune est indispensable : elle doit être également répartie entre tous les citoyens, en raison de leurs facultés ».

[225] Conseil constitutionnel, décision n° 91-291, DC 6 mai 1991, *op. cit.* Le juge rappelle sa position dans sa décision n° 2014-397 QPC du 6 juin 2014 relative au Fonds de solidarité des communes de la région d'Île-de-France (FSRIF). Le juge n'hésite pas à se référer à sa décision de principe de 1991 dans laquelle il relevait que la région d'Île-de-France présente, en ce qui concerne la situation des communes urbaines au regard des besoins sociaux de leur population, des traits spécifiques. En outre, la répartition des emplois entre le centre et la périphérie entraîne une distribution très inégale du potentiel fiscal des communes à population équivalente, et il en découle d'importants écarts dans les niveaux d'équipements et de services que les communes sont en mesure d'offrir à leurs habitants. Dès lors, le Conseil a considéré que « l'ampleur et le cumul de ces éléments justifient que le législateur institue pour la région d'Île-de-France, indépendamment de la création de la dotation de solidarité urbaine, un mécanisme intercommunal de redistribution de ressources ayant pour objet de contribuer à l'amélioration des conditions de vie dans celles des communes qui supportent des charges particulières sans disposer d'un potentiel fiscal par habitant élevé ». Ce qui justifierait conformément au principe d'égalité la création d'un mécanisme de solidarité financière intercommunale propre à la région d'Île-de-France.

justifier une intervention du législateur à travers la péréquation à condition que soit établie l'existence d'un intérêt général et le rapport que celui-ci a avec l'objet de la loi[226]. Cette volonté du juge constitutionnel de faire de la péréquation un droit à part entière a donc abouti logiquement à sa constitutionnalisation en 2003. Le dernier alinéa de l'article 72-2 de la loi de 2003 dispose en effet que : « La loi prévoit des dispositifs de péréquation destinés à favoriser l'égalité entre les collectivités territoriales ». À partir de cet article, ce qui n'était qu'une simple possibilité laissée au libre choix du législateur devient un droit constitutionnellement reconnu aux collectivités territoriales. Désormais non seulement il est nécessaire de créer des péréquations pour maintenir l'égalité de richesses entre les collectivités territoriales, mais il revient aussi au juge constitutionnel de veiller à ce que cette égalité soit respectée.

De tout ce qui précède et en l'absence de définition constitutionnelle, la péréquation en règle générale est un système qui permet de « faire jouer une solidarité nationale au profit des collectivités territoriales pauvres en leur donnant proportionnellement des montants plus importants qu'aux collectivités riches »[227]. Elle peut être étendue à la coopération entre collectivités même si le juge constitutionnel a toujours hésité à les nommer péréquation du fait qu'ils ne portent pas sur des éléments de richesse[228].

---

[226] Conseil constitutionnel, décision n° 2004-511 DC du 29 décembre 2004 portant sur la loi de finances pour 2005 : « Considérant que les articles 47 à 49 de la loi déférée réforment la dotation globale de fonctionnement des communes, des groupements de communes et des départements ; [...] Considérant, en premier lieu, que la réforme de la dotation globale de fonctionnement ne se borne pas à modifier les règles de répartition de chaque dotation ; qu'en modifiant substantiellement leur structure, elle instaure divers mécanismes destinés à compenser les effets préjudiciables que son application aurait causés à certaines collectivités ; que ces mécanismes compensateurs se traduisent en particulier par des garanties de recettes incombant à l'Etat ; que les articles 47 à 49 ont donc une incidence sur la détermination des ressources et des charges de l'Etat ; qu'ils trouvent place dans une loi de finances ».

[227] M. S. AMLALO, « La décentralisation en ... », *op. cit.*, p. 21

[228] C. DARBOUSSET, *Recherches sur la notion de péréquation en droit public*, Thèse, 2011, La Rochelle, p. 104 : « Nous assimilons la péréquation à l'ensemble des mécanismes financiers et fiscaux aboutissant à une correction des disparités de « pouvoir d'achat » des collectivités. Aussi, nous qualifions de péréquation, sous certaines conditions, des coopérations inter-collectivités, des dotations liées aux transferts de compétences et des subventions dans le cadre de cofinancement ; ce que le législateur et le juge constitutionnel ne font pas pour deux raisons : d'une part, ils ne nomment jamais « péréquation », les relations financières [et/ou fiscales] qui ne prennent pas en

2. **Des mécanismes de péréquation adaptables aux collectivités territoriales**

L'objectif principal recherché par la péréquation est le partage équitable de richesses entre collectivités territoriales. Deux dispositifs en France permettent sa mise œuvre : la péréquation verticale et la péréquation horizontale.

La péréquation verticale consiste en une redistribution par l'État des richesses. Elle prend la forme de dotations de solidarité contenues dans la dotation générale de fonctionnement (DGF). Elle est le principal outil de péréquation en France. Elle vise à combler les insuffisances financières des collectivités. Par cette péréquation, l'État vient au secours des collectivités défavorisées en leur versant des ressources étatiques.

Ces ressources sont ainsi versées aux communes, aux groupements de communes à budgets propres, aux départements et aux régions. La péréquation verticale est subdivisée au niveau de toutes les collectivités en dotation de solidarité urbaine, dotation de solidarité rurale visant à soutenir les collectivités urbaines en difficultés et les bourgs-centres et la dotation nationale de péréquation. En 2004 par exemple, au niveau des communes, la DGF s'élevait à 20,5 Mds d'euros divisés en deux parts : une part forfaitaire (13,6 Mds d'euros) et une part d'aménagement dont 5,4 Mds d'euros ont été affectés aux Établissements Publics Commerciaux et Industriels et le reste aux dotations de communes à savoir : 0,6 Md d'euros à la dotation de solidarité urbaine, 0,4 Md d'euros à la dotation de solidarité rurale et 0,6 Md d'euros à la dotation nationale de péréquation. En 2012 par exemple, la part du DGF consacrée à la péréquation s'élevait à 7,2 Mds d'euros soit 14,4 % de la DGF totale[229].

La péréquation horizontale est une péréquation s'opérant entre les collectivités territoriales. Ce dispositif consiste à prélever une partie des ressources fiscales des collectivités les plus riches au profit des moins riches. Institué en 1982[230] pour garantir la solidarité financière

considération des éléments de richesse (ressources et besoins) explicitement identifiés et d'autre part, ils ne nomment jamais « péréquation », les relations inter-collectivités qui n'ont pas été instaurées explicitement en vue de réduire les inégalités ou de favoriser certaines collectivités ».

[229] Chiffres Direction Générale des Collectivités Locales (France).

[230] Par la décision n° 81-134 DC du 5 janvier 1982, le conseil constitutionnel rappel à travers le 12ème considérant que « si en vertu l'article 72 de la constitution, les collectivités territoriales de la République s'administrent librement par des conseils

entre collectivités territoriales, il se décline aujourd'hui en différents fonds comme les fonds de solidarité des communes, les fonds départementaux de péréquation de la taxe professionnelle entre communes ou encore la contribution départementale au mécanisme de solidarité entre départements ou communes. Pour le Conseil constitutionnel, le législateur peut, à titre exceptionnel, sur le fondement de l'article 34 de la Constitution, décider que le produit d'un impôt communal pourra en partie être attribué à une autre collectivité territoriale[231]. La mise place d'un Fonds de solidarité des communes d'Ile-de-France depuis 1991 a été faite sur la base de la péréquation horizontale. Depuis 2010, la loi a mis en place un dispositif de solidarité horizontale à l'échelle nationale à travers le fonds national des recettes fiscales intercommunales et communales (FPIC)[232]. Un fonds a été institué également en 2011 au profit des départements. Ce rôle est joué par le fonds national de péréquation des droits de mutation à titre onéreux. En 2013, sont entrés en vigueur au profit des régions et des départements deux fonds de péréquation, départemental et régional, sur la cotisation sur la valeur ajoutée des entreprises (CVAE). Le principe de la péréquation tel qu'élaboré vient confirmer l'idée que la décentralisation n'est pas une fuite en avant de l'État face aux collectivités territoriales. Elle permet de s'assurer que le transfert des compétences entraîne effectivement le transfert des moyens par ses mécanismes de dotation générale. La jurisprudence du Conseil constitutionnel permet d'affirmer que si les ressources locales d'une collectivité donnée ne lui permettent pas de financer ses politiques publiques, l'État est tenu de prendre des mesures nécessaires afin d'assurer une égalité de développement par rapport aux autres collectivités. Ce principe, évidemment dans le cadre de la décentralisation dans les pays d'Afrique noire francophone, a fait l'objet d'une importation. Cependant, sa mise en œuvre appelle quelques interrogations.

---

d'élus, elles le font dans des conditions prévues par la loi; qu' au terme de l'article 34 de la constitution, la loi détermine les principes fondamentaux de la libre administration des collectivités locales, de leurs compétences et de leurs ressources; que la loi peut donc instituer un système de péréquation entre les collectivités ».

[231] Décision n° 91-[291] DC, 6 mai 1991.

[232] B. FAURE, Droit des collectivités territoriales, Dalloz, 2011, p. 562.

B. La déclinaison du système de péréquation au Togo et au Cameroun

Il ne fait aucun doute qu'un système de péréquation est nécessaire dans un État unitaire de type décentralisé afin d'assurer un partage équitable des différentes ressources qui forcément sont inégalement réparties sur l'ensemble du territoire national. Les différentes Constitutions des États d'Afrique francophone ont très tôt fait de ce principe une règle fondamentale dans l'organisation de leurs collectivités territoriales. Plus précisément, l'article 55, alinéa 4 de la Constitution camerounaise de 1996 demande à l'Etat de veiller « au développement harmonieux de toutes les collectivités territoriales décentralisées sur la base de la solidarité nationale, des potentialités régionales et de l'équilibre inter-régional ».

Nous retrouvons également dans les mêmes termes cette obligation faite à l'État au profit de ses collectivités territoriales à l'article 142 de la Constitution de la République du Togo de 1992[233].

Dans ces États, bien que le principe de péréquation soit fondé sur la même motivation qu'en droit français[234], il présente toutefois une certaine particularité à travers ses mécanismes de mise en œuvre.

1. Les dotations et subventions des collectivités territoriales au Cameroun

Faisant écho à l'article 55 alinéa 4 de la Constitution, la loi n° 2009/011 du 10 juillet 2009 portant régime financier des collectivités territoriales décentralisées dispose à son article 5 que l'État veille au développement harmonieux de toutes les collectivités territoriales décentralisées sur la base de la solidarité nationale, des potentialités régionales et de l'équilibre inter-régional. Ceci n'est pas sans rappeler la notion d'égalité ayant déterminé la position du juge constitutionnel dans le droit français. Le constituant camerounais, conscient des disparités de richesses qui peuvent exister entre les collectivités, surtout dans un pays en voie de développement comme le Cameroun, a jugé nécessaire de prévoir une telle disposition pour éviter un déséquilibre de développement entre les collectivités

233 Constitution de la République du Togo de 1992, article 142 : « L'Etat veille au développement harmonieux de toutes les collectivités territoriales sur la base de la solidarité nationale, des potentialités régionales et de l'équilibre inter-régional ».

234 Notamment la recherche d'une certaine égalité de richesse entre les collectivités territoriales.

territoriales. L'alinéa 2 du même article ajoute qu'« à cet effet, des organismes peuvent être créés en cas de besoin par décret du Président de la République ». Afin d'accompagner la politique de décentralisation entreprise et mise en œuvre, il est clair que les seules ressources propres des collectivités s'avéreront insuffisantes. Pour pallier cela, la loi sur le régime financier des collectivités territoriales décentralisées de 2009 a prévu un mécanisme de péréquation à travers son article 15. Celui-ci dispose en effet que : « Les collectivités territoriales perçoivent de l'État des dotations et subventions pour l'accomplissement de leur mission ». Ces dotations dites Dotations Générales de la Décentralisation (DGD) sont, au terme de la loi, destinées au financement partiel de la décentralisation. Chaque année la loi de finances détermine la fraction de recette de l'État devant être affectée à cette dotation générale. Il faut rappeler qu'elle est alimentée par une indexation de certaines recettes de la communauté urbaine. En l'occurrence, cette dotation générale est une recette perçue au niveau des communautés urbaines comme Douala et Yaoundé au profit des petites communes environnantes composant la communauté urbaine d'agglomération. Ce mécanisme de péréquation est dit vertical, car c'est une péréquation entre collectivités territoriales elles-mêmes. L'État n'intervient que pour son organisation. Parallèlement, un système de péréquation horizontale a été institué par la loi n° 74/23 du 5 décembre 1974 portant organisation communale au profit des communes à travers le Fonds Spécial d'Équipement et d'intervention Intercommunal (FEICOM)[235].

Le FEICOM est un établissement public placé sous la tutelle conjointe du ministère de l'administration territoriale et de la décentralisation et celle du ministère des finances. Il a pour rôle d'accompagner les communes dans le processus de décentralisation en leur apportant des concours financiers et techniques. Il intervient notamment à travers le financement des travaux d'investissement communaux et intercommunaux, la centralisation et la redistribution des centimes additionnels, la couverture des frais de formation du personnel communal, l'avance de trésorerie. Le FEICOM est alimenté par des ressources au préalable définies par des textes réglementaires. Ces ressources sont : les Centimes Additionnels Communaux (CAC), les Droits de Timbre Automobile (DTA), la Redevance Forestière

[235] Le FEICOM est opérationnel depuis le décret d'application n° 77/85 du 22 mars 1977.

Annuelle (RFA), la Taxe de Développement Local (TDL), la Taxe Foncière sur les Propriétés Immobilières (TFPI), les Droits de Mutation Immobilière (DMI), la Taxe de Stationnement (TS), la Contribution aux Patentes (Pat), la Contribution aux Licences (Lic), les ristournes et les subventions consenties par l'État, les emprunts et toutes autres ressources destinées aux collectivités territoriales dont la gestion aurait été confiée au FEICOM[236]. Il fonctionne comme une véritable institution financière pour les communes camerounaises. De 2004 à 2011, cet établissement a appuyé la réalisation de 1430 projets avec un financement plus de 90 Mds de FCFA[237]. Cependant, son fonctionnement soulève quelquefois des critiques paralysantes. Il lui est reproché non pas seulement d'être financé lui-même par une partie des revenus normalement destinés aux collectivités territoriales, mais également d'interférer dans leur gestion[238]. Il se présente dans les faits comme un instrument de tutelle financière permettant à l'État de maintenir sa domination notamment à travers les prêts accordés aux collectivités et le recouvrement des créances.

Malgré ces quelques dysfonctionnements, saluons néanmoins l'effectivité de ce mécanisme de péréquation permettant de mobiliser des ressources au profit des communes pour une bonne mise en œuvre de la décentralisation. Il est toutefois regrettable que ce mécanisme soit appliqué uniquement aux communes qui ne sont pas les seules collectivités territoriales au Cameroun. L'expérience pourrait être étendue aux régions afin que les effets de la décentralisation soient profitables à toutes les parties composant le territoire national.

2. L'application de l'article 142 de la Constitution de 1992 au Togo

Au terme de l'article 142 de la Loi fondamentale du Togo : « l'Etat veille au développement harmonieux de toutes les collectivités

---

[236] Sources : http://feicom.cm

[237] Voir annexe n° 3. Tableau extrait de l'exposé de Mme Suzanne NGANE (Directeur de la coopération, du partenariat, de la communication et des archives du FEICOM) sur « Les mécanismes de transfert des fonds aux collectivités territoriales décentralisées. L'expérience du FEICOM au Cameroun ».

[238] C.N. MBACK et C. BAEHREL (dir.), *Etat de la décentralisation en Afrique*, Karthala, 2009, p. 100. Cet organisme est « financé en partie par des prélèvements sur certaines ressources communales des revenus destinés aux communes mais affectés au FEICOM. D'où la réticence de certains magistrats communaux à se plier à ses prélèvements ».

territoriales sur la base de la solidarité nationale, des potentialités régionales et de l'équilibre inter-régional ». Cet article de la Constitution vient rappeler l'une des finalités de la décentralisation : assurer un développement équilibré du territoire en créant les meilleures conditions de développement économique et social, avec des mécanismes de solidarité entre les composantes de la nation. Cet objectif est réalisable par le biais de la péréquation. Afin d'assurer cet équilibre de développement entre les collectivités territoriales, la loi portant décentralisation de 2007[239] institue à son article 365 une péréquation à travers un fonds d'appui destiné aux collectivités territoriales (FACT). Ce fonds a pour objet de mobiliser des ressources financières en vue de compenser les transferts de compétences et d'appuyer les actions de développement initiées par les collectivités territoriales[240] ». Le FACT comprend deux dotations : une affectée à la décentralisation et, une autre, servant d'appui aux investissements réalisés par les collectivités territoriales.

La dotation affectée à la décentralisation est destinée à soutenir le fonctionnement des collectivités, à compenser les charges résultant des transferts de compétences et à assurer la péréquation entre les collectivités. La dotation d'appui aux investissements est, quant à elle, destinée à financer les projets et programmes d'investissement des collectivités et à garantir les emprunts des collectivités auprès des institutions financières.

Le financement de ce fonds témoigne de sa particularité par rapport aux deux mécanismes de péréquation qu'on peut retrouver dans le système français notamment la péréquation verticale et la péréquation horizontale. En effet, le FACT se présente comme une caisse de ressources financières, d'origines diverses, destinée à financer les collectivités territoriales.

Il s'agit d'un établissement public placé sous la tutelle du ministère chargé des collectivités territoriales et celui des finances. Les ressources devant alimenter le fonds proviennent de la dotation globale annuelle de l'État fixée par la loi de finances, des contributions des partenaires au développement, des contributions des collectivités territoriales elles-mêmes, des dons et legs.

Ce fonds, destiné à financer les initiatives de développement entreprises par les collectivités territoriales, n'est pas encore

[239] Loi n° 2007 – 011 du 13 mars 2007 *op. cit.*
[240] *Ibid.* art. 366.

opérationnel. Il est resté au stade de simple projet. Or à y regarder de près, les ressources propres des collectivités territoriales togolaises se présentent comme insuffisantes pour assurer l'autonomie financière souhaitée. Le FACT est le moyen essentiel de financement de la décentralisation mis en place par la loi de 2007. Son effectivité est tout autant souhaitée comme la décentralisation elle-même. Sa mise en œuvre permettrait aux responsables des collectivités territoriales de s'impliquer dans le développement local avec l'assurance de disposer de ressources financières pouvant accompagner les diverses politiques publiques dont ils peuvent avoir l'initiative.

L'autre véritable handicap des collectivités territoriales togolaises notamment la commune et la préfecture dans la mobilisation des ressources pour le financement des projets de développement local reste la pratique des délégations spéciales. En effet, elles avaient été mises en place en 2001 en lieu et place des conseils municipaux dont le mandat avait expiré[241]. Elles ont été instituées par la loi n° 98-006 du 11 février 1998 fixant le cadre juridique de la décentralisation. Ces délégations spéciales sont restées en fonction jusqu'en 2007 faute d'élections locales. Normalement elles étaient devenues illégitimes, car la loi fixait leur durée à trois mois ou moins d'un an avant la tenue effective d'élections locales.

Cependant la loi n° 2007 – 011 du 13 mars 2007 relative à la décentralisation et aux libertés locales vient faire de cette exception une règle. Elle autorise en ses articles 85[242], 175[243], 228[244] et 375[245] les délégations spéciales et leur maintien en fonction jusqu'à la tenue effective d'élections locales. Le législateur, à travers ces articles, semble ne pas faire preuve d'une volonté de voir les collectivités

---

[241] Les premières et seules élections municipales remontaient à 1987. Les conseillers municipaux qui avaient été élus ont continué de siéger jusqu'à leur dissolution en septembre 2001.

[242] Loi n° 2007 – 011 du 13 mars 2007 relative à la décentralisation ... *op. cit.*, art. 85 : « En cas de dissolution du conseil municipal, de démission de tous ses membres ou d'annulation définitive de leur élection, une délégation spéciale est nommée par décret en conseil des ministres, sur proposition du ministre chargé de l'administration territoriale (...) ».

[243] *Ibid.*, article 170 par rapport à la délégation spéciale pour remplacer le conseil de préfecture.

[244] *Ibid.* art 228 par rapport au conseil régional.

[245] *Ibid.* art. 375 : « Sauf cas de dysfonctionnement notamment de dissension grave en leur sein, les délégations spéciales actuelles restent en fonction jusqu'à l'installation des conseils prévus par la présente loi ».

territoriales acquérir rapidement une certaine autonomie lorsqu'on sait que ces délégations spéciales sont nommées par le chef de l'État. Un pouvoir central désireux de garder les collectivités territoriales sous son contrôle à travers ses délégués spéciaux peut volontairement retarder la tenue d'élections locales. Or si cela permet une certaine harmonie politique, le développement économique et social se retrouve au ralenti. Car, les autorités censées mettre en œuvre les politiques publiques locales au niveau des communes par exemple sont illégitimes. Et cette illégitimité entraîne deux conséquences sur les projets de développement et de mobilisation des ressources. D'une part, les populations ne se reconnaissent pas dans les décisions qu'elles prennent. N'ayant pas été élues par ces dernières, elles ont du mal à faire accepter leur politique. D'autre part, les bailleurs de fonds et les Organisation Non Gouvernementales censés alimenter pour une grande partie le Fonds d'Appui aux Collectivités Territoriales (FACT) ont du mal à faire confiance à ces autorités locales qui gardent malgré toute volonté une forte allégeance au pouvoir central qui les a nommées.

DEUXIÈME PARTIE

LES CHEFFERIES TRADITIONNELLES ET LA DÉCENTRALISATION : UNE COHABITATION SOUHAITABLE

Il n'est plus à démontrer que dans les sociétés traditionnelles africaines, l'une des sources de légitimité du pouvoir est la tradition[246]. Elle cohabite souvent ou est en conflit avec les normes étatiques. Il existe des cas où la désignation traditionnelle des chefs converge avec les normes modernes d'élection. Dans certains cas elle est plutôt concurrentielle, laissant place à un vide juridique du fait de l'absence de normes écrites encadrant la désignation de ces autorités détentrices d'un certain pouvoir au sein des collectivités territoriales africaines.

Les législations postcoloniales des États africains ont tenté de se saisir de la question. C'est ainsi que le droit camerounais a par exemple fait du chef traditionnel un agent public sous l'autorité du pouvoir central[247]. Le législateur togolais hésitant à se prononcer clairement comme son homologue camerounais a néanmoins adopté un statut propre à cette autorité locale originale[248]. Cependant l'analyse au fond de ces différents textes renforcée par la situation sociopolitique des dits États objets de notre étude fait perdurer toujours une confusion sur le statut réel du chef traditionnel par rapport aux autres personnes morales étatiques. L'importance du chef traditionnel dans la sphère locale des collectivités africaines, que ce soit à l'époque coloniale ou actuelle, recommande que son statut juridique soit clairement précisé afin qu'il puisse légitimement participer au développement attendu par le processus de décentralisation entrepris dans ces divers États.

---

[246] Une lecture par exemple des débats du colloque de Bamako permettent de voir l'importance de la tradition comme source de légitimité du pouvoir dans les sociétés africaines. *Actes du colloque de Bamako*, « Entre traditions et modernité, quelle gouvernance pour l'Afrique ?», 23, 24 et 25 janvier 2007, http://base.afrique-gouvernance.net/fr/corpus_bipint/fiche-bipint-452.html

[247] C. MBACK, « La chefferie traditionnelle au Cameroun ... » *op. cit.* p. 88. En référence au décret n° 77/ 245 du 25 juillet 1977, l'auteur relève qu'au Cameroun, le chef traditionnel est sous l'autorité hiérarchique du représentant de l'Etat dans sa circonscription. Son mode de désignation, ses responsabilités, son traitement financier et son régime disciplinaire en font un agent public.

[248] Voir L. n° 2007- 002 du 08 mars 2007 relative à la chefferie traditionnelle et au statut du chef traditionnel.

CHAPITRE I
L'ABSENCE D'ENCADREMENT JURIDICTIONNEL DES CHEFFERIES TRADITIONNELLES

La chefferie traditionnelle est envisagée d'abord comme une collectivité humaine vivant sur une portion de territoire et ensuite elle renvoie au cadre spécifique d'exercice des compétences attribuées à l'autorité locale dénommée Chef traditionnel. La question ici est de savoir si la chefferie traditionnelle est une collectivité territoriale. La réponse positive peut être proposée, mais elle cache une autre question qui est celle de savoir si la chefferie est une entité locale décentralisée ou déconcentrée. Les éléments qui la constituent pourraient nous orienter vers sa nature, notamment l'élection de son chef exerçant un pouvoir sur une population se trouvant sur un territoire donné. Mais le flou des textes l'encadrant nous invite à plus de prudence. Les chefferies traditionnelles mêmes si elles peuvent prétendre revêtir les caractères des collectivités territoriales (Section 1), le difficile encadrement juridictionnel entourant ces dernières dans les pays francophones africains en général et particulièrement au Cameroun et au Togo ne permet pas de déterminer la nature juridique exacte de ce type de collectivité territoriale (Section 2).

SECTION I
DES CHEFFERIES TRADITIONNELLES VERS DES COLLECTIVITÉS TERRITORIALES

Structure traditionnelle locale avant l'arrivée des puissances colonisatrices, la chefferie a été maintenue malgré la volonté de ces dernières d'imposer leurs institutions administratives. Passant d'une simple localité territoriale, la chefferie a pu recouvrir les caractères d'unité administrative à travers les fonctions reconnues au chef traditionnel. Elle forme au sein des États africains francophones notamment au Togo et au Cameroun une communauté humaine dont l'existence juridique soulève encore des questionnements.

D'abord elle recouvre un espace territorial donné formant une localité sur laquelle habite une population exerçant des activités quotidiennes de toutes natures, notamment civile, économique, politique. Ensuite, au sommet de cette localité se trouve une personne reconnue comme chef, c'est-à-dire responsable de tous ceux qui y vivent et des différentes activités qu'ils y mènent. Même si cette organisation est dite traditionnelle, car existant avant l'arrivée du pouvoir colonial avec son administration moderne, elle s'est avérée incontournable dans la vie quotidienne des populations autochtones. Les textes juridiques adoptés par les États africains après les indépendances ont tenté de résumer la mission de ces personnalités morales originales d'Afrique à la garde des « us et coutumes »[249]. Cependant, dans la réalité quotidienne de ces États les missions diverses et variées des chefs traditionnels leur confèrent une certaine autorité publique.

Les fonctions reconnues aux chefs traditionnels par leur nature même conféreraient à la chefferie un caractère de collectivité territoriale. Cependant l'imprécision sur le statut exact du chef traditionnel relance le débat sur la nature juridique de cette entité territoriale propre à l'Afrique.

§ 1 - Le cadre juridique imprécis des chefferies traditionnelles

Si les chefferies traditionnelles ont su résister au temps et aux politiques, beaucoup d'études tentent de leur nier une existence juridique. Sur le plan historique, la question qui était soulevée dans ces circonstances était celle de savoir si ces collectivités négro-africaines pouvaient se prévaloir de la qualité de sujet de droit. Il se posait ainsi le problème de la personnalité morale des chefferies traditionnelles. La réponse était évidemment négative, car certains chercheurs par exemple Guy Malengreau, comparaient les collectivités territoriales villageoises aux collectivités étatiques occidentales. Leurs conclusions étaient que ces collectivités indigènes ne disposaient pas de territoires aux limites facilement identifiables.[250]

---

[249] Comme par exemple la Constitution togolaise du 14 Octobre 1992, art. 143 : « L'Etat togolais reconnaît la chefferie traditionnelle gardienne des us et coutumes (…) ».

[250] Voir à ce propos l'étude historique du Professeur Guy MALENGREAU « *Les droits fonciers coutumiers chez les indigènes du Congo belge. Essai d'interprétation juridique* », Librairie Falk Fils, 1947.

Les États africains aujourd'hui reconnaissent pour la plupart, à travers leurs textes fondamentaux, ces collectivités villageoises sous la notion de chefferies traditionnelles. Mais la problématique demeure toujours quant à leur nature juridique.

A. Une localité territoriale

Reconnaître à la chefferie traditionnelle la nature d'une collectivité territoriale n'est pas évident. Une collectivité territoriale est une circonscription administrative, dotée d'une personnalité morale. Il faut rappeler qu'en droit français, c'est le projet constitutionnel du 19 avril 1946 qui apporta une innovation majeure en la matière.

C'est la Constitution de 1946 qui en effet vient donner un caractère constitutionnel aux collectivités territoriales. Elle faisait des communes, des départements et des territoires d'outre-mer des sujets du droit constitutionnel. Ces collectivités n'étaient plus, comme avant, de simples entités administratives. Elles bénéficiaient de la liberté de gestion.

La Constitution du 4 octobre 1958 reprend à son compte les dispositions relatives aux collectivités territoriales du texte de 1946. En son article 72, le principe de libre administration est réaffirmé. Il est reconnu aux conseils des élus des communes, des départements et des territoires d'outre-mer, ainsi que pour toute autre collectivité territoriale que la loi pourra créer.

Contrairement à ce que pouvait laisser croire la Constitution de 1946, reprise par celle de 1958, la consécration de la possibilité de création législative des collectivités territoriales est l'œuvre de la révision constitutionnelle de 2003. L'article 72 de la loi de 2003, ajoute en effet, à son alinéa 2 que la loi peut créer des collectivités « le cas échéant en lieu et place d'une ou de plusieurs collectivités mentionnées au présent alinéa »[251].

Au regard de cette analyse, le constat est clair : le territoire ne peut plus être l'élément essentiel de l'identification des collectivités locales comme le laissait penser la doctrine[252]. Le législateur semble avoir un pouvoir désormais discrétionnaire en la matière.

---

[251] Décision 91-290 DC du 9 mai 1991, réaffirmant sa position de la décision 82-138 DC, le Conseil indique que le législateur pouvait créer de nouvelles catégories de collectivités … et la doter d'un statut spécifique.

[252] J.-B. AUBY, J.- F. AUBY, R. NOGUELLOU, *Droit des collectivités locales*, PUF, 2015, p. 40

Le débat ne semble pas avoir évolué du côté des territoires africains. Dans cette logique, G. Malengreau écrivait à juste titre que : « (...) chez les primitifs[253], et c'est là une caractéristique qui différencie leur organisation de la nôtre, le territoire ne sert pas seulement de ressort à l'autorité, de limite de compétence ou d'assise de puissance, mais également de domaine à l'usage exclusif des membres du groupement politique.

Alors que dans les groupements familiaux le domaine servait à délimiter l'étendue du « territoire », dans les groupements à organisation territoriale ou politique, c'est le territoire qui sert à délimiter l'étendue du domaine. Tous les sujets de l'État sont en quelque sorte les propriétaires collectifs de son territoire.

Cette confusion peut entraîner de sérieux inconvénients, comme celui, par exemple (...) d'attribuer au chef des pouvoirs qui, sans aller jusqu'au *dominium proprietatis* pur et simple, vont toutefois bien au-delà de sa compétence normale (...). Dans un pays qui compte en moyenne à peine 5 habitants par km, il semble évident que pour maints groupements indigènes ces prétentions soient excessives »[254]. Donc la définition classique de collectivité territoriale exclut les chefferies traditionnelles, car le critère territorial reste absent. Mais si aucune définition juridique des chefferies traditionnelles n'a été proposée, il faut relever qu'au Togo comme au Cameroun, les différents textes relatifs aux chefferies semblent remédier à cette carence. L'article 2 du décret du 2 décembre 1949[255] réglementant le commandement autochtone au Togo dispose que : « le village est l'unité administrative autochtone. Il comprend : a) L'ensemble de la collectivité y résidant habituellement et dont les membres sont liés entre eux par des attaches familiales ou ethniques, sous l'autorité de son chef traditionnel ; b) Les étrangers, dont l'établissement au sein de la collectivité a un caractère certain de pérennité et se trouvent, de ce fait, soumis à l'autorité du chef traditionnel ; c) Les terres qui, traditionnellement, sont réputées dépendre de la collectivité »[256].

La volonté des législateurs africains de superposer les principes de la décentralisation tels qu'élaborés dans les ex-puissances

[253] Terme utilisé pour désigner les sociétés non encore industrielles, extra-européennes (dictionnaire Larousse)
[254] G. MALENGREAU, *op. cit.* p. 95 et s.
[255] Arrêté N°951-49/ du 2 décembre 1949 du Gouverneur de colonie, Commissaire de la République du Togo, JOTT 1949 p.1145-1148.
[256] *Ibid.*

colonisatrices occulte la réalité locale inhérente à l'organisation territoriale propre aux collectivités humaines africaines. Les auteurs n'hésitent pas à émettre des critiques bien fondées face à cette lacune[257]. Les législateurs africains avaient la possibilité d'apporter une précision sur cette notion en tenant compte des fonctions reconnues aux chefferies traditionnelles[258] de nos jours, mais là encore, persistent des hésitations législatives et des flous juridiques.

B. Une unité administrative à travers les fonctions du Chef traditionnel

Selon la loi n° 81-26 du 23 juin 1981 portant organisation territoriale du Togo, plusieurs villages forment une unité administrative appelée canton. Cette unité administrative est sous l'autorité d'un chef de canton. Celui-ci est assisté d'une assemblée des chefs de villages ou assemblée cantonale[259]. L'unité administrative que constitue une chefferie traditionnelle se retrouve à travers l'étendue des fonctions reconnues et attendues des chefs traditionnels. Ces fonctions sont de multiples ordres. Elles peuvent être distinguées sous deux angles : les fonctions statutaires et les fonctions non statutaires.

Les fonctions statutaires sont celles que les gouvernants leur délèguent ou attendent d'eux. Elles se retrouvent dans les constitutions ou dans des lois. Au Togo, l'arrêté n° 951-49/APA du 2 décembre 1949 et le décret n° 59-121 du 3 août 1959 portant statut de la chefferie traditionnelle et modifiant l'arrêté précité faisaient du chef

---

[257] Voir par exemple C. MBACK, « La chefferie traditionnelle au Cameroun: ambigüités juridiques et dérives politiques », *Africa Development,* Vol. XXV, n°3 et 4, 2000, ou encore C. TRIMUA, « Le statut de la chefferie traditionnelle au Togo: Incertitudes et ambiguïtés», consulté le 28 novembre 2016 sur : http://base.afrique-gouvernance.net/fr/corpus_bipint/fiche-bipint-982.html

[258] Les seules collectivités reconnues à ce jour au Togo par exemple sont la commune, la préfecture et la région. Avant 1998, il n'existait que la commune et la préfecture. La loi n° 98-006 du 11 février 1998 portant décentralisation au Togo reprise par celle n° 2007-002 du 08 Janvier 2007 relative à la décentralisation et aux libertés locales mettant en œuvre la décentralisation ajoute à la commune et à la préfecture, une autre collectivité qu'est la région. Ces lois prévoient la mise en place des communes rurales à côté des communes urbaines de plein exercice. Ces communes à ce jour ne sont toujours pas effectives. Face aux difficultés de mise en place de ces communes dites rurales ne pouvait-on pas se baser sur l'existence de chefs élus à la tête des villages pour en faire des collectivités locales ?

[259] Article 24 de la loi n° 81-26 du 23 juin 1981 portant organisation territoriale.

traditionnel une véritable autorité publique locale. Le chef traditionnel, outre les pouvoirs coutumiers avait diverses attributions dans de nombreuses matières : police générale, police rurale, matière économique, voirie, hygiène, justice, perception d'impôt, attributions administratives spécifiques[260].

Cependant, la nouvelle loi relative à la chefferie traditionnelle et au statut des chefs traditionnels qui constitue le cadre juridique actuel de la chefferie au Togo ôte ces nombreuses fonctions régaliennes à l'autorité administrative locale[261]. Elle résume leurs fonctions à la simple garde des us et coutumes contrairement au droit ghanéen qui a conservé ses fonctions institutionnalisées sous l'ère coloniale et postcoloniale où le chef traditionnel jouait des fonctions capitales conformément à la constitution. En effet, l'autorité locale traditionnelle est chargée du règlement rapide des conflits de chefferies, la compilation des lois coutumières et l'établissement des règles de succession applicables à l'institution de la chefferie. Désormais, c'est plutôt dans les fonctions non statutaires que le chef traditionnel joue un rôle très important. Ces fonctions sont d'ordre politique et juridique.

1. La fonction juridique du chef traditionnel

Rappelons que sous le droit colonial allemand, il était reconnu que les chefs coutumiers « apportent leur soutien au respect du droit coutumier, en outre, ils constituent de véritables archives vivantes du droit coutumier à travers les événements dont ils sont témoins, et il leur appartient de régler les litiges suivant les principes du droit coutumier »[262].

Mais ce droit reconnu aux chefs traditionnels disparut sous le droit colonial français[263]. Les chefs traditionnels virent leur pouvoir judiciaire réduit à la simple conciliation qui n'empêchait pas les parties de saisir le juge officiel. En 1961, le rôle conciliatoire du chef

---

[260]N. A. GOEH-AKUE, « Relations entre autorités traditionnelles et pouvoir public moderne au Togo : repères, atouts et limites au développement local », Sciences sociales et humaines, *Revue CAMES,* série B, Vol. 1, 1999, p. 48.

[261] Loi n° 2007-002 du 08 Janvier 2007.

[262] C. VOLLENHOVEN (Van), H. A. NEDERLANDSCH (Van) -INDIE, Tome II, Leiden (Pays Bas), 1931, pp. 247-256.

[263] E.A.B. ROUVEROY(Van) NIEUWAAL (Van), « Le droit coutumier à l'époque des Allemands au Togo », in *Verfassring lind Recht in Ubsrsee*, 2, Quartal, 1979, pp. 143-158.

traditionnel fut purement et simplement supprimé. L'argument avancé tenait au fait que le chef traditionnel étant un agent de l'administration, il ne pouvait pas en même temps jouer le rôle de justicier. Mais dans la plupart des cas, les justiciables continuent d'avoir recours aux autorités traditionnelles en cas de litiges comme dans le système officiel du Ghana.

En effet dans le système ghanéen, le chef traditionnel a un rôle judiciaire incontestable officialisé par les textes. Il arbitre les affaires civiles et foncières. La cour suprême n'intervenant qu'en dernier ressort sur appel, un conflit en matière foncière par exemple est entièrement de la compétence du chef traditionnel. À ce propos, Pierre Jaquenot observe le règlement des litiges chez les Akan dans le système judiciaire du Ghana. Un conflit ici est traité selon une chaîne hiérarchique bien définie : d'abord c'est la famille qui se réunit pour tenter de régler le problème, en cas d'échec on fait appel au chef local. Si les affaires portent sur le droit de propriété, droit de la famille ou l'héritage on fait recours au Conseil traditionnel qui est la réunion de tous les chefs de village de la région. En cas toujours de désaccord, un appel peut être fait devant la maison nationale des chefs. C'est seulement au cas où ici également aucun compromis n'a été trouvé que la Cour suprême, qu'on peut qualifier de « juridiction étatique » peut être saisie dans le cadre d'un appel en dernier ressort[264].

Ce même parcours, dans son cadre informel, avant la saisie de la juridiction étatique existe également dans le système togolais. Le chef traditionnel est d'abord sollicité par la population locale lorsqu'il y a un conflit concernant le mariage, les transactions foncières ou encore la succession. Celui-ci s'avère être mieux placé pour leur trouver une solution acceptable et partagée, car faisant partie du milieu. Même si cette fonction n'est pas prévue par les textes fondamentaux, elle est acceptée par le gouvernement.

Dans son étude consacrée à la chefferie traditionnelle au Togo, E.A.B. Van Rouveroy illustre ce rôle judiciaire du chef traditionnel par un conflit foncier ayant opposé un major de l'armée à une famille. Le major de l'armée en question ne s'est pas directement adressé à la justice classique, mais a d'abord saisit la chefferie traditionnelle pour la résolution du litige[265]. À travers cet exemple, nous pouvons

---

[264] P. JAQUENOT, « Chefferies et décentralisation au Ghana », *op. cit.*, p. 67.

[265] E.A.B. van ROUVEROY van NIEUWAAL, *L'Etat en Afrique face à la chefferie, le cas du Togo,* KARTHALA, 2000, p. 168. Voir l'extrait en annexe n° 5.

souligner que même si la chefferie traditionnelle n'est pas officiellement un organe de justice moderne, elle contribue à ce que celle-ci soit bien rendue et acceptée par la population locale qui continue à voir en la chefferie la gardienne des règles mêmes modernes. Dans son étude consacrée à la justice traditionnelle au nord du Togo, précisément dans la culture Tem, Atchadam Tikpi écrit à ce propos que : « La cour du chef est donc sollicitée par le justiciable togolais. La confiance est de ce côté-là. Les Togolais n'aiment pas souvent aller jusqu'au tribunal qui apparaît comme une institution étrangère à leur façon de voir la justice. Ils ont leur logique à eux et, par conséquent ne se reconnaissent pas à travers ce droit que le tribunal dit. Il en résulte un déficit de confiance en ce dernier »[266]. C'est ce qui justifie qu'une bonne partie du contentieux est portée devant le chef traditionnel.

Le chef traditionnel joue aussi certaines fonctions d'état civil. Il est chargé de célébrer le mariage. Leur présence à la conclusion de certains contrats par exemple relatifs à la cession foncière constitue une condition *sine qua non* reconnue par le gouvernement.

2. La fonction politique du chef traditionnel

Le chef traditionnel est de plus en plus sollicité sur le plan politique, même si dans ce domaine les textes fondamentaux des pays francophones objets de notre étude ne lui reconnaissent aucun rôle. Comme son homologue ghanéen, le chef traditionnel n'a pas théoriquement le droit de faire la politique. Il est censé garantir la cohésion sociale au sein de sa population. À ce titre, il doit être d'une neutralité absolue à l'égard des acteurs politiques que ce soit au plan national ou local.

Cependant les pouvoirs politiques n'hésitent pas à solliciter leur concours surtout en périodes électorales. Ils sont plus suivis par les populations que les leaders politiques. Ils ont une capacité d'influence sur le groupe social[267] qu'ils représentent qui est en même temps convoité par les leaders politiques. Étant considéré comme garant de la cohésion sociale, le chef traditionnel est à l'écoute de toute

[266] A. TIKPI, *Analyse anthropologique du droit positif togolais à la lumière des réalités socioculturelles des téms du centre du Togo*, Mémoire maitrise es-lettre, Département d'Anthropologie et d'Etudes Africaines, Anthropologie juridique, Université de Lomé, 2006, p. 22.

[267] Voir l'analyse de J. LHOMME relative à « La notion de pouvoir social » *in Revue économique*, volume 10, n°4, 1959, pp. 481-500.

formation politique qu'elle soit du pouvoir central ou de l'opposition. Son appui est primordial pour l'accession et la conservation du pouvoir. Le système du parti unique qu'a connu le Togo sous le régime Eyadema a fait la démonstration de l'utilisation du chef traditionnel à des finalités politiques[268]. Le chef traditionnel se devait d'être loyal envers le « Parti et son fondateur[269] ».

Cette utilisation du chef à des finalités politiques ne date pas du parti unique, elle est un héritage de l'époque coloniale. M. Tidjani l'illustre en ces termes pour le cas du Niger : « l'allégeance personnelle des chefs vis-à-vis du pouvoir colonial apparaît comme un élément essentiel de leur recrutement (...). L'administration coloniale a tôt fait de comprendre la nécessité de s'appuyer sur les chefs acquis à sa cause pour s'établir de façon durable »[270]. Les nouvelles autorités politiques de l'Afrique postcoloniale ont conservé ce système qui forcément les avantage.

Les autorités traditionnelles peuvent également être associées à la politique en période de crise. En effet, au sens strict des textes, les chefs traditionnels ne sont pas censés faire de la politique, ils ne peuvent pas prendre des décisions ayant des effets politiques. Cependant, s'ils ne jouissent d'aucune autonomie en la matière, il n'est pas rare de voir le pouvoir politique central leur faire appel en périodes de crise politique pour tenter de calmer les tensions sociales.

Forts de l'influence qu'ils peuvent avoir sur leurs populations, le pouvoir central n'hésite pas à les associer à des débats de portée nationale, par exemple lors des politiques de réconciliation. Ils servent de liens entre le politique et la population. En témoigne l'exemple de la présence de Togbui Agboli Kossi F. Agokoli IV[271] membre du

---

[268] A titre illustratif, on peut rapporter ces quelques lignes du Livre noir d'un des partis politiques togolais le CAR (Comité d'Action pour le Renouveau) pp. 25-26 : « ... Ils sont nommés par le général Eyadema qui peut inventer toutes sortes de prétextes pour les destituer pour peu qu'il les soupçonne d'avoir de la sympathie pour l'opposition. Ils sont ainsi non seulement à la merci du chef de l'Etat, mais également des préfets qui en font leurs garçons de courses... »

[269] E. A. B. ROUVEROY (Van) NIEUWAAL (Van), *L'Etat en Afrique face à la chefferie*, *op. cit.*, p. 125.

[270] M. TIDJANI ALOU, « La chefferie et ses transformations au Niger. De la chefferie coloniale à la chefferie postcoloniale », *LASDEL*, Études et Travaux n° 76, 2009, p. 10.

[271] Togbui AGBOLI Kossi AGOKOLI IV est un juriste, chef traditionnel du canton de Notsé dans le sud Togo. Il est le président de l'Union des Chefs traditionnels du Togo (UCTT) depuis 1995. Il est également membre de la CNDH (Commission Nationale des Droits de l'Homme). Source site officielle de la CVJR http://www.cvjr-togo.org/fr/cvjr

bureau de la Commission Vérité Justice et Réconciliation (CVJR)[272] mise en place au Togo en 2009. Elle a pour mission essentielle, d'une part, de rechercher les raisons qui freinent le développement du Togo et celles qui peuvent expliquer les violences qui ont éclatées surtout au cours des différentes périodes électorales et, d'autre part, de proposer les mesures susceptibles de favoriser le pardon et la réconciliation nationale. Conformément au décret ministériel les mettant en place, cette commission est indépendante et agit en toute autonomie sans aucune tutelle hiérarchique. Ainsi, la présence dans cette commission du président de l'Association des chefs traditionnels du Togo offre une possibilité à ces derniers de participer à la vie politique du pays.

Au regard de tout ce qui précède, dire que le chef traditionnel ne fait pas de la politique reste simplement théorique. Non seulement il participe à la politique locale voire nationale, il constitue un maillon important de l'administration territoriale. Il est nécessaire de cerner sa vraie nature juridique.

§ 2 - Le statut indéterminé des chefs traditionnels

La nature juridique du chef traditionnel, représentant d'une entité que nous pouvons qualifier de territoriale, peut se chercher au niveau de son mode de désignation. Nous partons du principe selon lequel, les autorités locales jouissent de la libre administration qui sous-entend qu'ils sont librement élus par leurs sujets. Le mode de désignation de ces personnalités peut être un élément caractérisant leur nature. Nommés, les chefs traditionnels seront soumis à la tutelle de l'autorité qui les a désignés. Ils ne jouiront alors d'aucune autonomie et par ricochet ne pourront pas se prétendre d'un quelconque principe de libre administration donc exclus des collectivités décentralisées. C'est le cas par exemple des préfets de régions et de départements qui sont juste des agents de l'administration centrale représentant ce dernier au plan local. Par contre, si ces autorités sont élues, il est évident que celles-ci peuvent se prévaloir du principe de libre administration légitimant leur pouvoir vis-à-vis de leurs électeurs comme le recommande l'article 55 de la

[272] *Ibid.*, la Commission Vérité Justice et Réconciliation a été mise en place au Togo en 2009 par décret pris en conseil des Ministres le 25 février 2009. Elle est composée de onze membres issus de diverses couches socioprofessionnelles notamment des confessions religieuses, des organisations de défense des droits de l'homme, de la chefferie traditionnelles, de l'ordre des médecins et des universitaires.

constitution camerounaise de 1996 et l'article 141 de la Constitution togolaise de 1992. En référence au droit français notamment à l'article 72 alinéa 3 de la Constitution de 1958 qui fait de l'élection la condition *sine qua non* de la libre administration, notons que le caractère universel du suffrage n'a pas été imposé. Ce dernier peut également être « direct ou indirect »[273].

Les caractéristiques des chefferies traditionnelles peuvent apporter une lumière sur leur vraie nature. Selon la loi n° 2007-002 du 8 janvier 2007 relative à la chefferie traditionnelle et au statut des chefs traditionnels au Togo qui n'est en fait qu'une reprise des dispositions de l'arrêté n° 951-49/APA du 2 décembre 1949 révisé en ses articles 7 à 14 par le décret n° 59-12 en conseil des ministres le 3 août 1959, « le chef est le représentant de la collectivité qu'il dirige et, en même temps, l'agent du gouvernement auprès d'elle. Sa désignation faite par voie de consultation populaire, doit en conséquence être reconnue par le gouvernement ou son représentant ». Ces textes laissent le choix aux populations locales de désigner leurs chefs. Comme nous pouvons le constater, dans la même logique que le décret de 1959[274], cette désignation se fait par voie héréditaire ou par voie de consultation populaire[275]. L'État semble laisser la liberté à ses populations locales dans la désignation de leur dirigeant. On y voit une sorte de démocratie locale. L'autorité étatique n'interviendrait qu'à la fin juste

---

[273] Le suffrage indirect s'oppose au suffrage direct. Le suffrage indirect est un mode de scrutin dans lequel les élus sont désignés par un corps intermédiaire alors que le suffrage direct consiste en la désignation des élus directement par le corps électoral lui-même.

[274] Journal officiel de la République de Togo du 01/09/1959 : art. 7 du décret du 3 aout 1959 : « La désignation des chefs coutumiers est réglée par la coutume locale là où elle existe. Une consultation populaire remplace cette désignation partout où la chefferie n'est pas traditionnelle ou coutumière. Il sera procédé à la désignation d'un nouveau chef par le conseil coutumier ou à l'élection d'un nouveau chef par voie de consultation populaire dans les cas suivants : décès du précédent titulaire, abdication définitive acceptée selon les règles coutumières quand il y a lieu, démission lorsque la désignation du chef résulte d'une élection, destitution à la suite d'une délibération du Conseil coutumier qui l'a désigné ou de la population qui l'a élu. La destitution sera prononcée par l'autorité qui procède à la reconnaissance de la désignation coutumière ou de l'élection du chef. Lorsque la succession du chef destitué ne peut être réglée immédiatement, un régent est désigné selon les règles coutumières là où elles existent et, dans le cas contraire, par voie de consultation populaire.

[275] Art. 10, Loi n° 2007-002 du 8 Janvier 2007 relative à la chefferie traditionnelle et au statut des chefs traditionnels au Togo.

pour une reconnaissance du choix fait par les citoyens locaux[276]. À ce niveau d'analyse, penser que le chef est un élu local ne serait pas contraire au droit[277], puisqu'il y a élection à laquelle participe la population locale. Mais, le législateur de 2007 n'a pas jugé bon de lever l'ambiguïté autour du statut qu'il compte donner à cet « élu » local.

En effet, il y maintient toujours la désignation par voie populaire là où les chefferies ne sont pas traditionnelles ou coutumières et par voie héréditaire là où elles le sont. Donc il y aurait des chefs élus et des chefs nommés par l'autorité politique suite à la reconnaissance d'une lignée héréditaire. Cela peut laisser place à des abus. Le pouvoir central arrive parfois ainsi, dans certaines localités en cas de succession conflictuelle, à imposer son propre chef traditionnel sans aucune base héréditaire confirmée.

Ce mélange de tradition et de normes démocratiques fausse le jeu de la chefferie qui par essence est traditionnelle. Le législateur togolais contrairement à son homologue camerounais[278] ne nous dit pas clairement si le chef est un agent public de l'État ou pas. Il serait alors à l'image de la collectivité qu'il dirige : sans statut précis. Le chef traditionnel représente une collectivité étatique vraisemblablement déconcentrée. Mais sa procédure de désignation, qui reste en amont une élection locale, laisse penser au statut d'élu local.

Dans ces conditions où les textes ne définissaient pas clairement le statut d'une personne morale, le juge administratif est souvent d'un recours nécessaire. La jurisprudence administrative en la matière est

---

[276] Art. 14, *Loi n° 2007-002 ... op. cit.,* La reconnaissance du Chef se fait par un décret pris en Conseil des Ministres. Cette reconnaissance se fait par gradation. On peut y voir une volonté d'intégrer le chef dans le corps des fonctionnaires publiques. D'où l'ambiguïté sur la nature de son élection.

[277] CE, 27 Février 1953, *Gbogan* : « considérant que (…) en vertu de ces textes, lesdits conseils sont juges ordinaires du contentieux local ; qu'ils sont compétents, à moins de textes contraires, pour statuer sur les litiges ordinaires concernant les agents locaux des circonscriptions où ils ont été institués (…), il appartient au Conseil du contentieux administratif du Togo de connaître en premier ressort de la requête par laquelle le Sieur Gbogan Toudéka demande l'annulation de la décision du Commandant de cercle d'Anécho réintégrant le Sieur Agbossoumondé dans ses fonctions de Chef du village d'Akoumape Assiko précédemment occupé par le requérant ».

[278] La législation camerounaise semble avoir été claire sur ce point. En effet le décret du 15 Juillet 1977 fait du chef traditionnel un auxiliaire de l'administration. Voir Annexe n° 4.

restée constante après que le juge ait eu l'occasion de préciser que le chef traditionnel n'était pas un agent de la collectivité locale, mais un agent public de l'État[279]. Par conséquent, ce dernier ne jouirait pas d'une liberté d'administration par rapport à l'État.

Cette question de la fonctionnarisation des chefs traditionnels a particulièrement retenu l'attention de la jurisprudence administrative coloniale comme le rapporte E.A.B. Van Rouveroy[280]. Les juridictions administratives avaient conclu que le chef traditionnel était une autorité administrative d'un « ordre particulier ». La solution retenue par la jurisprudence se justifierait du fait du rôle que joue le chef traditionnel. Pour les autorités coloniales, la chefferie était une autorité traditionnelle en voie d'extinction et une autorité administrative en voie de formation[281]. Van Rouveroy explique que les autorités coloniales pensaient, en adoptant cette manière de voir, que par la suite la nature juridique particulière des chefs serait une évidence. Les autorités coloniales ont tenté en vain, avant 1960, de proposer un statut particulier des chefs traditionnels. L'opinion était divisée sur la conception de cette entité autochtone locale. Pour les uns, par un statut propre, les chefferies seront protégées contre les autres organes constitutionnels. Pour les autres, la codification d'une telle entité risquerait de la dénaturer[282].

---

[279] CE, 11 Janvier 1955, *Ville de Saint-Louis* : « considérant que (...) aucune disposition dudit décret n'a impliqué la modification du rôle des chefs de quartier en matière d'état civil, de surveillance de la collecte des impôts, de transport des correspondances ou de conciliation ; que dans l'exercice de ces attributions, les chefs de quartier ne relèvent que du chef du territoire... ». Très tôt en 1953, le CE français dans un cas togolais, s'était déjà penché sur la question dans un arrêt qui opposait le Sieur Gbogan au commandant de cercle d'Anécho en qualifiant le chef de village plutôt d' « agent local » : CE, 27 février 1953, Gbogan : « considérant que (…) en vertu de ces textes, lesdits conseils sont juges ordinaires du contentieux local ; qu'ils sont ainsi compétents, à moins de textes contraires, pour statuer sur les litiges ordinaires concernant les agents locaux des circonscriptions où ils ont été institués (…), il appartient au Conseil du contentieux administratif du Togo de connaître en premier ressort de la requête par laquelle le Sieur Gbogan Toudéka demande l'annulation de la décision du Commandant de cercle d'Anécho réintégrant le Sieur Agbossoumondé dans ses fonctions de Chef du village d'Akoumape Assiko précédemment occupé par le requérant ».

[280] E. A. B. VAN ROUVEROY, *L'Etat en Afrique face à la chefferie … op. cit.* p. 115 : « Le problème auquel s'est attaché la jurisprudence tant judiciaire qu'administrative est de savoir si le chef traditionnel auquel l'administration entend faire jouer un rôle d'exécution, peut ou non appartenir aux cadre administratifs ».

[281] Ibid.

[282] *Ibid.,* p.116 « Certains estiment même que les nécessités d'un statut ne s'imposeraient plus (en 1957 : donc quelques années avant l'indépendance des Etats africains) car il

La question du statut des chefs traditionnels fait partie des héritages coloniaux. L'encadrement juridique des chefferies traditionnelles fut donc laissé aux gouvernements locaux désormais souverains. Au Togo, malgré le fait que les chefs traditionnels sont sous la tutelle du ministère de l'Intérieur, aucun texte n'est intervenu pour les sacraliser agents de l'État afin qu'il puisse bénéficier des avantages inhérents à leurs fonctions. Logiquement le texte encadrant les chefferies traditionnelles aurait pu être clair sur son statut comme c'est le cas au Niger. Dans cet État, l'ordonnance 93-28 du 30 mars 1993 organisant le statut des chefferies, les intègre sans ambiguïté dans l'organisation administrative de l'État : « les communautés coutumières et traditionnelles sont hiérarchiquement intégrées dans l'organisation administrative de la République du Niger et placées sous la tutelle des circonscriptions administratives et des collectivités territoriales »[283].

Au Cameroun, l'arrêté colonial de 1933[284] portant statut des chefs indigènes et le décret n° 77/245 du 15 juillet 1977[285] reconnaissent bien le chef traditionnel comme autorité première de la communauté dont il a la responsabilité[286]. La lecture de ces textes laisse sous-entendre que le chef traditionnel est un agent de l'administration. Cependant, rien n'explique le type de relation que la chefferie, c'est-à-dire cette collectivité humaine, a avec l'État ou les autres collectivités territoriales.

Les textes togolais et camerounais ne précisent pas les attributions du chef traditionnel et son conseil. Ceux-ci semblent avoir uniquement pour mission d'assister l'administration. Dans ces conditions, les chefs traditionnels sont facilement assimilables aux agents déconcentrés. Donc la chefferie traditionnelle serait une collectivité déconcentrée.

---

visait, surtout dans l'esprit de ses promoteurs, à protéger les chefs contre les dangers que l'application des principes constitutionnels faisaient courir à leur autorité. D'autre part, en codifiant une telle institution, on risquerait de la cristalliser et d'empêcher son adaptation aux nouvelles formes administratives. Ce problème strictement local ne serait plus, dès à présent, du ressort de l'Assemblée métropolitaine, mais des organismes législatifs locaux ».

[283] Art. 2 de l'ordonnance 93-28 du 30 mars 1993 portant statut de la chefferie traditionnelle du Niger.

[284] Arrêté n° 24 du 4 février 1933, fixant le statut des chefs indigènes, JOC p.92.

[285] Voir annexe n° 4.

[286] La même affirmation est faite par les textes togolais également. Voir l'arrêté n° 951-49/APA du 2 décembre 1949 et le décret modificatif n° 59-121 du 3 août 1959 portant statut de la chefferie traditionnelle.

La tâche revenait donc au juge administratif de ces Etats africains nouvellement indépendants de préciser la nature juridique de ces sujets de droit originaux. Le juge administratif camerounais a saisi l'occasion au cours de l'affaire « *Deido* », du 25 septembre 1980[287] pour préciser la nature et le contenu de la chefferie traditionnelle. Pour le juge administratif, la chefferie traditionnelle dispose d'une personnalité morale distincte de celle de l'État. La Chambre administrative à travers sa décision reconnaissait à la chefferie traditionnelle la capacité d'ester en justice. Elle était également reconnue comme une personne morale de droit public.

Cependant, le juge en reconnaissant la personnalité juridique aux chefferies traditionnelles n'est pas allé au bout de son audace. La juridiction administrative n'a pas dit si la chefferie était une collectivité décentralisée ou non. Une analyse au fond du jugement du 25 septembre 1980 peut laisser croire que la réponse était évidemment positive.

La chambre administrative devait se prononcer sur la question de savoir si l'autorité investie du pouvoir de décision en omettant de consulter les notables pour la désignation du chef de canton violait les textes fondamentaux ou pas. Le juge a annulé l'arrêté de désignation, car les notabilités locales auraient dû être consultées conformément aux textes de 1977 et aux coutumes de désignation du chef en milieu *Deido*. Nous pouvons déduire par cette décision que le juge reconnaissait aux chefferies traditionnelles l'existence du principe fondamental caractérisant une collectivité décentralisée : le principe de la libre administration manifesté à travers l'élection[288]. Il revenait donc au législateur de saisir cette occasion pour préciser dans ses lois ultérieures la nature juridique des chefferies traditionnelles.

Mais les différents textes relatifs à la décentralisation et aux chefferies sont restés toujours muets sur la question. Même les réformes intervenues, pour préciser le statut des chefs traditionnels, n'ont fait que renforcer davantage le doute autour de ces personnalités locales. Les autorités politiques à travers ce jeu de ping-pong législatif et juridique ne semblent pas encore prêtes à reconnaître à ce sujet local son rôle dans le fonctionnement des collectivités locales africaines. Au demeurant, la loi reste floue sur la question du statut

---

[287] Jugement n° 63/CS-CA/79-80 du 25 septembre 1980, *Collectivité Deido c/ Etat du Cameroun.*

[288] La jurisprudence est restée constante en la matière. Voir CS/CA 30 novembre 1995, *Collectivité Tagne Sobgui c/ Etat du Cameroun.*

réel des chefs traditionnels faisant d'eux juste des « gardiens des us et coutumes ». C'est d'ailleurs seulement en cette qualité qu'ils sont consultés par les autorités publiques lors de la mise en œuvre de divers projets relatifs au processus de décentralisation en cours. S'ils jouissaient d'une réelle autonomie face aux autres personnes morales notamment le maire et le préfet, ils pourraient être un réel atout aux divers projets initiés pour le développement à la base.

SECTION II
LE DIFFICILE CONTRÔLE DES COLLECTIVITÉS DÉCENTRALISÉES

L'absence de caractère juridique des collectivités de bases originales des pays d'Afrique que sont les chefferies traditionnelles constitue un frein à l'assise effective de la décentralisation.

Les collectivités qui ont reçu le label de collectivités territoriales subissent en plus un droit de regard fort paralysant de l'État. Cette difficulté s'illustre à travers l'existence permanente d'une tutelle administrative et politique malgré de nombreuses réformes et annonces envisagées. Elle est également caractérisée par l'incapacité des collectivités territoriales à faire reconnaître leur droit devant une juridiction bien spécifiée.

§ 1 - L'existence d'une tutelle paralysante

L'Etat dispose de plusieurs moyens de contrôle sur les autorités territoriales, qu'elles soient déconcentrées ou décentralisées. Lorsqu'il s'agit du contrôle exercé sur les autorités déconcentrées que sont les préfets par exemple dans le cas de la déconcentration, nous sommes en présence d'un contrôle hiérarchique. Ce type de contrôle est détenu par l'autorité supérieure qui l'exerce à l'égard de ses subordonnés. Il caractérise les institutions étatiques déconcentrées. L'autorité hiérarchique peut donc, dans l'exercice de son pouvoir de contrôle, donner des instructions[289] au pouvoir déconcentré, annuler[290] ou lui

---

[289] R. CHAPUS, *Droit administratif général*, Tome 1, … *op.cit.* p.395 : « (…) Aux instructions qui lui sont adressées, le subordonné doit se conformer, sous peine (…) de faire l'objet de poursuites disciplinaires, fondées sur la méconnaissance de son devoir d'obéissance ».

[290] *Ibid.,* le pouvoir d'annulation permet au supérieur hiérarchique de faire disparaître de l'ordonnancement juridique les décisions du subordonné.

demander de réformer[291] ses décisions. Il n'est donc pas, par principe, nécessaire de s'attarder sur le contrôle hiérarchique dans ce paragraphe qui suppose une subordination de l'autorité locale à l'autorité centrale. Mais dans le cadre de la décentralisation qui, par définition accorde une libre administration aux collectivités territoriales, ce contrôle a longtemps existé, mais qualifié aujourd'hui de tutelle. Si dans le droit français, cette dernière s'est de plus en plus assouplie, permettant aux collectivités territoriales l'affirmation de leur autonomie par rapport aux entités territoriales et surtout de s'affranchir de l'État lui-même, dans les pays d'Afrique francophone héritiers de la tradition juridique française, elle fait partie des maux paralysant la gouvernance telle que pensée par les principes de la décentralisation.

A. Un contrôle justifié dans son principe

La tutelle de l'administration centrale sur les actes des collectivités décentralisées trouve son fondement dans la Constitution française de 1958 reprécisée par les lois des réformes de 1982. Cependant sa conception dans le droit des Etats d'Afrique francophone reste encore à préciser par rapport à sa confusion au pouvoir hiérarchique que détient l'autorité centrale sur les agents publics.

1. De la tutelle au contrôle de légalité au regard du droit français

La libre administration caractérisant les collectivités territoriales n'occulte pas la présence hiérarchique de l'État. Cette présence de l'État sur le plan local se justifie par la volonté du pouvoir central d'affirmer le caractère unitaire de l'État. Nous assistons en ce sens, dans tout système d'État unitaire décentralisé à une cohabitation entre des organes décentralisés et des organes déconcentrés de l'État. Et qui dit déconcentration, dit droit de regard de l'État. Cette volonté de contrôle de l'État sur les collectivités semble légitime dans la mesure où l'autonomie accordée aux collectivités n'est pas sans limites. Ce contrôle permet de protéger le public contre les abus éventuels des collectivités locales, des élus ou fonctionnaires ; il permet également de promouvoir l'exécution des politiques nationales relatives aux différentes fonctions assurées par les collectivités locales ; enfin le

[291] L'autorité supérieure peut alors prendre la place du subordonné et remplacer sa décision par une autre.

contrôle permet d'assurer l'application aux collectivités locales de la régulation budgétaire[292].

Pendant longtemps en France, avant les lois de 1982, la présence de l'État sur le plan local s'est manifestée à travers la mise en œuvre poussée de la tutelle. Cette présence de l'État justifiait la décentralisation selon une partie de la doctrine. Pour cette dernière, la tutelle serait intrinsèque à l'organisation administrative d'un État décentralisé. Au nom de l'État, un contrôle systématique des actes pris par les collectivités décentralisées était nécessaire. Ce contrôle était confié au préfet. Celui-ci pouvait donc l'exercer sur les actes des organes communaux, départementaux et régionaux. Dans ce sens, Roland Maspetiol et Pierre Laroque définissaient la tutelle comme « l'ensemble des pouvoirs limités accordés par la loi à une autorité supérieure sur les agents décentralisés et sur leurs actes dans un but de protection de l'intérêt général ».[293]

Concrètement, au plan communal, le contrôle pouvait s'exercer sur les délibérations du conseil municipal et les actes pris par le maire. Il était admis que les délibérations du conseil municipal ne pouvaient être exécutoires que quinze jours après leur dépôt à la préfecture. Après ce délai, sans réaction du préfet, la délibération est alors exécutoire de plein droit. Cependant, avant l'expiration des quinze jours suivant la transmission de ces délibérations, le préfet avait la possibilité de les annuler. Seule cette décision du préfet pouvait faire l'objet d'un recours pour excès de pouvoir devant le juge administratif[294]. Le préfet avait également la possibilité de contrôler les actes pris par le maire dans l'exercice de ses compétences. Le préfet était un véritable surveillant des actes du maire. En ce sens, il pouvait annuler les actes de celui-ci pour illégalité ou simple inopportunité. Suivant cette même règle de tutelle, le préfet peut se substituer au maire pour prendre des actes prescrits par la loi lorsque celui-ci refuse de les prendre[295].

Au niveau départemental, le contrôle s'exerçait aussi sur les délibérations du conseil général. Mais ici, il faut rappeler que c'était le

---

[292] G. MARCOU, *op. cit*, p.40.

[293] P. LAROQUE, R. MASPETIOL, La tutelle administrative, le contrôle des administrations départemental, coloniales et des établissements publics, Paris, Sirey, 1930, p. 10.

[294] CE, 9 novembre 1945, *Gillot*, Rec. Lebon, p.223.

[295] CE, 19 octobre 1956, *Delmasso*, AJDA 1956, p.431, conclusion Long.

préfet qui était en même temps l'exécutif du département. De ce fait le contrôle n'était pas nécessaire.

En ce qui concernait les actes des établissements publics des régions, le contrôle de tutelle était exercé par le préfet de région. Le préfet de région étant lui-même l'exécutif ses actes n'étaient pas soumis au contrôle. Les délibérations du conseil régional étaient exécutoires de plein droit. Le préfet pouvait toutefois en demander une relecture. Seul le Conseil d'État pouvait prononcer par décret leur nullité en cas d'illégalité.

Heureusement, cette conception[296] du contrôle sur les actes des collectivités décentralisées a été abandonnée depuis 1982[297]. Désormais l'on ne parle plus de « tutelle », mais de contrôle administratif exercé par le préfet. Depuis cette date, pour marquer ses limites et préciser le caractère juridique de ce droit de regard, ce contrôle a pris le nom de contrôle de légalité.

2. D'une tutelle administrative à un contrôle hiérarchique dans le droit des États d'Afrique francophone, l'exemple du droit camerounais

Dans l'espace francophone d'Afrique subsaharien, le cadre juridique actuel bien que faisant l'objet de réformes permanentes, n'offre pas encore la liberté d'action aux collectivités locales. Les collectivités territoriales décentralisées subissent encore la pratique de la tutelle telle qu'interprétée en France avant les réformes de 1982. L'État est de plus en plus présent dans ces localités à travers l'action du préfet et plus encore celle du ministère chargé des collectivités territoriales.

Contrairement aux lois de 1982 en France, au Cameroun, la loi portant orientation de la décentralisation du 22 juillet 2004 affirme et maintient le pouvoir de tutelle de l'État sur les collectivités territoriales. En Effet, aux termes de l'article 66 de ladite loi, les pouvoirs de tutelle de l'État sur les collectivités territoriales décentralisées sont exercés sous l'autorité du Président de la République par le ministre en charge des collectivités. Le Gouverneur

---

[296] L'expression tutelle portait en elle-même une connotation négative. Elle renverrait à la notion d'incapacité en droit civil. On se croirait en face de mineurs ou de majeurs incapables de gérer eux-mêmes leurs biens, n'étant pas indépendants par rapport à leurs tuteurs.

[297] C. Cont., décision n° 81-137 DC, 25 fév. 1982, « décentralisation ».

l'exerce au niveau de la région, le Préfet au niveau de la commune. Ce pouvoir de tutelle est plus manifeste au niveau des sanctions que peut prendre l'autorité de tutelle à l'encontre d'un élu local ou du conseil lui-même dans son ensemble.

En principe et conformément à son statut, l'élu local ne pouvait être sanctionné que par le corps électoral. Cependant, il n'en est pas tout à fait le cas dans le contexte juridique en vigueur dans les pays de l'espace francophone objet de notre étude.

Au Cameroun, ils sont soumis au régime disciplinaire propre aux agents de l'État. Ils peuvent être suspendus, révoqués, voire destitués. Il en découle ainsi de la loi du 22 juillet 2004 notamment en son article 94[298]. La procédure de sanction laissée aux mains du ministère de l'administration territoriale est si aléatoire qu'elle peut faire place à des abus. Comme si cela ne suffisait pas, la loi renforce ce pouvoir de tutelle en laissant la possibilité au Président de la République, en plus du ministre de tutelle, par simple exercice de son pouvoir disciplinaire, de provoquer également la destitution d'un conseil local élu. Cette situation est prévue par l'article 95 de la loi précitée. Le maire et ses adjoints peuvent être destitués par simple délibération du conseil municipal, sur initiative du Président de la République « en cas d'atteinte à la fortune publique, d'infraction pouvant entraîner une sanction pénale assortie de déchéance, de carence avérée ou de faute lourde dans l'exercice de leurs fonctions ». Il ressort, à la lecture de cet article que la prise de la décision de destitution est laissée au conseil municipal, organe ayant élu le maire. Cependant, l'initiative revient au Président de la République. En cas d'un éventuel désaccord entre ce dernier et l'exécutif d'une collectivité décentralisée, il ne lui est pas alors impossible en complicité avec le conseil municipal d'organiser une destitution.

L'absence de garanties juridictionnelles au profit des autorités décentralisées dans ces circonstances est regrettable. La loi ne prévoit pas la possibilité de recourir à une décision ou à l'avis d'une juridiction ou d'un organe spécialisé avant la mise en œuvre de sanctions disciplinaires à l'encontre des autorités locales élues. La simple délibération du conseil municipal « emporte d'office

---

[298] Loi n° 2004-18 du 22 juillet 2004 fixant les règles applicables aux communes, locaux, art. 94 : « En cas de violation des lois et règlements en vigueur ou de faute lourde, les maires et adjoints, après avoir été entendus ou invités à fournir des explications écrites sur les faits qui leur sont reprochés, peuvent être suspendus par arrêté du ministre chargé des collectivités territoriales, (…) ».

suspension du maire ou de ses adjoints dès son adoption. Elle est rendue exécutoire par arrêté du ministre chargé des collectivités territoriales »[299]. Par rapport aux organes décentralisés, la loi prévoit qu'ils peuvent faire l'objet de suspension ou de dissolution[300] voire de substitution.

Pour les conseils régionaux par exemple, en cas de dissolution, la loi autorise le Président de la République à créer par décret une délégation spéciale pour substituer le conseil régional afin d'évacuer les affaires courantes[301]. La loi semble, dans ce cas, vouloir garantir la permanence de l'État en évitant que la faute d'un élu local empêche le fonctionnement des organes de l'État. Cette mesure serait la bienvenue si la loi encadrait efficacement le pouvoir de substitution qu'elle confère au Président de la République qui est l'incarnation du symbole même de la tutelle dans un État où le contrôle démocratique des pouvoirs est encore à une étape embryonnaire.

Le chef de l'État peut être emmené à en abuser. Le mécanisme de dissolution, pouvant entraîner la création de délégations spéciales, laisse présager l'omnipotence du pouvoir central en la matière. La possibilité de dissolution du conseil régional est prévue par l'article 49 de la loi susmentionnée en ces termes : « Le Président de la République peut, par décret, après avis du conseil constitutionnel, dissoudre un conseil régional ». La loi se borne uniquement à demander au chef de l'État de recueillir l'avis du Conseil constitutionnel. Le point de vue de ce dernier ne semble pas pouvoir empêcher le premier magistrat de l'État de prendre sa décision puisque juridiquement un avis n'a pas force de droit. Le Conseil constitutionnel en donnant son avis émet juste son opinion sur la question qui lui est posée par le pouvoir exécutif. Il ne rend pas alors une décision contraignante, mais juste un point de vue à titre consultatif.

---

[299] *Ibid.* art. 95.

[300] Article 18 du décret n° 77/91 du 25 mars 1977 déterminant les pouvoirs de tutelle sur les communes, les syndicats de communes et établissements communaux modifié par le décret 90/1464 du 09 novembre 1990 : « « Le conseil municipal peut être dissout par décret. En cas d'urgence et sur rapport du préfet, il peut être suspendu par arrêté du ministre de l'administration territoriale (…) »

[301] V. art. 50 de la loi n° 2004-19 du 22 juillet 2004 fixant les règles applicables aux régions.

Cette décision peut être suivie ou non[302]. Le président de la République peut facilement user de ce pouvoir pour intimider le conseil local. Ce dernier sentant sa fin venir sous la menace d'une éventuelle dissolution peut suivre les orientations du pouvoir déconcentré. À cette allure, il est clair que les effets escomptés d'une décentralisation, garantie par la libre administration des collectivités sans l'ingérence incontrôlée de l'État central, sont encore loin d'être atteints.

La portée de ce pouvoir de tutelle de l'État sur les collectivités territoriales peut se remarquer aussi bien sur le plan politique qu'administratif.

B. D'un contrôle à une tutelle aux effets contraires à la décentralisation

Les États d'Afrique francophone notamment le Cameroun et le Togo sont encore réticents à limiter l'usage de la tutelle sur les collectivités décentralisées. Les raisons peuvent se trouver peut-être au niveau des effets positifs que son utilisation apporte au pouvoir central dans sa volonté de maintenir sous contrôle toutes les entités étatiques. Bien que la tutelle soit justifiée dans son fondement, son utilisation s'avère contraire aux principes mêmes de la décentralisation. L'évolution des textes et de la jurisprudence dans le droit français ayant abouti à son assouplissement témoigne des limites nécessaires à sa portée dans un État de nature décentralisé.

Dans la pratique, la tutelle présente des limites aussi bien sur le plan politique et administratif que sur le plan financier des collectivités territoriales décentralisées.

1. Au plan politique et administratif

La tutelle exercée sur les autorités locales décentralisées s'apparente dans les faits à un contrôle hiérarchique propre aux personnes déconcentrées. Politiquement, la décentralisation et la déconcentration semblent confondues bien que les textes distinguant les deux techniques soient bien élaborés. L'observation de la pratique du processus de décentralisation laisse penser que ce sont les mêmes personnes qui se retrouvent à tous les échelons territoriaux.

---

[302] V. A. RODOLPHE, « La fonction consultative du Conseil constitutionnel », *Revue française de droit constitutionnel*, vol. 68, n° 4, 2006, pp. 781-820.

Au Togo, le pouvoir central pour garder la mainmise sur l'ensemble du territoire a maintenu des « maires nommés »[303] issus de l'historique parti unique sous une sorte de transition éternelle. Pratiquement, tous les membres desdites « délégations spéciales », mises en lieu et place des conseils municipaux pour assurer la transition en attendant les élections locales, sont des anciens préfets et sous-préfets ou membres de l'ancien parti unique. Or, par principe la tutelle suppose l'existence d'un texte[304]. Ce qui veut dire en principe que le contrôle sur les autorités communales devrait être limité. Mais telle n'est pas le cas de ces autorités communales « nommées ». Du seul fait de leur nomination elles sont en quelque sorte redevables à celui qui les a nommées. Les responsables publics locaux sont dans une situation de subordination. Ils ne peuvent rendre compte qu'à l'autorité étatique qui les a nommées. Cette dernière, par nature hiérarchique, peut exercer sur eux tout type de contrôle. Nous convenons qu'à une situation exceptionnelle, il faut des mesures exceptionnelles. Ce principe serait tolérable si la pratique de « délégation spéciale » n'était que temporaire comme le recommandent toujours les premiers textes les instituant[305]. Mais force est de constater leur perpétuation avec la bénédiction du législateur togolais de 2007[306] renforçant notre analyse selon laquelle les pays

[303] Il faut rappeler qu'au Togo, les premières et seules élections qui ont eu lieu datent de 1987. Depuis 2001, en attendant l'organisation d'élections locales, les communes sont administrées par des délégations spéciales nommées par le chef de l'Etat. Ceux-ci sont en fonction jusqu'à ce jour, du moins jusqu'à l'organisation effective d'élections locales. Ce qui n'est pas pour demain. Le décret les nommant avait fixé leur durée à six mois. Cependant, la loi 2007-011 du 13 mars en ses articles 229 et 375 conditionne la fin de leur mandat à la tenue d'élections locales effectives. Ces dernières sont allées de report en report. La dernière date annoncée était 2013, couplées aux présidentielles. Elles n'eurent pas lieu. Les prochaines sont annoncées pour 2018. Plus il y'a de reports, plus le régime en place se frotte les mains en renforçant sa mainmise sur les communes à travers ses délégués spéciaux nommés en lieu et place des conseillers municipaux élus par la population locale.

[304] CE, 17 mars 1972, *Mme Figaroli*, AJDA 1972, p. 213 : pas de tutelle sans texte.

[305] Le Togo a connu trois cycles de délégations spéciales mises en place le temps de préparer les élections : le premier va de 1963 à 1965 ; le deuxième de 1967 à 1974 et le troisième de 2001 à l'heure actuelle. On voit qu'à chaque fois leur durée est relativement longue par rapport à ce que prévoit le texte les instituant. Par exemple, l'article 78 de la loi n° 98-006 du 11 février 1998 portant décentralisation au Togo disposait à propos de leur durée de vie qu': « Il est procédé à l'élection d'un nouveau conseil municipal dans un délai de trois mois à compter de la date de la nomination de la délégation spéciale».

[306] La loi 2007-011 précitée en ses articles 229 et 375 conditionne la fin de leur mandat à la tenue effective d'élections locales.

d'Afrique francophone ont du mal à assouplir la tutelle. La tutelle, du moins sa conception classique telle qu'appliquée en droit français avant les réformes de 1982, a encore de beaux jours devant elle.

Au niveau administratif, la tutelle se manifeste davantage à travers la fonction publique. En principe, à côté de la fonction publique nationale, la décentralisation suppose une fonction publique locale ou territoriale. Ce qui est le cas en France[307].

Au Togo, la décentralisation engagée institue bien sûr une fonction publique locale. La loi n° 2008 du 11 juin 2008 met en place un statut des agents des collectivités locales. Cependant, c'est l'État central qui actuellement organise cette fonction publique contrairement aux textes en vigueur, faute de mise en œuvre effective. Tous les fonctionnaires actuels des collectivités locales relèvent de la fonction publique nationale. L'administration locale n'a aucun pouvoir sur ses agents. Dans ces conditions, il n'est pas nécessaire de chercher ailleurs les causes du mauvais rendement administratif des collectivités locales. Ces agents n'ont pas été choisis par les collectivités selon leur besoin, mais selon ceux de l'État central. À travers cette mainmise de l'État sur la ressource humaine des collectivités locales, il est plus aisé à ce dernier de mieux affirmer sa tutelle sur les autorités locales.

2. Au plan financier

Normalement, les actes relatifs aux finances des collectivités locales sont soumis aux mêmes règles d'autonomie propres au principe de la libre administration. Cependant l'existence du contrôle de l'État central en la matière a pendant longtemps été justifiée par le principe même de la décentralisation qui s'entend non pas comme une indépendance des collectivités territoriales par rapport à l'Etat mais une simple autonomie d'administration.

Il convient cependant de préciser que la prépondérance de l'État central sur les finances des collectivités territoriales a subi dans le droit français un assouplissement suite à l'abandon de la conception classique du contrôle de la légalité depuis les lois de 1982 (a). Mais, dans le droit public des pays francophones objets de notre étude, les textes ont tendance à favoriser le représentant de l'Etat, à se substituer aux collectivités locales dans l'exercice de sa compétence de contrôleur de la légalité (b).

---

[307] P-F FRESSOZ, « La fonction publique territoriale », *Annuaire des collectivités locales*, t. 25, 2005, le financement des politiques locales, pp. 441-464.

a. L'assouplissement de la tutelle budgétaire en France.

En France, même si les lois sur la décentralisation de 1982 avaient pour ambition, entre autres, de supprimer la tutelle, elles ont justifié pendant longtemps, peut-être malgré elles, la mise en œuvre même de cette tutelle sur les finances des collectivités décentralisées.

En effet, selon la loi du 2 mars 1982 dans sa version originale, les actes budgétaires des collectivités territoriales sont soumis à un contrôle hiérarchique. Ces actes budgétaires sont d'abord considérés comme des actes administratifs et sont de ce fait soumis à un contrôle de légalité. En plus de ce contrôle, le préfet et les chambres régionales des comptes (des organes de tutelle) avaient la possibilité d'exercer un contrôle *a priori* sur ces actes budgétaires des collectivités décentralisées en intervenant directement dans les cas où le budget n'est pas voté dans le délai, ou n'est pas adopté en respectant l'équilibre budgétaire ou encore lorsque, de la part des collectivités, il y a omission d'inscription dans le budget d'une ou de plusieurs dépenses obligatoires[308].

Concrètement, le préfet pouvait déclencher la procédure de contrôle en saisissant la Chambre régionale des Comptes (CRC) et c'est à cette dernière de mettre en œuvre l'intervention budgétaire. Elle avait la possibilité de formuler des propositions tendant à régulariser le budget dans le mois suivant. Si la collectivité ne revoit pas sa copie le préfet avait alors le droit de prendre des mesures de régularisation du budget et de le rendre ainsi exécutoire. L'État par ce biais pouvait se substituer à la collectivité et agir comme elle. Cette mesure, permettant à l'État de contrôler le budget des collectivités et de ce fait de mettre en œuvre sa tutelle sur toutes les politiques locales, a été heureusement revue dans le cadre de la suppression de la tutelle en général et de la tutelle financière en particulier même si elle n'a pas complètement disparu.

---

[308] Art. 7 al. 2 de la loi du 2 mars 1982 : « Si le budget n'est pas adopté avant le 31 mars de l'exercice auquel il s'applique ou avant le 15 avril de l'année du renouvellement des conseils municipaux, le représentant de l'Etat dans le département saisit sans délai la chambre régionale des comptes qui, dans le mois, et par un avis public, formule des propositions pour le règlement du budget. Le représentant de l'Etat règle le budget et le rend exécutoire. Si le représentant de l'Etat dans le département s'écarte des propositions de la chambre régionale des comptes, il assortit sa décision d'une motivation explicite ». Il faut noter qu'heureusement pour l'autonomie des collectivités décentralisées même sur le plan financier, cette disposition a été modifiée puis abrogée définitivement par la loi 94-1040 du 2 décembre 1994.

b. Le pouvoir de substitution ou la mise en place d'une tutelle financière en droit togolais et camerounais

L'autonomie ne signifiant pas indépendance, l'État central a l'obligation de garantir l'unité nationale et ce d'autant plus sur le plan financier[309]. L'article 51 de la loi de 2007 au Togo[310] dispose à cet effet que : « Le budget des collectivités territoriales est soumis à l'approbation de l'autorité de tutelle ». Au Cameroun, l'article 88 de la loi relative aux règles applicables aux régions[311] et l'article 147[312] de la loi relative aux règles applicables aux communes prévoient que des services compétents de l'État assurent le contrôle du budget respectif de ces collectivités décentralisées.

La loi de 2007 au Togo reconnaît aux collectivités décentralisées la compétence d'élaborer librement leur budget. Cependant l'autorité de tutelle peut se substituer à celles-ci en cas de défaillance. L'article 334 de ladite loi dispose en effet que le budget local doit être adopté avant le 1er janvier de l'exercice auquel il s'applique. Dans le cas contraire, s'il n'est pas adopté avant cette date, « le ministre chargé de l'administration territoriale règle le budget et le rend exécutoire[313]». Et s'il est adopté, il doit être transmis à l'autorité de tutelle pour approbation.

Il faut relever, avec Alexis Ovono, que c'est pratiquement la même procédure dans différents pays d'Afrique francophone. La même tutelle est prévue par les textes camerounais tout comme en Côte d'Ivoire par exemple : « Aux termes des articles 18 et 19 de la loi du 26 décembre 2003 portant régime financier, fiscal et domanial des collectivités territoriales, le budget voté par le conseil est transmis par le maire, le président du conseil ou le gouverneur à l'autorité de tutelle au plus tard dans les quinze jours francs à compter de la date de vote. L'article 19 donne la possibilité à l'autorité de tutelle d'effectuer d'office et sans renvoi du budget, les corrections de forme »[314].

---

[309] J. TOUSSAINT, « Le contrôle budgétaire », AJDA 1984, p. 356.

[310] Loi n° 2007- 011 du 13 mars 2007 relative à la décentralisation et aux libertés locales.

[311] Loi n° 2004/019 du 22 juillet 2004 fixant les règles applicables aux régions.

[312] Loi n° 2004/018 du 22 juillet 2004 fixant les règles applicables aux communes.

[313] Loi n° 2007-011 … *op. cit.*

[314] A. OSSONO OVONO, « L'autonomie financière des collectivités locales en Afrique noire francophone. Le cas du Cameroun, de la Côte d'Ivoire, du Gabon et du Sénégal », … *op. cit.*, p.3

Au Cameroun, selon le décret n° 77/91 du 25 mars 1977[315] si le budget n'est pas adopté dans les délais, le préfet peut se substituer au maire pour établir le budget de la collectivité locale de son ressort. Il a juste désormais[316] l'obligation dans ce cas de le soumettre à l'approbation de la chambre des comptes.

Ce qui est une innovation à saluer dans le paysage des réformes institutionnelles entreprises dans ces pays africains d'inspiration juridique française. Car on imagine sans peine comme le souligne Dodzi Kokoroko à ce propos « les difficultés pour le représentant de l'État à mener avec efficacité un tel contrôle »[317].

§ 2 - Le contrôle juridictionnel

L'autonomie des collectivités territoriales ne peut être effective sans l'existence d'instances juridictionnelles adéquates capables de garantir les libertés publiques inhérentes à ces nouvelles personnes morales. S'il n'est plus à démontrer que plusieurs réformes territoriales ont été entreprises dans les pays francophones d'Afrique depuis les années 1990 suite au vent de démocratisation pour octroyer plus de libertés aux collectivités territoriales notamment à travers les politiques de décentralisation, il est à déplorer que relativement aux instances juridictionnelles les réformes restent quasiment invisibles.

A. La notion et les fondements du contrôle juridictionnel en droit administratif français

Sur la base de la décentralisation, les collectivités locales ont le droit de s'administrer librement. Cependant cette liberté s'exerce dans le respect des lois en vigueur. Les actes et les décisions que prennent

---

[315] V. chapitre III intitulé « De la tutelle des finances communales" du décret n° 77/91 du 25 mars 1977 modifié par le décret 90/1464 du 09 novembre 1990, déterminant les pouvoirs de tutelle sur les communes, les syndicats de communes et établissement communaux.

[316] Depuis 2003, le Cameroun a mis en place la chambre des comptes auprès de la cour suprême. Elle a été institutionnalisée par la loi du 29 mars 2006 fixant l'organisation et le fonctionnement de la cour suprême. Avant cette réforme, le contrôle était exercé sur la base du décret n° 77/91 … op. cit. Le préfet avait juste l'obligation dans ce cas de soumettre le budget à l'approbation non pas d'une juridiction spécialisée mais du gouverneur, son autorité hiérarchique.

[317] D. KOKOROKO, « Le bulletin de santé du contrôle de la légalité des actes des collectivités territoriales au Togo », Revue Togolais des Sciences Juridiques, Juillet-Décembre 2011, n°1, p. 74.

les autorités locales doivent être en conformité avec la loi. La vérification de la conformité des actes des autorités locales par rapport à la loi est appelée contrôle de légalité. L'autorité de tutelle est chargée de s'assurer que les actes pris par la collectivité territoriale sont conformes à la loi.

Avant 1982 le contrôle de la légalité était quasiment du ressort exclusif du représentant de l'État au niveau de la collectivité. Mais, depuis cette date il le partage avec le juge administratif.

Le contrôle de la légalité se situe désormais dans un champ plus large qu'est le contrôle juridictionnel (1) recouvrant des actes de plus en plus variables des collectivités territoriales (2).

1. Un contrôle redéfini par les lois de réformes de 1982

Du point de vue classique, en droit des collectivités territoriales, le contrôle juridictionnel peut être défini comme « la procédure confiée au représentant de l'État et tendant à vérifier la conformité des actes pris par les collectivités territoriales et leurs établissements publics avec les dispositions législatives et réglementaires en vigueur dès lors que la décentralisation n'est pas synonyme d'indépendance[318] ». Il est assuré par un juge spécifique, le juge administratif. En France, le principe de ce contrôle a été institué par la loi du 2 mars 1982.

Au niveau de la Constitution, nous pouvons lire à l'article 72 alinéa 6 que : « dans les collectivités territoriales de la République, le représentant de l'État, représentant de chacun des membres du gouvernement, a la charge des intérêts nationaux, du contrôle administratif et du respect des lois ». Avant 1982, sur le fondement de cet article, ce contrôle s'entendait comme un contrôle de tutelle sur les collectivités. Il était alors exercé par l'État par l'intermédiaire du préfet. Mais depuis cette date (comme nous venons de le voir en supra), avec les lois du 2 mars et 22 juillet[319], le représentant de l'État ne peut exercer qu'un contrôle de légalité sur les collectivités. Ce contrôle se substitue au contrôle de tutelle qu'exerçait le préfet auparavant. Ce contrôle de tutelle qu'exerçait l'État par l'intermédiaire de ses agents en l'occurrence les préfets sur les personnes décentralisées est désormais assoupli, à défaut d'être

318 D. KOKOROKO, « Le bulletin de santé ... », *op. cit.* p. 73.

319 Voir à cet effet la circulaire du 22 juillet 1982 relative aux nouvelles conditions d'exercice du contrôle de légalité des actes administratifs des autorités communales, départementales et régionales, D. 1982, p. 345.

purement et simplement supprimé. Car malgré l'existence de l'autorité de tutelle dans la procédure de contrôle des actes pris par l'autorité décentralisée, le juge prend sa place lorsqu'une illégalité est invoquée.

Le contrôle de légalité peut alors être redéfini comme une procédure par laquelle le représentant de l'État s'assure « avec le concours du juge » de la conformité à la loi des actes pris par les collectivités territoriales et certains établissements publics. Le représentant de l'État n'exerce plus ni tutelle, ni contrôle d'opportunité, ni contrôle d'opportunité *a priori*, sur les actes des collectivités locales. Il est désormais question d'un contrôle a posteriori, lequel intervient après que l'acte ait été émis et non en amont de celui-ci. Il porte exclusivement sur sa légalité et non sur son opportunité. Ce contrôle se distingue du contrôle de tutelle classique dans le sens où même s'il peut être déclenché par une autorité de tutelle, cette dernière est tenue de déférer, elle-même, « à un tribunal les actes de l'autorité décentralisée qu'elle estime devoir être annulés : ou plus exactement lui demandera de prendre diverses mesures »[320]. L'autorité administrative de l'État n'a plus la possibilité d'annuler elle-même l'acte d'une collectivité décentralisée de son ressort qu'elle estime illégal. Il s'agit donc d'un contrôle partagé entre le préfet et le juge. Le préfet se contente d'examiner la légalité des actes. Il ne peut pas prendre une sanction refusant ou autorisant l'acte. Cette fonction est désormais réservée au juge dans le cadre d'un recours pour excès de pouvoir, aux fins d'obtenir le prononcé de la sanction de l'illégalité alléguée[321].

Le contrôle juridictionnel est donc ce contrôle qu'exerce la juridiction administrative sur les actes administratifs des collectivités territoriales. Le contrôle est un instrument nécessaire pour garantir l'effectivité de la décentralisation. En même temps qu'il permet à la collectivité locale d'exercer librement son droit à s'auto-administrer en n'ayant pas de compte à rendre à l'autorité étatique, il l'oblige à respecter les textes de loi dans l'intérêt national.

Le contrôle juridictionnel, comme le relève P. Combeau : « c'est ce qui reste quand l'État recule[322] ». Les lois des réformes de 1982 organisent la mise en œuvre de ce contrôle. L'autorité de tutelle ne

---

[320] R. CHAPUS, *Droit administratif général*, Tome 1, 15ème édition, p. 411.

[321] CE 28 février 1997, *Commune du Port*, D. 1998, 409, chronique A. Marceau et M. Verpeaux.

[322] P. COMBEAU, Le contrôle de l'Etat sur les collectivités territoriales aujourd'hui, L'Harmattan, p. 1.

peut pas elle-même annuler les actes qu'elle estime illégaux ou inopportuns des autorités décentralisées. Elle ne peut que les déférer devant le juge administratif. Ce dernier seul a la compétence d'apprécier si ces actes sont contraires à la légalité. Ce recours exercé par le préfet est appelé « déféré préfectoral ».

Le Conseil constitutionnel a eu l'occasion lors de la décision du 25 février 1982[323] de reconnaître que le contrôle du représentant de l'État ne devrait s'arrêter qu'à un simple rôle d'examen de la légalité des actes et de la saisine du juge administratif. Le contrôle de légalité se décline donc en un contrôle administratif chapeauté par un contrôle juridictionnel.

L'intérêt de ce contrôle de l'administration réside dans le fait qu'il est externe à celle-ci. Depuis 1982, la mise en œuvre de ce recours n'est plus réservée qu'au juge administratif et au préfet. Il peut être fait par tout intéressé. Désormais, le citoyen ordinaire, dès lors qu'il a intérêt à agir, peut former un recours direct devant le juge administratif à l'encontre des actes des collectivités, suivant les règles traditionnelles du recours pour excès de pouvoir[324]. Ce recours est qualifié de déféré sur demande[325].

2. Un contrôle sur des actes variables

La loi française distingue deux catégories d'actes soumis à contrôle de légalité. Les actes soumis à l'obligation de transmission et les actes non soumis à l'obligation de transmission.

Au rang des premiers se trouvent ceux qui sont les plus importants des collectivités notamment : les délibérations des conseils ou des organes délibérant des collectivités locales ; les arrêtés réglementaires des exécutifs locaux ; les conventions relatives aux marchés et aux emprunts ainsi que les conventions de concession ou d'affermage de

---

[323] C. Cont., décision n° 81-137 DC, … *op. cit.*

[324] R. CHAPUS, *Droit administratif … op. cit.* p.786 : « La loi du 2 mars 1982, instituant le déféré préfectoral contre les actes des collectivités territoriales a conduit à une situation de coexistence entre le déféré et le recours pour excès de pouvoir classique (…) ». Pour R. CHAPUS, le recours pour excès de pouvoir étant un recours d'utilité publique, il doit pouvoir être exercé par le plus grand nombre de personnes possible.

[325] Voir le Code général des collectivités territoriales article L. 2131-8 concernant les communes, article L. 3132-3 au niveau des départements et article L. 4142-3 pour les régions. Le déféré sur demande donne le droit à une personne, physique ou morale, lésée par un acte d'une autorité locale de demander au préfet d'exercer un déféré contre cet acte (CE, 23 avril 1997, *Ville Caen c/ Paysan*, AJDA 1997. 518, concl. Pécresse ; CE, 6 déc. 1999, Sté Aubettes SA, req. n° 196403, CJEG 2000, p. 158, concl. Savoie).

services publics locaux à caractère industriel et commercial ; les décisions individuelles relatives à la nomination, à l'avancement de grade, aux sanctions soumises à l'avis du conseil de discipline et au licenciement d'agents ; les ordres de réquisition d'un comptable public ; les décisions des sociétés d'économies mixtes locales qui relèvent d'une prérogative de puissance publique. L'autorité décentralisée, une fois que ces actes sont pris, est tenue de les transmettre au représentant de l'État. Ces actes deviennent exécutoires une fois qu'ils sont transmis.

Tous les actes ne sont pas forcément soumis à transmission. Ceci n'était pas assez précis avant les réformes constitutionnelles de 2003. Depuis cette date et ce depuis la loi d'application du 13 août 2004 relative aux libertés et responsabilités locales, les autorités locales peuvent prendre des actes qui ne se retrouvent pas forcément dans cette liste précitée. On distingue deux séries d'actes qui ne sont pas soumis à transmission, mais qui peuvent faire l'objet d'une évocation par le préfet demandant leur communication expresse : les décisions réglementaires et individuelles relatives à la police de la circulation et au stationnement, prises par le maire ou le président du Conseil départemental ; les décisions individuelles relatives aux fonctionnaires et agents des collectivités territoriales, autres que celles concernant la nomination, la mise à la retraite d'office et la révocation, qui demeurent, elles, soumises à l'obligation de transmission[326].

Tous ces autres actes ne sont donc pas soumis à l'obligation de transmission. Cependant, même s'ils sont exécutoires de plein droit dès leur publication ou notification, ils n'échappent pas pour autant au contrôle de légalité. Il faut rappeler que l'action de mise en route du contrôle aux mains du préfet n'empêche pas un particulier qui se sent lésé par un acte d'une autorité locale de saisir lui-même le juge pour excès de pouvoir. Lorsque l'acte est transmis au préfet, celui-ci doit examiner sa légalité. Si l'acte ne présente aucune illégalité, le préfet n'a rien à faire. L'acte acquiert sa validité juridique. En revanche, s'il trouve que l'acte est entaché d'illégalité, il peut demander à la collectivité de revoir sa copie à travers un recours gracieux. Cette phase est la phase administrative du contrôle[327]. Elle interrompt le

---

[326] Art. 140 et s. de la loi n° 2004-809 du 13 août 2004 relative aux libertés et responsabilités locales.

[327] CE, 18 avril 1986, *COREP d'Ille-et-Vilaine*, Rec. Cons. D'Etat, p. 423 : La phase dite administrative du contrôle s'est développée notamment avec l'appui du Conseil d'Etat,

délai du déféré qui est de deux mois à compter de sa transmission[328]. Il s'installe en ce moment un dialogue entre le préfet et la collectivité en question. Concrètement, le préfet transmet une lettre d'observation à la collectivité en lui communiquant toutes les précisions sur les illégalités constatées par rapport à l'acte en question[329].

En cas de refus de l'autorité locale décentralisée, le préfet ne peut que saisir le tribunal administratif. La question s'est posée sur le caractère obligatoire du contrôle. L'analyse de la décision fondamentale du 25 février 1982[330], peut justifier une réponse négative. Pour le juge constitutionnel, le représentant de l'État aurait la « faculté de soumettre au contrôle juridictionnel (...) ». Le terme « faculté » n'évoque pas une obligation. Le représentant de l'Etat a la liberté de faire ou de ne pas faire, donc de transmettre ou de ne pas transmettre[331].

Cependant, cette conclusion n'est pas évidente si nous nous référons à l'esprit de la constitution. En effet, la constitution d'un point de vue théorique comme le souligne Yves Gaudemet, fait du contrôle de légalité une obligation pour le préfet. Le contrôle sur la collectivité décentralisée est une fonction de l'État confiée à son représentant local qu'est le préfet. Ce qui donne un sens à la décentralisation qui se distingue ainsi du fédéralisme[332].

Toutefois, notons que le juge constitutionnel a eu l'occasion de repréciser sa pensée. En 1994 dans une décision relative au contrôle

---

qui a estimé que la lettre d'observation sur la légalité d'un acte adressé par le préfet valait recours gracieux.

[328] Ce délai peut toutefois être prorogé dans deux cas : d'abord, il peut l'être si le préfet présente une demande gracieuse à la collectivité en question (CE, 6 déc. 1995, *Préfet des Deux-Sèvres c/ Commune de Neuvy-Boin* : la décision implicite ou explicite de la collectivité fait courir le délai) ; ensuite ce délai peut être prorogé lorsqu'il y a demande de pièces complémentaires. Dans ce cas, le préfet a également deux mois pour demander à la collectivité de transmettre les pièces manquantes. La réponse de la collectivité constituera le point de départ du délai de déféré (CE, 13 janv. 1988, *Mutuelle générale des personnels des collectivités locales*, Rec., p. 7 ; concl. M. Roux ; RDP, 1988, n°3 notes F. Llorens).

[329] CE, 24 avril 1985, *Ville d'Aix en Provence*, RFDA 1985, p. 527, conclusion D. Latournerie.

[330] Décision 82-138 DC ... *op. cit.*

[331] Voir à cet effet la jurisprudence « *Brasseur* », CE, 25 janvier 1991, RFDA, 1991, p. 587. Pour le Conseil d'Etat, le refus du déféré n'est pas susceptible de recours. Le juge estime que le justiciable avait lui-même la possibilité de saisir.

[332] Y. GAUDEMET, *Traité de Droit administratif*, Tome I, 16ème édition, p. 270.

de légalité[333], le Conseil constitutionnel souligne que le représentant de l'État était « tenu » de mettre en œuvre le déféré préfectoral et qu'en ne le faisant pas, celui-ci remettrait en cause le principe consacré par l'article 72 de la constitution. Le déféré est donc la mise en œuvre de la mission de contrôle à lui confiée par la constitution.

Il faut relever qu'il existe cependant trois catégories d'actes qui échappent complètement au contrôle de légalité. Il s'agit des actes pris au nom de l'État, les actes budgétaires et les actes de droit privé.

Les premiers, c'est-à-dire, les actes pris au nom de l'État sont des actes d'intérêt général qui en principe relèveraient de la compétence d'État, progressivement transférés dans le domaine des affaires locales. Ils sont pris par le maire qui est seul habilité à prendre de tels actes au nom de la décentralisation. Il s'agit de la tenue de l'état civil, l'organisation des opérations électorales, ou la participation à des mesures de police d'État[334]. En ce qui concerne les actes budgétaires, il faut rappeler que le budget des collectivités locales, tout comme le budget national est soumis à un contrôle spécifique. Il échappe donc au contrôle de légalité. Cependant les décisions administratives détachables du budget proprement dit, telles les délibérations approuvant le budget peuvent faire l'objet d'un contrôle. Enfin, s'agissant des actes de droit privé, ce sont des actes que l'administration prend en se plaçant dans un rapport de droit privé. Ces actes pris dans ces conditions ne sont pas des actes de droit administratif, mais des actes de droit privé donc qui échappent complètement au contrôle de la légalité[335].

B. L'absence d'effectivité du contrôle juridictionnel au niveau des collectivités locales des Etats d'Afrique francophone

En Afrique francophone, notamment au Cameroun et au Togo, le contrôle des actes des autorités décentralisées est également élaboré. Mais le contrôle tel que mis en œuvre met plus l'accent sur le rôle de l'autorité de tutelle que sur celui du juge administratif. Nous sommes face à un contrôle de la légalité classique tel que conçu en droit français avant les réformes de 1982.

---

[333] CC, déc. n° 93-335 DC du 21 janv. 1994, Urbanisme et Construction.

[334] Voir art. L. 2131-4 du CGCT.

[335] CE 27 février 1987, *Commune Grand-Bourg de Marie Galante c/ Lancelot*, RFDA, 1987, p. 212, conclusion Stirn.

Le droit camerounais a innové en 2006 par la mise en place d'une chambre administrative au niveau de la Cour suprême[336] qui aura pour mission d'examiner les décisions des autorités de tutelle prises à l'encontre des autorités décentralisées. Elle pourra également se prononcer sur les actes des autorités décentralisées sur requête de l'autorité de tutelle. Mais l'effectivité de cette chambre reste encore à démontrer. Le cas togolais nous offre plus l'occasion de préciser le flou entourant la phase juridictionnelle du contrôle de légalité offrant plus de marge de manœuvre à l'autorité de tutelle.

Au Togo, le mécanisme relatif au contrôle de légalité est prévu notamment par la loi n° 2007-011 du 11 mars 2007[337] relative à la décentralisation et aux libertés locales. Les articles 48, 132, 194 et 259 de ladite loi soumettent également les actes des autorités locales à une obligation de transmission. Cependant, deux observations majeures peuvent être faites. D'abord, concernant les actes qui ne sont pas soumis à l'obligation de transmission, le législateur prend soin, après les avoir listés[338] d'ajouter que tous ces actes sont exécutoires de plein droit et « assujettis au contrôle de légalité[339] », contrairement à la législation française qui précise simplement que toutes les autres catégories d'actes ne sont pas soumises à obligation de transmission[340]. Pour le législateur togolais, ces actes bien que n'étant pas obligatoirement soumis à l'autorité de tutelle doivent faire l'objet d'un contrôle. Mais l'article précité en évoquant seulement le contrôle de légalité semble semer une confusion à moins que le législateur togolais n'entende par contrôle de légalité, le contrôle exercé uniquement par le juge. L'autorité de tutelle ne servant simplement qu'à déclencher le contrôle du juge.

---

[336] Loi n° 2006/016 du 29 décembre 2006 fixant l'organisation et le fonctionnement de la cour suprême.

[337] Loi n° 2007- 011 … *op. cit.* art. 47.

[338] *Ibid*, art. 50: « Ne sont pas soumis à l'obligation de transmission à l'autorité de tutelle, les actes ci-après pris par les autorités locales : les actes de gestion courante des services et du domaine public de la collectivité territoriale ; les actes d'administration interne, notamment en matière de gestion du personnel de la collectivité territoriale ; les actes d'administration courante, notamment les correspondances échangées entre les élus locaux et leurs électeurs ».

[339] *Ibid*, al. 2 : donc malgré qu'ils ne soient pas soumis à l'obligation de transmission, ils sont susceptibles d'être contestés devant le juge directement.

[340] Art. L. 2131-3, L. 3131-4 et L. 4141-4 du Code Général des Collectivités Territoriales.

Cette remarque peut être confirmée par cette deuxième observation. La législation togolaise n'offre pas la possibilité aux collectivités territoriales de corriger leurs actes avant leur transmission au juge administratif. Les articles 134, 195 et 261 ne prévoient juste que le préfet informe la collectivité locale concernée de sa décision de déférer l'acte. La loi ici n'offre pas la possibilité de révision ou de correction avant la phase juridictionnelle. Nous pouvons supposer que le législateur n'avait pas besoin de le rappeler, car l'article 47 de la loi du 13 mars 2007 en posant le principe de la tutelle précisait déjà que celle-ci s'exerçait « sous forme d'assistance et de conseil aux collectivités territoriales, ainsi que de contrôle administratif, financier et technique ». Il serait donc évident qu'en amont de la décision ou de l'acte administratif de la collectivité locale en question, s'est déjà opéré ce que Dodzi Kokoroko a qualifié de « dialogue institutionnel »,[341] mais non juridictionnel. Ce dialogue s'imposerait alors de soi. La mise en œuvre de la phase juridictionnelle ne sera possible seulement qu'en cas d'échec de ce dialogue dit institutionnel. Mais le silence du législateur sur l'existence ou non de ce dialogue suite à une transmission peut donner droit à d'autres interprétations.

L'existence d'un contrôle de légalité quasi obligatoire de tous les actes mêmes de ceux non soumis à l'obligation de transmission confronté par le silence des textes sur l'obligation ou non de dialogue entre la collectivité et l'autorité de tutelle suite à une transmission, peut légitimement amener à s'interroger sur l'intention réelle du législateur face au contrôle de légalité au Togo. Concrètement, un acte d'une collectivité territoriale estimé illégal par le représentant de l'État ne peut pas être annulé par celui-ci ni faire l'objet d'une correction demandée par ce dernier, car la loi[342] expressément ne prévoit pas ce dialogue. L'autorité de tutelle n'a la possibilité que de saisir directement le juge.

Le législateur peut avoir voulu innover en confiant tout le contrôle de légalité au juge administratif. Mais nous constatons que, bien que les textes le prévoient, aucune juridiction administrative n'est effective au niveau des collectivités locales togolaises[343]. Aucun

---

[341] D. KOKOROKO, « Le bulletin de santé ... » *op. cit.* p. 74.

[342] Loi n° 2007-11 ... *op. cit.* art. 134 pour la commune ; art. 195 pour la préfecture et art. 261 pour la région.

[343] Car il faut noter qu'actuellement, en attendant des réformes, le Togo n'a que deux chambres administratives rattachées aux deux cours d'appel : l'une à Kara et l'autre à

organe juridictionnel ne semble exercer un véritable contrôle des actes des personnes décentralisées. Face à l'absence de normes encadrant la négociation des textes entre le représentant de l'État et les collectivités, c'est la mise en place de pratiques informelles et de corruption qui prendront le dessus. Il y'a là un véritable problème de contrôle.

Des réformes ont été entreprises en vue de pallier cette carence d'environnement juridictionnel avec notamment le Programme National de Modernisation de la Justice (PNMJ)[344]. Cependant aucun effet n'est encore visible sur le terrain. C'est dans ce sens qu'un observateur soulignait que le PNMJ est un programme qui se limite « à des réunions d'évaluation, à des séminaires, à des ateliers de validation, bref, à des discours pour flouer les partenaires au développement[345]». Les réformes de fond devraient être mises en œuvre comme le prévoient les textes en vue de favoriser le contrôle juridictionnel dans les collectivités locales, notamment la création dans tous les chefs-lieux de régions des tribunaux administratifs.

Nous pouvons conclure en se référant à l'analyse de S. Pagnou sur le sujet que « le législateur ne pouvait aucunement demander au représentant de l'État de déférer, sans aucune forme de dialogue, un acte qu'il estime illégal devant une juridiction administrative inexistante à l'époque de la rédaction de la loi n° 2007-011 »[346]. Nous estimons que l'ineffectivité des juridictions administratives aurait pu être palliée par une existence plus explicite d'un mécanisme de dialogue entre collectivités suite à une transmission d'actes. Face au manque de dialogue et au défaut de juridictions pour trancher, c'est la raison du plus fort qui s'impose. Et le plus fort dans ce contexte reste le pouvoir central. Ce qui remet en cause le principe même de la libre administration des collectivités territoriales. L'État central imposera ainsi sa politique sur tout le territoire, peu importe les réalités locales.

Lomé, servant de juridictions de 1er degré en matière administrative. La chambre administrative de la cour d'appel reste la haute et dernière juridiction en la matière.

[344] C'est un vaste programme soutenu par les bailleurs de fonds internationaux notamment le Programme des Nations Unies pour le développement (PNUD), l'Union Européenne et la France. Il vise entre autres à revoir le cadre juridique du pays en établissant les fondements d'une justice indépendante, efficiente, accessible à tous.

[345] Voir Journal Forum de la semaine (Togo) du 17 décembre 1998, Leurre : La réforme de la justice togolaise selon le système RPT.

[346] S. PAGNOU, « La place du contrôle de légalité dans les processus de bonne gouvernance liés décentralisation. Le cas du Togo », *Revue Internationale des Sciences Administratives*, 2013, p. 613.

Dans ces circonstances, il est important d'encourager le dialogue entre tous acteurs des collectivités territoriales elles-mêmes en attendant l'effectivité des réformes concernant les juridictions administratives. À défaut, même si les autorités locales sont effectivement bien élues, nous assisterons impuissamment à un renforcement de la tutelle de l'administration centrale sur leurs politiques locales.

CHAPITRE II
L'APPORT RELATIF DES CHEFFERIES TRADITIONNELLES

Face à l'échec des politiques menées par le haut, le développement en Afrique aujourd'hui passe nécessairement par une participation active de la population à la base. Nous assistons à une mise en place active des projets de développements locaux par des pouvoirs publics, offrant une large place aux citoyens des localités les plus reculées du pays. Cependant, les résultats attendus sont encore loin. Tous les acteurs locaux, à l'instar des chefferies traditionnelles, ne semblent pas avoir été effectivement associés à cette nouvelle dynamique. Ces dernières, étant les premières autorités locales qui pouvaient légitimement mobiliser la population à la base, jouent un véritable rôle d'agent de développement local. Le flou juridique maintenu autour de la précision de leur statut réel fait d'eux des acteurs locaux informels. D'où la nécessité d'un questionnement scientifique sur le rôle politique et économique que les chefferies traditionnelles peuvent jouer pour le développement si elles étaient considérées comme des entités locales décentralisées.

SECTION I
LES CHEFFERIES TRADITIONNELLES COMME ACTEURS DE LA POLITIQUE PUBLIQUE LOCALE

La participation des chefferies traditionnelles à la vie publique locale peut être politique comme économique. Leur organisation s'apparente à une organisation démocratique telle que fonctionnent les institutions politiques dans les entités étatiques dites modernes.

La désignation des dirigeants, même si elle est héréditaire dans la plupart des cas, n'est pas sans rappeler certaines règles démocratiques liées à l'élection et à la collégialité dans l'administration du pouvoir local. Les chefferies traditionnelles peuvent également être un atout pour le développement local à travers le renforcement du principe de participation des citoyens cher à la décentralisation.

§ 1 - Des outils traditionnels d'expérimentation de la démocratie au regard de l'organisation du pouvoir

La définition du terme démocratie ne fait pas toujours l'unanimité comme le souligne L. Ngono : « Chacun se convainc à l'idée que la démocratie s'apprécie en fonction de son milieu sociologique et de son contexte géopolitique. Que de fois a-t-on entendu dire (…) « La démocratie n'est pas universelle »[347]. Le mot « démocratie » est régulièrement utilisé sans qu'il soit expressément défini. Étymologiquement, il renvoie au pouvoir que détient le peuple. Abraham Lincoln le schématise comme le « gouvernement du peuple par le peuple et pour le peuple ». Juridiquement, la démocratie désigne un régime politique dans lequel le pouvoir appartient au peuple qui l'exerce lui-même ou par l'intermédiaire de ses représentants qu'il élit. De cette définition découlent deux formes de démocratie : la démocratie directe et la démocratie indirecte.

La première, renvoyant parfaitement à la précédente définition d'Abraham Lincoln, est le régime dans lequel le peuple souverain adopte lui-même ses lois et décisions sans aucun intermédiaire. Cette forme de démocratie est dite populaire. Elle est facilement concevable dans les États ou collectivités moins peuplés à l'instar des cantons suisses. Elle s'oppose à la souveraineté nationale qui est le régime dans lequel le peuple gouverne indirectement par l'intermédiaire de ses représentants élus[348].

En Afrique subsaharienne, du moins sur le plan institutionnel, il faut se situer vers les années 1990 pour assister à l'avènement de la démocratie[349]. La problématique est de savoir dans quelle mesure

---

[347] L. NGONO TSIMI, « L'autonomie administrative et financière des collectivités territoriales décentralisées : l'exemple du Cameroun » … *op.cit*, p. 127.

[348] Il faut noter que la plupart des Etats démocratiques adoptent ces deux formes de démocraties. Ainsi en France, la Déclaration de 1789 en son article 3 confie la souveraineté à la nation. Elle appartiendrait donc à toute la nation et non à un citoyen donné. Nous pouvons retrouver également ce même principe à l'article 3 de la Constitution de 1946. Mais la souveraineté populaire appartient au peuple. La démocratie peut être directe ou semi-directe. Seule la nation peut la déléguer à des représentants élus. Ceux-ci représenteraient la nation tout entière et non ceux qui les ont élus.

[349] Les années 1990 marquées par la chute du mur de Berlin favorisèrent le vent démocratique en Afrique. Le 20 juin 1990, le président de la République française François Mitterrand au cours du sommet France-Afrique qui se tenait à la Baule invita les pays africains à promouvoir la démocratie. Désormais toute aide publique au développement était conditionnée aux avancées démocratiques. Pour le cas du Togo,

l'organisation des chefferies traditionnelles corroborée par le mode de désignation de leurs premiers responsables peut-elle faire de ces entités des collectivités locales au sens démocratique. À défaut d'une codification, les chefferies traditionnelles sont sous l'empire du droit coutumier. Parler de démocratie dans l'organisation du pouvoir dans ces chefferies traditionnelles soulèverait des contradictions. Car comme le suppose la définition, il faut un gouvernement, c'est-à-dire un exécutif qui soit élu par le peuple à qui il rend compte. Ce qui ne semble pas cohérent avec le cadre des chefferies traditionnelles. Car ici, le principe de l'élection suppose un mandat qui est amené à prendre fin, alors que la chefferie est par essence une fonction à vie.

L'analyse du mode de désignation des chefs traditionnels et le fonctionnement des chefferies (A) peut permettre de voir dans quelles mesures ces localités traditionnelles contribueraient à l'assise de la démocratie par le plus bas de l'échelon local (B).

A. Le mode d'organisation traditionnel des chefferies

Contrairement au droit camerounais où la problématique de la désignation du chef traditionnel a semblé être réglée par le législateur[350], dans le système juridique togolais, l'hérédité n'est pas le seul mode de légitimation du chef traditionnel. Selon la coutume, la transmission du pouvoir est par essence héréditaire. C'est la même famille qui a le monopole du pouvoir[351]. Cela se justifie du fait que la terre appartient au premier occupant. La famille qui a été la première à occuper un sol, a la maîtrise de celui-ci. Au Cameroun par exemple, selon le décret n° 77/245 du 15 juillet 1977 portant organisation des Chefferies Traditionnelles, modifié et complété par le Décret n° 82/241 du 24 juin 1982, la désignation du chef coutumier est

---

nous pouvons lire avec intérêt A. MACE, « Politique et démocratie au Togo », Cahiers d'études africaines, 176/2004, p. 841-885.

[350] En effet, selon les dispositions du décret n° 77/ 245 du 15 juillet 1977, la désignation des chefs traditionnels se fait en principe par l'autorité centrale après consultation des notabilités.

[351] T. OBENGA, « De l'Etat en Afrique précoloniale : le cas du royaume de Kouch dans la Nubie ancienne », Colloque sur la problématique de l'Etat en Afrique Noire, Dakar : 29 novembre-3décembre 1982, Présence Africaine 1983/3 (N° 127-128), P. 145.

héréditaire. Elle se fait en principe au sein des familles appelées à exercer coutumièrement le commandement traditionnel[352].

Cependant, à travers l'analyse de l'organisation du pouvoir dans ces différentes chefferies traditionnelles, nous nous rendons compte que leur assimilation aux organisations démocratiques n'est aucunement une contradiction. Cela aurait pu l'être si la transmission du pouvoir était uniquement héréditaire[353]. Mais tel n'est pas le cas. L'élection existe en effet pour légitimer le chef traditionnel, comme l'explique Wanyou M. : « (…) pour prétendre au trône dans les systèmes politiques africains, il ne suffit pas d'appartenir à la famille royale, il faut aussi et surtout avoir des qualités morales, physiques et intellectuelles (…). Tout prétendant dont la capacité est mise en doute ou qui est impopulaire auprès de ces groupes pouvait bien en être éliminé »[354]. Ce qui n'aurait pas été possible si la désignation était *stricto sensu* héréditaire.

Nous pouvons également faire appel à l'analyse historique de Théophile Obenga[355] à ce propos. Dans tous les royaumes anciens, lorsqu'un roi meurt ou qu'il faut le remplacer, il y a toujours une élection, quel que soit le procédé. Le successeur n'est pas autoproclamé. Dans la Nubie ancienne qui est le berceau de toutes les civilisations négro-africaines, lorsque le roi est désigné, il devait avoir l'approbation de toutes les forces vives de la nation avant de siéger[356]. Il se devait d'effectuer une tournée à travers tout le royaume afin de se présenter aux notables et à la population. Ce voyage était appelé « voyage de couronnement ». Le roi ne pouvait être intronisé qu'après avoir effectué cette tournée. Ce cérémonial s'apparente à une légitimation populaire du chef auprès de ses sujets. Même si en démocratie cette légitimité devrait venir en amont, il a cependant ici le mérite d'être concilié avec le système héréditaire. Il ne serait pas alors

---

[352] Article 8 du Décret n°77/245 du 15 juillet 1977 portant organisation des Chefferies Traditionnelles, modifié et complété par le Décret n°82/241 du 24 Juin 1982. Voir Annexe n° 4.

[353] D. KOKOROKO, « Les élections disputées : réussites et échecs », *Pouvoirs*, n° 129, 2009, p.115 : « L'élection est définie comme l'instrument de désignation des gouvernants et apparaît comme un substitut au tirage au sort, au hasard ou aux prédictions des oracles, à l'hérédité ou à la cooptation, une alternative. Une alternative viable à l'auto-désignation et un outil de participation des citoyen à la gestion de la chose publique ».

[354] M. WANYOU, Histoire du droit et des institutions, p. 10.

[355] Voir T. OBENGA, *op. cit.*

[356] *Ibid.* p. 137.

contradictoire de parler de démocratie dans l'organisation du pouvoir dans les sociétés traditionnelles. Même si toutefois cette idée peut être vraie, « une chose demeure tout de même : c'est qu'aucune société, qu'aucune culture n'est hermétiquement fermée au changement, à la mutation, à l'évolution si lents soient-ils »[357].

On peut donc dire que refuser de reconnaître un caractère démocratique aux modes de désignation des chefs traditionnels dans le cadre des États noirs de l'Afrique subsaharienne, c'est comme continuer de soutenir que ces derniers « ne sont pas encore mûrs pour la démocratie ». L'analyse de ces organisations nous apprend qu'elles ont expérimenté et continuent d'expérimenter diverses techniques démocratiques qu'il convient juste d'améliorer.

Selon l'article 143 de la Constitution togolaise de 1992 reprécisé par l'article 10 de la récente loi togolaise n° 2007-002 du 08 janvier 2007 relative à la chefferie traditionnelle et au statut du chef traditionnel, la désignation et l'intronisation du chef traditionnel obéissent aux us et coutumes de la localité, elle se fait par voie de succession héréditaire ou par voie de consultation populaire.

Il faut entendre par ces textes que la désignation du chef traditionnel « peut être linéaire, héréditaire avec des ayants droit ; élective de façon ouverte à tous les membres de la collectivité ; élective au sein du clan des ayants droit ; ou autres formes reconnues par la tradition et les coutumes »[358]. La consultation est de plus en plus usitée. Tout en gardant son caractère traditionnel, son recours donne une certaine légitimité au chef par rapport à sa population.

Concrètement, dans le cas où les us et coutumes le prévoient, le chef traditionnel est choisi par les notables dans la lignée héréditaire. Sa désignation est notifiée au gouvernement qui le reconnaît et le nomme par décret pris en conseil des ministres. Là où les us et les coutumes ne prévoient rien, la désignation du chef se fait par consultation populaire. La collectivité est alors appelée à désigner son chef. Cette désignation se déroule dans la cour royale en présence d'un représentant de l'autorité centrale. Le vote se fait à main levée ou par alignement des citoyens derrière leur candidat. Une fois

---

[357] C. BEAUCHAMP (dir.), *Démocratie, culture et développement en Afrique noire*, éd. L'Harmattan, 1997, p. 93. Pour cet auteur, toutes les sociétés humaines sont par essence démocratiques. La démocratie serait le régime politique naturel de l'espèce humaine.

[358] S. M. AMLALO, « Chefferies traditionnelles dans le processus de décentralisation », Atelier *sur la place des chefs traditionnels dans le contexte de la décentralisation au Togo*, 2-3 mars 2007, Rapport, p. 48.

« l'élection » faite, le gouvernement constate et entérine le choix de la population locale. Cette possibilité de désignation laissée à la population locale est à saluer, car elle permet la manifestation d'une des vertus de la démocratie qu'est le droit d'une population locale d'élire ses dirigeants. Si les populations locales adoptent déjà dans leurs habitudes ce mode de désignation de leurs dirigeants, il serait intéressant de le perfectionner afin de le généraliser. Cela contribuerait à un début de démocratisation au sens moderne du terme de ces organisations politiques des sociétés africaines. Car il est à souligner que cet exercice du droit de vote malgré son caractère solennel est à améliorer.

Un regard approfondi sur le fonctionnement de ces institutions dites « traditionnelles » rehaussé par ce mode de désignation de ses dirigeants commanderait plutôt de les considérer comme des institutions politiques à part entière.

B. Une contribution à l'assise de la gouvernance locale

L'étude du fonctionnement interne des chefferies traditionnelles présente une organisation similaire à celle des sociétés modernes. Le pouvoir dans les chefferies est partagé entre plusieurs organes chapeautés par le chef traditionnel. Même si celui-ci donne l'impression de concentrer tout le pouvoir, il ne décide pas seul. Chez les Éwés du Togo[359], le chef après avoir été choisi passe par une cérémonie d'intronisation au cours de laquelle le Conseil lui rappelle les règles et les interdits qui, en cas de non-respect, peuvent entraîner sa destitution[360]. Il prête serment de consulter toujours le Conseil avant d'agir. Il se présente comme un souverain. Il a pour mission de protéger le territoire contre les agressions extérieures. Il veille à l'ordre public et conduit les affaires dans l'intérêt de tous[361]. Le Conseil est l'organe qui détient réellement le pouvoir. Ce dernier est composé d'anciens du lignage royal, des anciens des autres petits

---

[359] Peuple du sud du Togo, du Ghana et du Bénin.

[360] A. MACE, *op. cit.*, p. 19, rapportant l'exemple dans la chefferie Tsévié au sud du Togo souligne que chez ceux-ci, « (...) on le lui signifie sans détour le jour de son intronisation : les villageois lui intiment de les gouverner avec équité, sous peine de le déconsidérer. A l'inverse, le chef promet d'agir dans le sens de l'intérêt général et exige de tous fidélité et obéissance. Les deux parties concluent un pacte ».

[361] A. MACE, *op. cit.*, p. 18

villages satellites et des chefs militaires, des *asafohénés*[362]. C'est un corps représentatif de l'ensemble des lignages de la localité. La chefferie est réellement administrée par les *asafohénés*. L'un d'eux joue le rôle de Premier ministre. Il est assisté dans ses tâches par d'autres citoyens spécialisés dans les divers domaines concernés.

Dans la prise de décision, il est toujours assisté par un conseil de notables. Au Cameroun par exemple, fort de ce constat, les autorités politiques ont jugé bon d'institutionnaliser cette organisation interne à travers le décret de 1977[363]. Le fonctionnement de la chefferie est assuré par le chef assisté d'un conseil de notables désignés selon la tradition locale. Ce conseil de notables, à l'instar d'un conseil d'élus locaux assiste le chef dans ses prises de décisions dans l'exercice de ses fonctions. Le conseil doit être consulté avant la mise en œuvre de toute décision prise dans l'intérêt de la chefferie en question. Toute décision prise en omission de cette procédure peut faire l'objet d'un recours devant le juge administratif. Il en est ainsi pour l'affaire *Deido*[364]. Le juge de la chambre administrative de la Cour suprême a estimé qu'en principe les notables devaient être consultés avant la prise de décision désignant un nouveau chef de canton. L'autorité investie de ce pouvoir en omettant de les consulter a violé l'article 11 du décret de 1977. Il a alors annulé cette décision de nomination. Cette reconnaissance juridique de la nécessité d'un conseil des notables au sein d'une chefferie traditionnelle témoigne de la volonté du juge administratif de sauvegarder la libre organisation de ces institutions étatiques locales.

Dans cette même logique, on peut également relever que le fonctionnement de la chefferie traditionnelle distingue bien les affaires politico-judiciaires des affaires religieuses. En effet, au sein de la chefferie, il existe un organe bien distinct chargé des affaires spirituelles. Ces dernières sont gérées par des prêtres et non par le chef lui-même. Comme l'explique Jean-Pierre Magnant dans son étude consacrée aux chefferies traditionnelles au Tchad : « Dire que le pouvoir, dans les sociétés africaines, est établi sur une base religieuse, semble relever du truisme. En effet, dans la plupart des cas, l'autorité sociale suprême est une autorité sacerdotale à l'origine. Pourtant, les chefs africains, à l'époque précoloniale, n'avaient pas tous des

---

[362] Ce sont des chefs guerriers, des chefs militaires élus par les populations au niveau de chaque village. Ils sont chargés de la défense de la chefferie.

[363] Décret n° 77/245 du 15 juillet 1997 … *op. cit.*

[364] Décision n° 63/CS-CA/ 79-80 du 25 septembre 1980, … *op. cit.*

pouvoirs religieux »[365]. On peut y voir là une sorte de séparation entre le temporel et le spirituel.

Si ce constat permet de voir quelques similitudes avec l'organisation des institutions étatiques locales dites modernes comme la commune ou le département, nous pouvons relever que les chefferies traditionnelles sont encore loin de répondre aux standards démocratiques.

Toute société étant appelée à évoluer, il s'avère nécessaire, tout en ne les dénaturant pas, de les adapter aux règles démocratiques universellement admises. L'organisation des chefferies telle que mise en œuvre reste toutefois traditionnelle même si elle laisse entrevoir quelques procédés démocratiques. Des améliorations peuvent néanmoins être apportées si les États africains veulent réellement, à travers les différentes réformes entreprises, asseoir une organisation territoriale moderne. Toute société étant appelée à s'adapter à son temps[366] au risque de disparaître, il semble donc nécessaire que ces entités représentatives d'un pouvoir local épousent les standards des sociétés démocratiques modernes. La « modernisation des chefferies traditionnelles » peut être précisée à travers une plus grande démocratisation du mode de désignation des autorités traditionnelles locales et un encadrement juridictionnel abouti du contentieux des chefferies.

Conformément aux textes ci-dessus rappelés[367], il revient aux habitants de la chefferie le soin de désigner leur responsable local. Le législateur togolais, se fondant sur l'article 143 de la Constitution de 1992 prend le soin de ne pas confier la désignation des chefs traditionnels au pouvoir central[368]. Il revient donc aux habitants d'élire

---

[365] J.-P. MAGNANT, La chefferie ancienne. Etudes historiques sur le pouvoir dans les sociétés précoloniales du Tchad, d'après les sources orales, PUP, 1994, p. 29.

[366] Comme l'affirme J. P. MAGNANT ..., *Ibid,* p.9 : « (...) nous ne concevons pas les structures sociales, expression des rapports sociaux, comme figées, voire même comme stables. Les rapports sociaux, nés des relations de puissance (économique, politique, religieuse, militaire...) qui organisent les hommes (individus ou groupe), ne sont rien moins qu'établis pour un laps de temps, si court soit-il : ils sont en constantes transformations, en constantes remises en causes ».

[367] Qui disposent en substance que la désignation du chef traditionnel obéit aux us et coutumes de la localité et que celle-ci se fait par voie de succession héréditaire ou par voie de consultation populaire.

[368] La désignation aurait été laissée à la discrétion du pouvoir central que nous n'aurions pas hésité à reconnaître que le pouvoir constituant voulait faire des chefferies des entités locales déconcentrées. Mais telle ne nous semble pas le cas en l'espèce.

leurs dirigeants comme c'est le cas dans les collectivités décentralisées. Dans cette dynamique, l'élection du chef traditionnel, comme toute élection démocratique doit être mieux organisée. Une plus grande précision du mode d'organisation de ces élections serait nécessaire au renforcement de la démocratie dans ces entités locales dites traditionnelles.

§ 2 - Des outils de stimulation du développement à l'échelon local

L'un des buts poursuivis par l'État unitaire en optant pour la décentralisation est d'assurer le développement de ces différentes collectivités territoriales. La décentralisation permet à l'État central d'associer les collectivités territoriales aux politiques de développement. À travers la décentralisation, l'État central transfert à ses entités décentralisées non seulement des compétences, mais également des ressources leur permettant de mettre en œuvre des projets pour le développement local. Les collectivités territoriales décentralisées sur la base de la libre administration et de l'autonomie financière dont elles disposent jouissent d'une certaine légitimité leur permettant de mobiliser librement des ressources locales pour asseoir leur projet de développement local.

Il s'avère intéressant dans ce contexte, de se pencher sur la question de savoir si les chefferies traditionnelles, organisées en collectivités territoriales dotées de la libre administration pouvaient constituer un atout pour le développement local. Une meilleure organisation de ces entités pourrait permettre à la population locale de participer activement à la mise en œuvre des politiques publiques au niveau des collectivités.

Avant d'aborder le rôle que peuvent jouer les entités locales traditionnelles, notamment les chefferies traditionnelles, pour favoriser une émancipation socioéconomique et culturelle des collectivités territoriales en Afrique, interrogeons-nous sur les contours auxquels renvoient la notion du développement local.

A. Le développement à l'échelon local

L'enjeu des politiques du développement à l'échelon local est de faire participer les citoyens locaux aux projets économiques des pouvoirs publics. La notion de développement elle-même souffre de précisions bien qu'elle soit au cœur des politiques publiques actuelles. Son contenu varie en fonction des objectifs attendus. Pour

Mahamadou Danda, « en effet, la plupart des définitions mettent en avant un monde imaginaire dont les représentations varient en fonction des préférences personnelles de chaque locuteur ou groupe de personnes »[369]. Cette appréhension idéaliste du concept fut rapidement abandonnée du fait de son inefficacité pratique. L'exemple historique de cet échec dans les pays en voie de développement reste encore en mémoire ; il s'agit des diverses politiques de développement mises en œuvre vers les années 1990 par le biais des programmes d'ajustement structurels dictés par les bailleurs de fonds internationaux notamment le FMI et la Banque Mondiale.

En effet, au lendemain des indépendances, les pays africains ont entrepris de vastes projets de développement. Mais le coût des investissements s'est avéré insupportable pour ces nouvelles économies dont les besoins sont immenses et variés.

Les ressources intérieures de ces États ne leur permettaient pas réellement de mener des politiques économiques aussi ambitieuses qu'espérées. Les PAS furent élaborés pour encadrer et contribuer à la croissance de l'économie des États africains. Ces programmes d'ajustement mettaient l'accent sur l'économie au grand dam des autres secteurs comme l'éducation, la santé ou le social[370]. Le bilan économique s'est avéré dans l'ensemble négatif. Les pays de l'Afrique subsaharienne se retrouvèrent avec des taux de croissance économique négatifs qui firent chuter les investissements, aggravèrent la crise financière et par ricochet, provoquèrent de graves mouvements sociaux.

La redéfinition des mécanismes du développement prôna alors la prise en compte du citoyen. Celui-ci, fort de l'affirmation de ses droits politiques et civiques pourra activement participer aux projets économiques de sa cité. Dans cette dynamique, les pays au sud du Sahara orientèrent la plupart de leurs politiques de développement autour du local.

---

[369] M. DANDA, Politique de décentralisation, développement régional et identité régionale au Niger : le cas du Damagaram, Thèse, Science Politique, Université Montesquieu-Bordeaux IV, 2004, p.71.

[370] P. LOUM écrit à ce propos dans sa thèse, *La politique de décentralisation et les nouvelles stratégies de développement …*, *op. cit.*, p.15 que : « Ces politiques initiées principalement par la BM et le FMI, ont pour justification la faillite des Etats africains dont la prise en charge des besoins par ces institutions se fait selon des conditionnalités, dont l'acceptation oblige tous ces Etats à réduire drastiquement les budgets consacrés au volet social de leurs politiques publiques ».

Ainsi le développement local peut s'analyser comme une politique qui « consiste à enclencher une dynamique ou un processus de transformation dans un espace territorial bien délimité avec la participation effective de tous les acteurs concernés, en prenant en compte les différents secteurs : économique, politique, social, culturel, environnemental[371]. Le général de Gaulle affirmait, déjà en 1968, pour motiver sa politique de décentralisation de l'Etat que « (...) ce sont les activités régionales qui apparaissent comme les ressorts de sa puissance économique de demain »[372].

La motivation principale de la décentralisation n'est donc pas seulement politique, mais est soutenue également par des raisons économiques. La décentralisation fait des collectivités territoriales de meilleures actrices du développement endogène de l'État. Elle fait intervenir tous les acteurs locaux dans le développement croissant des territoires. Un État décentralisé permet d'impulser une dynamique dans la mobilisation des ressources locales qu'elles soient économiques ou humaines. La décentralisation crée des conditions permettant de réunir les acteurs locaux privés comme publics autour de projets économiques concernant leur localité.

Il s'agit d'un processus mis en œuvre aujourd'hui partout dans le monde permettant aux hommes et aux femmes de prendre « des initiatives, des responsabilités pour transformer leur monde (...). Il est sous-tendu par des notions de citoyenneté, de responsabilité, de prise de décision autonome... »[373]

Au Togo, il se traduit par la mise en place de divers programmes dirigés vers les populations. Il se décline en plusieurs projets dont : le Document Complet de Réduction de la Pauvreté (DSRP-C), la Déclaration de la Politique de Développement Agricole (DPDA). Au

---

[371] J. MINLA MFOU'OU, « La décentralisation, une opportunité pour améliorer le développement et la gouvernance locale. Exemples des communes du Cameroun », Traverses N° 25, 2006, p.2.

[372] P. BAUBY, *L'Etat stratège : Le retour de l'Etat*, éd. Ouvrières, Paris, 1995, extrait discours du G. De Gaulle p.162 : « L'effort multiséculaire de centralisation, qui fut longtemps nécessaire à notre pays pour réaliser et maintenir son unité malgré les divergences des provinces qui lui étaient successivement rattachées, ne s'impose plus désormais. Au contraire, ce sont les activités régionales qui apparaissent comme les ressorts de la puissance économique de demain ».

[373] C. MESTRE, « La décentralisation contre le développement local ? », *Dits et écrits du symposium international sur la décentralisation-Antananarivo Décembre 2011*, Direction de la Recherche, de la Documentation et de la Communication de l'INDDL p. 87.

niveau communal nous assistons à la mise en place des Plans de Développement Communaux (PDC) qui est un cadre retraçant l'ensemble des programmes et projets cohérents et concertés de développement à exécuter en adéquation avec les orientations nationales.

Il est élaboré par la commune elle-même, collectivité décentralisée, en association avec la société civile ainsi que les partenaires au développement. L'efficacité de cet outil de développement réside dans le fait que la société civile après l'élaboration du plan de développement accompagne la commune dans la mise en œuvre du projet[374]. Ces programmes sont des cadres permettant de favoriser le dialogue entre l'autorité publique et la société civile légitimant ainsi les projets de développement.

Rappelons le rôle joué par les partenaires au développement qui, dans le cadre de la décentralisation, préfèrent de plus en plus traiter directement avec les acteurs locaux dans les pays en voie de développement.

Les partenaires internationaux de ces États, convaincus que le développement ne pourra être efficace que si le citoyen en est associé, privilégient un partenariat direct avec les collectivités décentralisées. Dans cette perspective, beaucoup de projets ont vu le jour au Togo concernant par exemple la construction d'infrastructures sanitaires, scolaires, l'assainissement, l'hydraulique villageoise ou encore l'amélioration des routes rurales.

En matière environnementale par exemple, un programme a été initié par le gouvernement : le Programme National d'Actions Décentralisées de Gestion de l'Environnement (PNADE). Le PNADE bénéficie d'un financement de l'Union Européenne à hauteur de 5 millions d'euros. Il est mis en œuvre par les collectivités territoriales elles-mêmes à savoir les préfectures de Haho, Kéran, Kloto, Kpendjal, Oti, Tchamba, Yoto et Zio. Les stratégies et actions du PNADE prennent en compte tous les aspects du développement local. Dans cette perspective et afin de garantir un développement local durable, une attention particulière est portée sur les problèmes environnementaux.

---

[374] L. KEGBERO, « Décentralisation au Togo : enjeux et perspectives », Gouvernance, développement local et décentralisation, 2011, article consulté sur www.base.afrique-gouvernance.net

L'Organisation Internationale de la francophonie a lancé également en 2011 un programme d'appui au développement local des pays francophones (PROFADEL/OIF). Ce programme est actuellement mis en œuvre au Togo. Le PROFADEL a pour ambition de permettre aux collectivités territoriales de s'approprier les questions de développement de leurs communautés.

Au Cameroun, le processus de décentralisation s'est également traduit par la mise en place de divers programmes en faveur du développement local. Deux programmes ont été mis sur pied, notamment le Programme d'Appui à la Décentralisation et au Développement local (PADDL) et le Programme National de Développement Participatif (PNDP).

B. Le développement par le biais des chefferies

Le développement à l'échelon local implique la mobilisation de tous les acteurs locaux. Les chefs traditionnels, premiers responsables des villages et quartiers en Afrique peuvent y jouer un rôle non négligeable. Leur présence au sein des Comités villageois de Développement ou Comité de Développement des Quartiers au Togo peut servir d'exemple. Ils peuvent également servir de moteur pour une organisation efficace de l'économie sociale et solidaire au niveau des collectivités locales africaines.

1. L'expérience des CVD et CDQ au Togo

Les politiques de développement local ne peuvent être efficaces que si les populations se voient réellement impliquées aussi bien au cours de leur élaboration que de leur mise en œuvre. Dans cette optique, le gouvernement togolais a pris en 2012[375] un décret afin d'amener ces citoyens à mieux s'organiser pour favoriser la participation aux projets de développements. Le décret du 29 février 2012 relatif au comité de développement à la base vient compléter l'arsenal des textes accompagnant la décentralisation notamment l'organisation des collectivités territoriales. Déjà, ses visas rappellent les textes fondamentaux en la matière[376].

---

[375] Décret n° 2012-005/PR du 29 février 2012 relatif aux comités villageois de développement à la base.

[376] La loi n° 2007-001 du 08 janvier 2007 portant organisation de l'administration territoriale déconcentrée au Togo; la loi n° 2007-011 du 13 mars 2007 relative à la

Selon ce décret, les Comités villageois de développement (CVD, au niveau du village) ou Comités de développement du quartier (CDQ au niveau des villes) sont des outils d'initiative locale pour le développement de la communauté. Les CVD et CDQ sont des entités indépendantes de l'État. Ces comités sont institués dans chaque village, cantons et quartier du pays. Il faut rappeler que l'origine des CVD remonte aux années 1965. Au lendemain des indépendances, ces instruments permettaient à l'État d'assurer l'action sociale au niveau des villages. Leurs principaux champs d'action étaient la santé, l'éducation, l'hygiène, l'eau et l'assainissement. Mais les années 1992 ont vu l'État se désengager de ces structures locales. Or il s'est avéré que ces dernières étaient utiles pour le quotidien des villageois ; d'une part, elles étaient ancrées dans leurs habitudes et, d'autre part, elles assuraient leur développement. Il était donc opportun de les ressusciter.

Ainsi les villages et quelques quartiers, avec l'appui des Organisations Non Gouvernementales (ONG), ont remis sur pied ce concept. Ce qui a abouti au décret de 2012 marquant la prise de conscience des autorités dirigeantes de l'importance de ces outils pour le développement local. Les CVD et CDQ ont pour mission selon l'article 3 du décret : d'organiser le milieu local pour le développement, d'aider à identifier les problèmes qui touchent le développement du quartier ou du village, d'aider à la conception et à la réalisation des projets locaux, d'entreprendre et encourager la mobilisation des ressources internes et externes pour ce faire, de mobiliser les énergies locales pour la résolution collective des problèmes de développement du village ou du quartier, de canaliser et soutenir les initiatives locales de développement économique, social et culturel axées essentiellement sur une auto-assistance, de susciter chez les populations locales l'esprit de participation au développement de leur village ou quartier dans une perspective de lutte contre la pauvreté et l'exclusion. À travers ces différentes missions confiées aux CVD et aux CDQ, il se révèle que ces dernières sont de véritables instruments pouvant favoriser la mise en œuvre de la décentralisation surtout si leur fonctionnement emprunte quelques règles démocratiques.

---

décentralisation et aux libertés locales; la loi n° 2007-002 du 08 janvier 2007 relative à la chefferie traditionnelle et au statut des chefs traditionnels au Togo.

Selon le décret du 29 février 2012 précité, les CVD et CDQ, sont créés à l'initiative de la population d'un quartier ou d'un village. L'assemblée qui consacre une telle création est convoquée par « le chef de village ou de quartier ». Une fois créée et l'existence juridique reconnue, elle se réunit en session ordinaire une fois par an pour faire le bilan des activités et adopter le budget de l'année suivante. Cependant, elle peut également se réunir en session extraordinaire sur demande du bureau exécutif ou du « chef du village ou de quartier ».

À la lecture des textes de ce décret, le chef de village ou du quartier semble être l'organe premier de ces CDQ ou CVD même si ceux-ci fonctionnent librement comme toute association de type loi 1901. Le décret tente de placer une autorité locale au-dessus de ces entités autonomes du développement local. L'article 23 précise ainsi que : « Le chef de village ou du quartier de la ville ou toute personne jugée apte à cet effet par la population locale assure la présidence d'honneur du CVD ou du CDQ »[377].

Naturellement, il est logique que le chef de village ou de quartier soit impliqué dans l'organisation de ces entités locales. Il est le mieux placé pour connaître les problèmes et les attentes de sa population. Une étude de l'IRFODEL menée par Ahonto-Noussouglo Akpéné souligne que l'un des problèmes majeurs qui freinent l'efficacité des CVD et CDQ est le conflit de compétences entre le président du CDQ et le chef de village : « (...) c'est une véritable source de conflits latents ou ouverts qui divisent les populations et bloquent leur participation effective aux actions de développement. Parfois le chef voit son autorité menacée si le président du CVD devient populaire dans le milieu. Le président du CVD zélé se substitue pratiquement au chef du village »[378]. L'idéal serait que le rôle du chef et sa place soient clairement précisés afin d'éviter les conflits de compétences que son intervention dans ces structures locales peut soulever. Plus le chef traditionnel sera impliqué dans les actions du CVD ou CDQ implantés dans sa localité, plus il sera motivé et obligé de faire participer sa population aux différents projets mis en œuvre.

Une objection peut toutefois être soulevée du fait du manque d'instruction de la plupart des chefs traditionnels de ces localités reculées. Ne maîtrisant pas les principes démocratiques et

[377] Ibid.

[378] M. A. AHONTO-NOUSSOUGLO, « Problématique des comités villageois de développement (CVD) au Togo », IRFODEL août 2012. Article consulté sur www.ritimo.org

d'administration, ils risqueraient d'être un obstacle à la bonne organisation de ces CVD et CDQ. La responsabilité dans ce cas reviendrait aux autorités chargées de la mise en œuvre de la décentralisation. L'effectivité de la décentralisation passe par une meilleure connaissance du cadre juridique et des règles de ce mode de gouvernance. Ceux à qui la décentralisation est censée profiter doivent être formés et maîtriser les outils pouvant leur assurer une réelle participation à sa mise en œuvre. Dans ce cadre d'ailleurs, le ministère de l'administration territoriale, de la décentralisation et des collectivités locales au Togo, avec l'appui de ses partenaires en développement en l'occurrence le PNUD a lancé depuis 2009 un programme de communication autour de la décentralisation. L'Union des Communes du Togo (UCT) a aussi développé et mis en œuvre diverses activités à l'endroit de la population tournant autour du rôle des communes dans la vie de tous les jours. Le Centre d'Observation et de Promotion de l'État de Droit (COPED) organise aussi régulièrement des actions visant à la vulgarisation de la loi sur la décentralisation à travers des ateliers portant sur des thèmes relatifs à la gouvernance des collectivités. La formation ne doit pas seulement s'arrêter aux élus ou aux délégués spéciaux, mais elle doit aussi s'étendre et s'accentuer pour les chefs traditionnels et les acteurs publics locaux, car ils sont les premiers concernés par les politiques de développement local.

En définitive, les CVD et les CDQ sont de véritables outils pouvant assurer le développement local. Ils permettent aux citoyens de participer activement à la vie de leurs collectivités surtout sur le plan économique, social et culturel. Le décret de 2012 en les instituant répond aux exigences de la loi de 2007 relative à la décentralisation et aux libertés locales. Cette dernière reprenant l'article 7 de la loi n° 98-006 portant décentralisation fait de la participation citoyenne un principe essentiel de la démocratie. Le rôle du citoyen ne doit pas se limiter seulement à la désignation de ses dirigeants. Les CDQ et CVD lui permettent de participer activement à la gestion des affaires de sa collectivité qui s'étendent aux activités économiques, sociales et culturelles. L'implication des chefs traditionnels dans le fonctionnement et la coordination de ces entités locales permet aux populations des localités reculées de s'identifier dans les actions menées par ces dernières. Ce faisant, le chef lui-même, citoyen local et par le jeu de la légitimité démocratique, participe et fait participer la collectivité villageoise au développement local.

2. Les chefferies dans l'économie informelle et l'économie sociale

Les sociétés africaines en général, togolaises et camerounaises en particulier, sont des sociétés de type traditionnel où les activités économiques sont encore en grande partie informelles[379]. Économiquement, ces sociétés ne bénéficient pas des mêmes atouts que les pays développés comme la France par exemple. Or nous savons que la décentralisation implique que les collectivités territoriales puissent avoir une maîtrise sur leur fiscalité locale. Dans l'économie informelle, les règles de fonctionnement sont souvent coutumières. Les chefs traditionnels qui sont par essence garants des « us et coutumes » savent se faire obéir lorsque le rappel d'une règle ou l'exécution d'une tâche vient d'eux. Les lendemains des indépendances ont offert l'occasion de voir la manifestation de l'autorité du chef surtout dans la perception des impôts locaux[380]. Cependant au Togo par exemple dans les années 1975, pour des raisons politiques liées aux idéaux du parti unique, le chef de l'État d'alors, le Général Gnassingbé Eyadema a décidé d'ôter aux chefs traditionnels ce pouvoir fiscal en supprimant la taxe civique personnelle. L'autorité du chef traditionnel sur ses sujets, surtout sur le plan économique, s'est alors vue affaiblie[381]. Beaucoup d'activités économiques menées par des citoyens au niveau des villages et des quartiers bien qu'assujettis à l'impôt ne sont pas contrôlées, car elles ne sont pas connues du pouvoir central ou des autorités communales. Or le chef du village, proche de ses populations, sait à peu près qui mène quelle activité sur son territoire. Ne disposant d'aucun pouvoir, il n'a donc aucune légitimité pour assurer un quelconque contrôle sur les activités socio-économiques de sa localité. L'autorité du chef

---

[379] C. BEAUCHAMP (dir.), *Démocratie, culture et développement en Afrique noire*, L'Harmattan, 1997, *op. cit.*, p. 80. Dans l'article : « Économie informelle et développement en Afrique Noire », l'auteur rappelle cette citation de Keith Hart pour caractériser l'expression en 1971 : « Le terme que je choisis est négatif mais poli ; il nomme l'innommable, étiquetant les personnes et les activités par une absence leur manque de « forme », comme l'entendent les bureaucrates… je soutiens que les Africains que je connaissais, loin d'être sans emploi, travaillaient bien pour des revenus irréguliers et souvent faibles ».

[380] E.A.B. van ROUVEROY van NIEUWAAL, *L'Etat en Afrique face à la chefferie : le cas du Togo*, KARTHALA, 2000, 332 p. Voir aussi supra : L'impôt dans les sociétés traditionnelles en Afrique.

[381] Y. MARGUERAT, « L'Etat et l'organisation territoriale du Togo », Afrique Contemporaine, N°145, 1/88, p.48.

traditionnel peut être remise à jour afin de mieux organiser et cerner l'économie dans ces sociétés de type traditionnel.

En outre, les sociétés africaines peuvent ici s'inspirer valablement de l'expérience française en ce qui concerne l'économie sociale et solidaire. L'économie sociale et solidaire n'est pas une notion encore développée en Afrique[382] alors qu'elle peut valablement être un atout pour les collectivités locales. Même si elle existe déjà dans le contexte des sociétés africaines, elle est encore dans l'informel. Elle n'a pas encore été assimilée par les pouvoirs publics. D'ailleurs elle renvoie ici : « à toutes ces initiatives d'acteurs socio-économiques (...) qui décident de prendre en main la satisfaction de certains de leurs besoins économiques et sociaux »[383]. L'économie sociale se définit par la prise en compte de certains critères : finalité de services aux membres de la collectivité, autonomie de gestion, processus de décision démocratique, primauté des personnes et du travail sur le capital dans la répartition du surplus, la participation, la prise en charge de la responsabilité individuelle et collective. Pour Vincent Van Schendel[384], l'économie sociale se définit par des projets, des valeurs : « Elle cherche à répondre aux besoins des populations et non à la rentabilité financière, même si la viabilité économique représente une contrainte incontournable »[385]. Rejetant la conception selon laquelle l'économie sociale serait une économie de misère, V. Schendel ajoute qu'elle est intrinsèque au développement local. L'économie sociale constitue une composante du développement local. Toute stratégie de développement local appelle un projet d'économie sociale et solidaire.

---

[382] Voir C. BARON, « Transfert du concept d'économie solidaire en Afrique francophone : paradoxe et atouts », Revue *Tiers Monde*, Edition Armand Colin, 2007/2 n°190, p. 331. L'auteur dans cet article constate que : « l'histoire de l'économie sociale et solidaire en Afrique francophone reste à écrire, mais elle ne suit pas un mouvement parallèle à celle de l'économie sociale solidaire en France ». Dans cette perspective, C. BARON estime que : « L'écriture de cette histoire particulière supposerait d'ailleurs une définition de ce que l'on entend par économie sociale et solidaire en Afrique francophone, au-delà des définitions juridico-institutionnelles proposées dont la neutralité et le caractère figé entravent tout débat sur les ambigüités du transfert de ce concept ».

[383] *Ibid.* p.24.

[384] V. SCHENDEL, économiste, coordonnateur de l'Alliance de recherche universités-communautés en économie sociale (Aruc-ES), université de Québec à Montréal.

[385] V. SCHENDEL, « Une nécessaire articulation entre l'économie sociale et le développement local : le défi du développement solidaire », *Economie sociale et développement local, colloque franco-québécois, 9, 10, 11 mai 2002*, Les cahiers de l'économie sociale, 2004, n°3, p. 27.

Dans les collectivités, l'économie et le social sont solidairement liés. La société civile par sa participation aux différents projets économiques de la localité permettra un développement plus égalitaire[386].

Les sociétés africaines sont par nature solidaires. Il est courant aujourd'hui de voir même au fin fond d'un village africain des femmes décider d'elles-mêmes de s'organiser sous forme de coopérative afin de mettre en commun leurs compétences ou leurs revenus agricoles pour d'autres projets plus lucratifs. Souvent elles sont organisées dans l'informel, quelquefois, elles sont appuyées par des ONG locales ou internationales. Ce qui semble faire l'originalité de ce nouveau concept en Afrique est qu'il épouse parfaitement la réalité sociale africaine qu'est la solidarité. Les sociétés africaines n'attendent pas l'intervention de l'État pour s'organiser. La solidarité est un héritage traditionnel. Il arrive souvent que deux villages s'entendent à travers leurs chefs pour gérer leur bétail ou leurs récoltes. L'économie sociale et solidaire peut être renforcée par des pratiques de coopération agropastorales ou de gestion des produits culturels ou artisanaux. L'ensemble de ces activités à la base coordonnées par les chefs de ces localités peut favoriser le développement tant attendu dans les collectivités territoriales africaines. Elle mobilise et les populations locales et leurs chefs respectifs en même temps que leurs ressources économiques diverses.

SECTION II
LES CHEFFERIES TRADITIONNELLES COMME ACTEURS POLITIQUES CONCURRENTS

Les chefferies traditionnelles comme entités territoriales décentralisées peuvent se présenter comme un obstacle au pouvoir public central. Ces obstacles peuvent s'appréhender sur deux plans : au niveau local et au niveau national.

[386] *Ibid*, p. 28 : « (…) l'économie et le social ne peuvent être dissociés ; l'activité économique répond à une logique d'acteurs ; la démocratie est un facteur de développement ; la participation de la société civile est une condition de développement plus égalitaire ».

§ 1 - Une crainte au plan local : le risque de multiplication de partis politiques ethniques

Au Cameroun et au Togo, comme dans la plupart des pays africains où l'affirmation des origines identitaires peut être une garantie pour une carrière politique ou à une situation sociale pas des moins envieuses, les conflits ethniques ne sont pas rares. Ils viendraient du fait de l'exclusion ou de la monopolisation de l'appareil politique par un groupe ethnique donné[387]. Les chefferies, telles qu'organisées actuellement, étant par excellence le lieu d'affirmation d'une appartenance identitaire, il est alors intéressant de s'interroger sur la nécessité d'introduire dans ces localités villageoises la possibilité de s'administrer librement.

D'entrée, nous distinguons le village traditionnel du village contemporain. Le premier est souvent constitué de groupes ethniques bien distincts. Selon Henri Labouret[388], « ... il se caractérise par son aspect, il possède identité et personnalité, fonde les relations entre ses occupants sur la parenté, plus souvent sur le voisinage et la solidarité... »

La société villageoise apparaîtrait ainsi comme un complexe d'actions, de réactions et d'interactions dominées par des intérêts particuliers, mais solidaires... » Contrairement à ce type de collectivité, le village contemporain bénéficiaire des avancées de l'État moderne est une cellule où cohabitent plusieurs groupes ethniques.

L'article 2 du décret de 1949 réglementant le commandement autochtone au Togo dispose que le village est l'unité administrative autochtone. Il comprend : l'ensemble de la collectivité qui y réside habituellement et dont les membres sont liés entre eux par des attaches familiales ou ethniques, sous l'autorité de son chef traditionnel ; les étrangers, dont l'établissement au sein de la collectivité a un caractère certain de pérennité et se trouvent, de ce fait, soumis à l'autorité du chef traditionnel ; les terres qui, traditionnellement, sont réputées dépendre de la collectivité.

La lecture de cet article laisse entendre que l'appréhension traditionnelle du village est désormais dépassée. Non seulement le

---

[387] M. DANDA, *op. cit.*, p. 39 : « En Afrique en général, et au Niger en particulier, comme dans toute société qui s'affirme, le problème identitaire vient de la mise à l'écart de la vie politique d'une ethnie ou d'une unité socio-spatiale ».

[388] H. LABOURET, *Paysans d'Afrique occidentale*, Gallimard, 1941, pp.106 et s.

village est composé de groupes unis par des liens familiaux (l'alinéa 1) - ce qui rappelle sa définition classique-, mais prend en compte également les étrangers qui y ont élu résidence même s'ils n'ont aucun lien ethnique avec le reste des habitants de la collectivité. Ils ont juste pour obligation d'être soumis à l'autorité du chef traditionnel.

Si l'on doit considérer les villages comme des collectivités décentralisées, administrables librement par des chefs traditionnels, ceux-ci devraient donc être soumis aux principes démocratiques notamment l'élection au suffrage universel du chef traditionnel. Ce qui serait, selon la critique, en contradiction totale avec l'essence même de la chefferie traditionnelle qui est, et reste, la garante des us et coutumes. Or l'ethnie elle-même fait partie de ces us et coutumes qu'un chef traditionnel cherche à préserver. Une politisation des chefferies conduirait à une course à l'élection au poste du chef traditionnel afin de maintenir la domination de son ethnie sur les autres. Chaque groupe ethnique, installé sur le territoire de la chefferie, formerait alors un parti politique.

Or en Afrique l'identité ethnique reste un élément politique important surtout en matière électorale. Le risque serait de voir intervenir des guerres ethniques entre les habitants d'une même localité[389]. On peut porter la comparaison pas trop exagérée au niveau du sommet de certains États en Afrique. Par exemple au Togo, l'ethnicisation du pouvoir avec le parti unique sous Eyadema a fait de ce dernier, dans les faits, un chef traditionnel suprême au sommet de l'État[390]. Il était considéré comme le chef des chefs traditionnels. La plupart des litiges au niveau des chefferies traditionnelles surtout dans les localités où l'ethnie du chef de l'État est majoritaire se résolvaient

---

[389] J.-F. BAYARD, « Autochtonie, démocratie et citoyenneté en Afrique », *Critique internationale,* n°10, janvier 2001, p. 53-70. Dans le même sens voir également P. LOUM, *op. cit.*, p.16 : « (…) pour la plupart des Etats africains, la politique de décentralisation présente des risques, qui sont essentiellement ceux liés aux tensions socioprofessionnelles, tribales ou ethniques qui peuvent être ravivées dans de jeunes Etats dont la construction nationale n'est pas achevée ».

[390] C'était un peu le cas partout en Afrique où avait court la dictature du parti unique. Voir J.-B. FOSTING, *Le pouvoir fiscal en Afrique ... op. cit.*, p. 166 : « Au Zaïre, la doctrine de l'authenticité prend à son compte l'idée moderne de l'Etat unitaire, et l'assimile à la conception traditionnelle, à la chefferie, en même temps qu'il substitue à la conception moderne du chef de l'Etat la conception traditionnelle du chef ».

à la présidence en présence de ce dernier. Les chefs n'avaient plus de réels pouvoirs sur leurs sujets[391].

Dans la même logique, introduire aujourd'hui les chefs dans les conseils municipaux ou locaux en général risquerait de conduire à une sélection ethnique au profit du pouvoir en place. Ils ne représenteront *in fine* qu'un groupe ethnique dans les institutions locales. Le risque est alors d'avoir un renforcement du vote dit « ethnique » qui aboutirait à des institutions tribales[392] selon la localité.

En effet, la diversité ethnique pourrait être considérée comme un facteur de conflits intrasociaux. Les conflits d'origine interculturelle peuvent prendre de nombreuses formes. Ils sont généralement connus sous le nom d'« ethno-politique »[393], dans laquelle les minorités culturelles, linguistiques ou ethniques font l'objet de discrimination. La crainte des autorités politiques des jeunes États africains surtout au Togo[394] comme au Cameroun est que chaque groupe ethnique se constitue en parti politique pour la défense de ses intérêts particuliers

---

[391] C. M. TOULABOR, *Le Togo sous Eyadema*, Karthala, 1986. P. 121 et s.

[392] P.-F. GONIDEC, Les systèmes politiques africains : les nouvelles démocraties, LGDJ, 1997, p. 83.

[393] En science politique, l'ethno-politique vise à mieux comprendre la crise du politique dans les sociétés modernes devenues *de facto* multiethniques en montrant l'impact du facteur ethnique sur les sentiments d'appartenance et de solidarité politique et donc sur la cohésion des États Aristote (*Politique*, V, 11).

[394] N. GAYIBOR, « Les rapports entre les autorités politiques et les chefs traditionnels au Togo de 1960 à la fin du XXe siècle », *Le retour des rois : les autorités traditionnelles et l'Etat en Afrique contemporaine,* Karthala, 2003, p. 97. A juste titre l'on peut rappeler le fait historique qui a longtemps divisé la population d'Aného au sud du Togo entre les Lawson et les Adjigo : plusieurs guerres civiles ont longtemps secoué cette ville au 19ème siècle en la divisant en deux camps. En 1880, les Adjigo ayant demandé en vain l'aide des Français, firent appel aux Allemands alors que les Lawson comptaient sur le soutien des Anglais pour maintenir leurs positions. Après le protectorat, en se référant aux enquêtes historiques, les Allemands reconnurent la légitimité des Adjigo mais en fonction de leur intérêt, maintenir le statu quo en ne confirmant l'autorité de la chefferie d'aucun groupe ethnique sur un autre. Les autorités françaises ne changèrent rien en cela lorsqu'elles occupèrent le Togo pendant la première guerre mondiale. Cependant, le gouverneur Bonnecarrière au début des années 1922 proclama plutôt la suprématie des Lawson au détriment des Adjigo avec le roi « Lawson V ». Dès lors les autres chefs et leurs alliés firent l'objet de vastes répressions. Cette affaire laissa de vieilles rancunes qui ne furent apaisées qu'en 1961 avec l'arrivée du Président de la République Sylvanus Olympio. Celui-ci reconnut l'existence de deux chefs traditionnels pour Aného. Situation unique que les autorités politiques togolaises maintiennent encore aujourd'hui pour garantir tant bien que mal la paix dans cette localité.

au lieu de l'intérêt général[395]. Tel est le cas du Nigéria[396] où il existe un fédéralisme qui cristallise les réalités ethniques du pays en plusieurs foyers autonomes.

Cependant l'expérience ghanéenne en ce domaine encore devrait être mise en lumière. Ce pays a choisi de ne pas suivre l'exemple du fédéralisme de type nigérian[397].

Les chefs traditionnels d'après la Constitution ghanéenne de 1992 sont interdits de toute activité politique[398]. Ils sont perçus comme agents de l'unité nationale. Le chapitre 22 qui traite des chefferies fait des chefs traditionnels des pouvoirs locaux dont le rôle essentiel est de mettre en œuvre le régime juridique des terres et des ressources naturelles. Bien que ne faisant pas directement la politique, les autorités traditionnelles participent à sa mise en œuvre sur le plan local. D'ailleurs, le chapitre 20 intitulé : « *Decentralisation and Local Governement* » en son article 242 prévoit que le président nomme 30 % des membres de l'assemblée de district[399] (*District Assembly*) après consultation des autorités traditionnelles. On peut souligner à juste titre qu'au lieu d'être un élément de division ethnique la chefferie est plutôt un élément de médiation entre le pouvoir central et les forces politiques locales.

---

[395] La question se poserait aux chefs traditionnels dans ce cas de savoir comment peuvent-ils encore garder une neutralité politique ? Comment peuvent-ils représenter un parti politique et en en même temps demeurer gardiens des us et coutumes de l'ensemble des habitants d'une localité donnée ? Choisir un camp politique ne risquerait-il pas de compromettre la confiance et le respect de ceux de ses sujets qui font partie d'un autre camp ? C'est pourquoi au Bénin, pour toute réponse à cette question, la chefferie traditionnelle jusqu'à preuve du contraire a été –du moins constitutionnellement- tout simplement supprimée.

[396] C.-H. PERROT, « Les autorités traditionnelles et l'État moderne en Afrique Subsaharienne au début du XXI ème Siècle », *Cadernos de Estudos Africanos*, 16/17 | 2009, consulté le 18 décembre 2014 sur http://www.cea.revues.org/179 ; Au Nigeria, le peuple Yoruba, ethnie majoritaire a toujours été tenue pour responsable des troubles ethniques connus par l'Etat fédéral. Ceci a conduit les régimes militaires successifs aux lendemains des indépendances à écarter les chefferies de la scène politique. De 1983 à 1999 avec l'élection d'Olusegun Obasanjo et pour assurer une période de transition démocratique, les chefs traditionnels furent réintroduits dans l'arène politique avec la mise en place des *Local Governments.*

[397] Ibid.

[398] Voir supra. Article 276 de la Constitution de 1992: « A chief shall not take part in active party politics; and any chief wishing to do so and seeking election to Parliament shall abdicate his stools or skin ».

[399] Organe politico-administratif de base ayant le pouvoir législatif et exécutif local.

Avec le système ghanéen, la chefferie est, contrairement à ce que craignent les autorités politiques togolaises et camerounaises, un élément de renforcement de l'unité interne de la nation contre toute manifestation du tribalisme. Cette politique permet l'inclusion des minorités locales dans la gestion politique de la localité. Face à la mondialisation et aux phénomènes migratoires, le village n'est plus seulement formé des seuls autochtones ou uniquement d'individus liés par des liens de parenté, mais d'une diversité de personnes vivant et partageant des intérêts communs. Guy-Adjété Kouassigan soulignait déjà en 1966[400] la distinction à faire entre le groupement familial et les collectivités villageoises. Il précise que la collectivité villageoise et le groupement familial « sont deux entités différentes ; village et famille ne se confondent pas (...) »[401]. Les villages homogènes formés par des individus ayant un lien de parenté font de plus en plus place aux villages hétérogènes formés d'éléments venus de groupements ethniques différents. Pour Guy-Adjété. Kouassigan, dans ce contexte, « l'élément familial ne peut plus servir de support à l'élément politique »[402].

Si la participation des collectivités villageoises à la vie socio-économique locale n'est plus à démontrer, celle concernant le plan politique reste à clarifier surtout dans les Etats francophones d'Afrique noire. Le vote ethnique qui se caractériserait par l'alignement d'un groupe ethnique derrière leur chef traditionnel en cas de politisation de ceux-ci serait un faux débat[403]. L'accent devrait porter plutôt sur la sensibilisation des « citoyens locaux », les principes démocratiques notamment la liberté de vote. Le vote ne devrait pas être orienté par des motivations ethniques ou identitaires, mais plutôt par l'intérêt général. Même s'il est encore difficile d'atteindre cet objectif dans les sociétés africaines où cohabitent plusieurs ethnies dans une même localité[404], l'organisation des chefferies en conseils d'élus locaux pourrait permettre des avancées. Ces derniers devraient être la représentation des différents groupes ethniques vivant au sein d'une même collectivité.

---

[400] G.-A. KOUASSIGAN, L'homme et la terre. Droits fonciers coutumiers et droit de la propriété en Afrique occidentale, éd. ORSTOM 1966, 292 p.

[401] *Ibid.*, p. 72.

[402] *Ibid.*, p. 74.

[403] Puis qu'ils sont déjà politisés. Il s'avère nécessaire de les encadrer en les démocratisant.

[404] S. H. F. KAKAI, *Le vote ethnique au bénin. Contribution à une étude sociopolitique de l'élection*, Thèse, Droit et Sciences politiques, Université d'Abomey-Calavi, 2011, p. 116.

Si la participation des citoyens à l'action publique est l'un des objectifs de la décentralisation, des instruments juridiques doivent être mis en place pour permettre aux groupes ethniques mêmes minoritaires de pouvoir intégrer des organes politiques locaux. La culture de la démocratie doit donc être encouragée dans tous les corps sociaux, qu'ils soient de la société civile ou politiques. Un conseil local serait bien représentatif s'il est constitué de la diversité ethnique vivant sur le territoire local concerné. Il serait bien le reflet de la réalité locale. Ainsi les décisions pourront être prises d'un commun accord sans le sentiment d'exclusion d'un groupe donné qu'il soit minoritaire ou non.

§ 2 - Une crainte au plan national : le risque d'un excès de décentralisation

Après le risque de multiplication des partis politiques, la deuxième objection qu'on peut faire à la reconnaissance des villages, c'est-à-dire des chefferies traditionnelles comme des collectivités décentralisées est le risque d'un excès de décentralisation, le risque de « brader l'État et le mettre en morceaux ». Reconnaître aux chefferies traditionnelles la qualité de collectivités décentralisées conduirait à une trop grande multiplication de personnalités juridiques face à l'État.

Au Togo, les régions, les préfectures et les communes sont des collectivités déjà dotées de cette personnalité. Elles forment les sujets de la décentralisation. Insérer les chefferies dans ce paysage, risque de morceler l'État en trop de structures locales. Un État trop structuré peut entraîner, non seulement une complication administrative, mais aussi une décentralisation trop coûteuse. Chaque entité devrait alors disposer de son propre budget, sa propre administration et ses propres règles de fonctionnement. Bien que chaque collectivité soit autonome, le pouvoir et la prise de décision seraient alors partagés entre ces différents échelons étatiques.

En France, le problème s'est également posé, mais en d'autres termes. Face aux communes, départements et régions, l'on assiste à l'émergence d'autres sujets décentralisés que sont par exemple les communautés de communes. Pour Robert HERTZOG, « (…) on a multiplié les structures, parfois avec d'importantes primes financières (communautés). Beaucoup d'institutions de coopération sont sous-dimensionnées »[405]. Ce qui peut,

[405] R. HERTZOG, « Réformes des collectivités territoriales : de pressantes causes économiques, d'incertains résultats financiers » *in* S. REGOURD, J. CARLES, D.

au lieu de rendre plus fluide l'administration, la ralentir plutôt ou soulever parfois des conflits de compétences.

Il est souvent fait allusion au « millefeuille administratif » pour symboliser ce paradoxe dans l'organisation administrative des collectivités territoriales françaises. Chaque collectivité exerçant une compétence générale peut agir sur tout domaine d'« intérêt local ». Pour l'aménagement d'une autoroute par exemple, la région, les communautés de communes et le département sont souvent appelés tous à apporter leur concours financier. Il en est de même pour les subventions aux associations. Il s'ensuit un emmêlement de compétences. Malgré les différentes réformes territoriales, le millefeuille territorial semble ne pas avoir bougé, compliquant le fonctionnement de la décentralisation[406]. Les réformes en la matière ont d'ailleurs abouti à la fusion des régions afin d'atténuer le flou administratif et réduire les dépenses accompagnant la gestion de ces entités[407].

La décentralisation semble avoir montré ses limites. Elle fait place à un retour vers la concentration. L'existence de normes de plus en plus contraignantes de l'Union Européenne à l'égard des collectivités décentralisées de ses États membres renforce également le doute sur la nécessité d'une certaine décentralisation mettant à mal l'autorité étatique[408].

Cependant, décentraliser au maximum ne fait que renforcer la démocratie. Plus l'État est décentralisé, plus chaque citoyen a le sentiment de participer à la vie commune. Permettre à chaque citoyen même dans les localités reculées de l'Etat de participer à la désignation de son premier responsable qui en l'occurrence au Togo ou au Cameroun est le chef traditionnel, c'est contribuer à l'assise d'une démocratie dont les valeurs sont universellement partagées. Ce qu'il faut souligner ici est la nécessité du renforcement de la déconcentration du pouvoir.

GUIGNARD, (dir.), *Réformes et mutations des collectivités territoriales*, L'Harmattan, 2012, p.60.

[406] Vr à ce propos F. HULBERT, Millefeuille territoriales et décentralisation. De la commune à la région, plaidoyer pour une réforme, éd. L'Harmattan, 2014, 72 p.

[407] Voir le rapport sur le bilan de la RGPP. Rapport consultable sur le site de la fonction publique : http://www.fonction-publique.gouv.fr/publications

[408] A. NOUREAU, *L'Union Européenne et les collectivités locales*, Thèse Droit, Université de la Rochelle, 2011, p. 595 : « L'Etat serait en quelque sorte obligé de se fragmenter : les collectivités locales grignoteraient les champs d'action de l'Etat sous prétexte qu'elles seraient les plus à même de répondre aux problèmes rencontrés par les citoyens dans la mesure où elles constituent les pouvoirs de proximité ».

En effet, la décentralisation n'exclut pas la déconcentration. Contrairement à ce que peut laisser croire la mise en œuvre de la décentralisation dans les États francophones noirs africains, les deux techniques de gestion d'un État unitaire sont complémentaires. Une politique de décentralisation ne peut être parfaitement mise en œuvre si elle n'est pas accompagnée d'une bonne assise de la déconcentration. Les textes énonçant les deux techniques sont souvent bien élaborés, mais leur mise en œuvre reste souvent confuse. La déconcentration permet de transférer le pouvoir de décision du centre vers les autorités étatiques les moins élevées. Elle permet de moins concentrer le pouvoir aux mains d'une seule autorité hiérarchique. Le chef de l'État ou le ministre n'est plus seul détenteur du pouvoir de décision. Au niveau des collectivités territoriales, cette compétence est transférée aux préfets ou aux gouverneurs. Parfois, la volonté décentralisatrice des autorités étatiques africaines semble altérée par le sentiment que plus il y'a décentralisation, plus leur pouvoir est mis à mal. Le pouvoir central craint qu'en laissant une part de sa capacité d'action aux collectivités autonomes, celles-ci finissent par apparaître pour la population comme des autorités alternatives face à l'État. Ce qui justifierait les hésitations à la poursuite des réformes liées à la décentralisation pour garder toujours le contrôle sur l'ensemble du territoire. Or la décentralisation peut permettre toujours cette présence de l'autorité déconcentrée sur le territoire local. Car les techniques de la déconcentration sont toujours associées à la décentralisation, permettant à l'État central d'être toujours présent au niveau des collectivités territoriales même si celles-ci sont désormais autonomes. N'oublions pas que par principe, l'État unitaire est un État dans lequel il y a une unicité des institutions : un seul gouvernement, un seul parlement, un seul Chef de l'État. Donc la décentralisation n'entraîne pas la disparition ni la mise à mal de l'autorité du pouvoir central[409]. Au contraire l'assise de la décentralisation commande également une organisation plus efficace du pouvoir déconcentré. Par la déconcentration l'État délègue certaines attributions aux fonctionnaires locaux leur permettant d'être toujours présents et d'agir sur l'ensemble

---

[409] F. FOURNIE, *Recherches sur la décentralisation …, op. cit.*, p.87. Il épouse l'idée de M. Hauriou, qui énonce que la décentralisation n'est pas autre chose qu'une une « manière d'être de l'Etat ». Il explique que : « la décentralisation, c'est encore l'Etat : elle est voulue par lui, organisée par lui, selon un modèle qui est la répétition de l'organisation étatique ».

du territoire comme il le ferait lui-même[410] bien que la décentralisation permette également une liberté d'action aux collectivités locales sur leurs propres affaires. La décentralisation couplée à la déconcentration permet au citoyen, qu'il soit un simple citoyen ou un élu de s'intéresser aux affaires publiques déjà dans sa propre localité. Il peut ainsi se familiariser à user de sa liberté. Une bonne organisation des deux systèmes ne permettrait que d'avoir un État unitaire un peu plus fort. La déconcentration, dans cette perspective, apparaît comme un corollaire utile, voire nécessaire, de la décentralisation : les autorités déconcentrées auront sur place des interlocuteurs au courant de leurs affaires et problèmes et aptes à entretenir avec elles des rapports efficaces[411].

Le contrôle exercé par l'autorité déconcentrée sur le territoire local sera moins efficace que celui de l'autorité décentralisée. Cette dernière ayant été élue par la population locale sera plus intéressée à agir efficacement pour le développement de sa localité afin de se faire réélire que ne le ferait un fonctionnaire envoyé par le pouvoir central. Finalement, grâce à ces autorités décentralisées, plus les collectivités à la base se développent, plus l'État central sera développé.

[410] D'ailleurs comme le résume cette expression restée célèbre d'Odilon BARROT, premier vice-président du Conseil d'Etat français de la troisième République « c'est le même marteau qui frappe , le manche a été seulement raccourci ».
[411] R. CHAPUS, Droit administratif général … op.cit., p. 391.

CONCLUSION GÉNÉRALE

Mises à l'épreuve par les règles modernes d'organisation territoriale, les chefferies africaines dites « traditionnelles » sont vues de nos jours dans certains Etats d'Afrique francophone comme de simples institutions culturelles. Il est regrettable que le seul véritable rôle qui leur soit reconnu se cantonne à la garde des « us et coutumes », les laissant en marge des grands enjeux de développement. Notre démarche, au-delà d'un bilan des processus de décentralisation mis en œuvre dans les États choisis notamment le Togo, le Cameroun et le Ghana se veut aussi prospective en offrant de véritables pistes de réflexion d'une mise à jour des institutions locales en Afrique. L'importation des principes de la décentralisation dans le droit des pays d'Afrique, d'une part, et la nécessité de leur adaptation face aux caractères traditionnels, d'autre part, se sont imposés rapidement comme les deux axes majeurs guidant nos analyses. Il s'avère ainsi que la chefferie traditionnelle est absente de l'ordonnancement juridique des collectivités territoriales dans les États d'Afrique francophone contrairement à ce que l'on a pu observer dans les ex-colonies britanniques. L'organisation des collectivités territoriales au Togo et au Cameroun est calquée, dans ses grandes orientations, sur le modèle français. Les principes de la décentralisation, élaborés en droit français, sont repris par les textes fondamentaux dans la plupart des États d'Afrique francophone in extenso, caractérisant par-là, la faiblesse de leur méthode législative. Il est loisible de souligner avec Djibril Abarchi[412] que dans le droit africain, les lois semblent naître, la plupart du temps, ex-nihilo contrairement au droit des pays démocratiquement avancés où la production législative résulte d'un processus plus ou moins long. En Afrique, bien souvent, la loi nouvelle fait suite à une présomption d'obsolescence des textes, une influence allogène ou encore l'attrait du mimétisme résultant d'une forme de séduction opérée par l'évolution de la législation dans les pays occidentaux. Ainsi, tout laisse à penser que les réformes sont faites pour ne pas être marginalisées face à l'évolution des États dit développés. De la sorte, l'adoption formelle des

[412] D. ABARCHI, « Problématique des réformes législatives en Afrique : le mimétisme juridique comme méthode de construction du droit », Penant, 2003, n° 842, p. 88.

textes de lois ne garantissant pas forcément l'existence d'un État de droit[413], l'écart entre la théorie et la réalité de la décentralisation en Afrique reste encore non négligeable.

Les politiques de décentralisation au Togo et au Cameroun sont ainsi régies, comme en France, par le principe de la libre administration et confortées par celui de l'autonomie financière reconnue aux collectivités locales. Néanmoins, la notion de collectivités territoriales reste vague et pour tout dire insaisissable dans les droits africains. Même si, assimilée à la collectivité locale, la collectivité territoriale est entendue comme « un groupement humain géographiquement localisé sur une portion de territoire national auquel l'État a conféré la personnalité juridique et le pouvoir de s'administrer par des autorités élues »[414], au Togo et au Cameroun, comme partout ailleurs en Afrique francophone, l'organisation décentralisée des collectivités ne semble pas prendre en compte toutes les institutions territoriales représentant la population. Ainsi, les chefferies traditionnelles, qui naguère exerçaient le pouvoir local dans ces territoires, semblent désormais dépourvues de toute autorité en tant que des collectivités territoriales[415] alors qu'elles auraient pu jouer un rôle important dans la mise en œuvre de la décentralisation, non seulement par le fait de participer à la gestion et à la prise de décisions administratives concernant leurs territoires respectifs, mais également par leur capacité de mobilisation des ressources à l'échelon local. L'organisation de la décentralisation au Ghana notamment offre un exemple intéressant permettant de mieux comprendre les limites des politiques de décentralisation dans les pays d'Afrique francophone.

En effet, le Ghana pays anglophone, ex-colonie britannique, semble avoir réussi l'intégration des chefferies dans l'agencement de ses collectivités décentralisées. Les chefferies au Ghana sont de véritables actrices de la décentralisation. Les chefs traditionnels, à tous les échelons

---

[413] D. BAISSET, « *Lexis* et la *praxis,* approche comparée du concept de transition démocratique à la lumière de l'histoire récente », *in La transition démocratique à la lumière des expériences comparées,* Actes du colloque des 6-7 mai 2011, éd. Association tunisienne d'études politiques, 2012, p. 25.

[414] M. NAHM-TCHOUGLI, « Pouvoir central, décentralisation et administration locale au Togo : le cas de Lomé », P. GERVAIS-LAMBONY, G. K. NYASSOGBO (dir), *Lomé : dynamique d'une ville africaine*, éd. KARTHALA, 2007, p. 21.

[415] A. F. IROKO, « Rois et chefs en République du Bénin », in C.-H. PERROT et F.-X. FAUVELLE-AYMAR, *Le retour des rois, Les autorités traditionnelles et l'Etat en Afrique contemporaine,* éd. Karthala, 2003, « Celles-ci, désorientées, n'ont pas été directement et intimement associées à la gestion des affaires du pays, ce qui leur a fait perdre en grande partie leur rayonnement et leur autorité antérieurs », p. 111

locaux, participent activement à la vie publique. Forts de leur reconnaissance par la constitution en tant qu'autorités décentralisées, ils n'hésitent pas à s'engager activement pour le développement de leur collectivité.

À bien y regarder, l'analyse de ces questions ne peut s'affranchir de l'histoire et de ses héritages. En effet, la colonisation semble avoir mis à la disposition des anciennes colonies un modèle de droit[416]. Ces dernières allaient « s'imprégner, sans grandes difficultés, des théories occidentales concernant le droit constitutionnel et les visions étatistes »[417]. La modernisation du droit dans les pays africains porte ainsi la marque de la pensée juridique du pays colonisateur.

Historiquement, l'administration mise en œuvre dans les colonies britanniques s'est différenciée de celle instituée par la France dans ses territoires notamment au regard de la place accordée aux autorités traditionnelles locales. Pendant que, dans les colonies britanniques, l'administration s'appuyait sur les chefferies traditionnelles dites « commandements indigènes »[418] pour déployer sa politique ; dans les colonies françaises au contraire, la tendance était plutôt à leur exclusion de la gestion de ces territoires par le biais de l'administration dite directe. Pour sa part, l'administration indirecte, *indirect rule*, a consisté à associer dès l'origine les organes locaux indigènes à la gestion des affaires publiques. Cette pratique a été conservée et par la suite améliorée par le Ghana lors de son accession à la souveraineté.

La même démarche, relative au maintien du système administratif colonial, a été également observée dans les colonies françaises d'Afrique, mais à la défaveur des chefferies traditionnelles. Celles-ci ont été totalement éloignées de la sphère étatique comme structures locales autonomes. Alors qu'au Cameroun, elles ont été progressivement considérées comme un maillon de l'administration centrale[419], au Togo

---

[416] J. (du Bois de) GAUDUSSON, « Le mimétisme postcolonial, et après ? », Pouvoirs, 2009/2 N°129, p. 47 : « Nombre de lois fondamentales adoptées au moment des indépendances apparaissent comme des textes miroirs de constitutions en vigueur au nord et plus spécialement dans les anciennes métropoles, reprenant, volontairement ou contraint et forcés tout un dispositif institutionnel, une série de dispositions juridiques ou encore, ceci n'excluant pas cela, des modèles types d'institutions. Cette situation illustre la permanence du facteur externe qui est l'un des traits de l'histoire africaine ».

[417] D. BAISSET, *op. cit.*, p.28.

[418] A. N. GOEH-AKUE, « Relations entre autorités traditionnelles et pouvoir public moderne au Togo : repères, atouts et limites au développement local », Sciences sociales et humaines, Cames-Série B, vol. 01, 1999, p. 45.

[419] Donc sous tutelle de celle-ci.

leur statut reste encore flou. Christian Trimua résume le malaise en ces termes : « (…) la chefferie traditionnelle a du mal à intégrer la typologie des collectivités relevant de l'administration territoriale de notre pays.

C'est donc avec un embarras certain, que les « législfacteurs » togolais, dans la suite du colon français, ont désigné comme « unité administrative », la chefferie traditionnelle. Il s'agit d'une véritable « camisole de force » dont s'accommode difficilement l'institution. Le malaise de cette classification forcée se perçoit aisément à travers les artifices et béquilles juridiques mis en place pour gérer cette structure juridique »[420]. Cantonnées par les textes dans un rôle de gardiens des coutumes, elles servent quelquefois d'intermédiaires entre le politique et la population locale. Par exemple au Togo, nous observons avec E. A. B. van Rouveroy que le régime du parti unique sous Eyadema[421] a démontré dans quelles mesures ces autorités traditionnelles locales peuvent servir d'arrière-garde à l'ancrage territorial du pouvoir de Lomé[422]. Cette politisation à outrance opérée par le pouvoir central sur les chefferies traditionnelles au Togo a également contribué à l'effritement de leur autorité à l'égard de leur population. Désormais, les seules véritables autorités locales sont celles instituées par la décentralisation à savoir : les élus locaux notamment les conseillers municipaux, préfectoraux ou départementaux et régionaux. Le constat reste donc amer.

Malgré l'existence de textes proclamant avec emphase la consécration de la décentralisation dans les territoires des États d'Afrique francophone, la réalité sur le terrain s'avère tout autre. Le citoyen, habitant les villages ou localités correspondant autrefois à la portion du territoire où s'exerce le pouvoir du chef, ne semble pas du tout intéressé par les politiques de développement local proposées dans le cadre de la décentralisation. La mise à l'écart des chefs traditionnels, symboles culturels dans ces sociétés du pouvoir autochtone, semble justifier cette méfiance des populations

---

[420] C. TRIMUA, « Le statut juridique de la chefferie traditionnelle au Togo : incertitudes et ambigüités », *Atelier de Sokodé sur La place du chef traditionnel dans le contexte de la décentralisation,* mars 2007, consulté le 28 novembre 2016, url http://base.afrique-gouvernance.net/fr/corpus_bipint/fiche-bipint-982.html

[421] Président du Togo de 1967 à 2005.

[422] E. A. B. ROUVEROY, *L'Etat en Afrique face à la chefferie : le cas du Togo*, KARTHALA, 2000, p.185 : « (…) Eyadema s'est créé, dès le début de son régime, et en particulier dans la contrée dont il est originaire, un réseau de chefs strictement loyaux à sa personne et consistant en fait, plus encore qu'aux temps de la domination française, en un cercle de « barons d'Eyadema ». Ce corps de chefs traditionnels lui rendra service plus tard dans les années 90. C'est alors qu'apparaît l'ampleur du soutient sur lequel il put compter dans ces régions à l'occasion des élections présidentielles ».

vis-à-vis des sujets modernes créés dans le cadre de l'organisation décentralisée du territoire. L'intégration des chefferies traditionnelles à l'administration moderne des collectivités locales au Togo et au Cameroun paraît dès lors nécessaire pour parfaire les objectifs attendus par le mode démocratique de gouvernance institué à travers les principes de la décentralisation. De ce point de vue, la réflexion sur la portée d'une reconnaissance de la libre administration aux chefferies traditionnelles, dans l'intérêt des collectivités territoriales africaines, nous a paru opportune.

Au nom du principe de la libre administration, l'État transfert des compétences aux collectivités territoriales créées. Ces compétences, aussi bien administratives que financières permettent à ces acteurs locaux de mieux administrer leurs collectivités. L'analyse de ce principe, transposé dans le droit des collectivités territoriales des pays d'Afrique noire, révèle quelques écueils notables qui contrecarrent l'efficience d'une décentralisation.

En premier lieu, l'organisation administrative des collectivités territoriales au Togo et au Cameroun, imprégnée du modèle français, n'intègre pas les chefferies traditionnelles qui semblent pourtant correspondre à une structure territoriale locale. Les seules structures territoriales jouissant de la libre administration dans ces États sont les communes, les départements ou préfectures et les régions.

Ces acteurs modernes de la décentralisation apparaissent quelque peu en déphasage avec l'organisation des sociétés territoriales africaines. Le Ghana a su concilier les réalités locales et les normes modernes de l'organisation administrative de son territoire. Ainsi, les chefferies traditionnelles représentées au niveau de chaque échelon territorial, administrent librement et influent sur la vie publique des dites collectivités même si la constitution leur a interdit formellement de faire de la politique.

Pour le reste, la mauvaise organisation des ressources économiques des collectivités constitue un autre frein à l'effectivité de la décentralisation dans les pays d'Afrique, tel est le cas notamment au Togo et au Cameroun. La décentralisation instituée dans ces pays proclame l'autonomie financière[423] des collectivités territoriales. En principe, tout transfert de compétences décidé par l'État doit également être accompagné d'un transfert de ressources au niveau local permettant

---

[423] Article 55 de la constitution du Cameroun, *op. cit.* ; Au Togo cette autonomie est précisée par la loi n° 2007- 011 … *op. cit.*, notamment en son article 308.

d'exécuter les projets[424]. Une décentralisation sans autonomie financière, comme le souligne Théodore Holo, « n'est que mirage »[425]. Si cette consécration du principe de la décentralisation notamment à travers l'autonomie financière est sans équivoque dans les textes camerounais et togolais, sa mise en application reste limitée en pratique d'une part en raison de la mauvaise organisation des ressources locales et, d'autre part, au regard d'un système de péréquation dont les effets sont encore attendus. Les ressources bien que diversifiées sont insuffisamment organisées. Cet échec au plan financier de la décentralisation s'explique par le manque de moyens et d'expertises techniques au service des collectivités territoriales africaines. Les mécanismes de péréquation, par exemple le FEICOM au Cameroun, se présentent au final comme des mécanismes en faveur de la dépendance vis-à-vis de l'État central.

En définitive, l'impuissance des collectivités territoriales à mobiliser des ressources, renforcée par l'exclusion d'une partie des institutions locales dans l'administration territoriale, conduit à penser que les politiques de décentralisation doivent impérativement être réadaptées. L'efficacité de la décentralisation dans les États africains, comme au Togo et au Cameroun, implique une symbiose entre les chefferies et les organes étatiques dits modernes. Une extension du principe de la libre administration aux chefferies traditionnelles peut être avantageuse non seulement au plan économique, mais également au niveau du renforcement de la culture démocratique. À vrai dire, la décentralisation territoriale ne poursuit pas qu'un but d'optimisation de l'action administrative ou économique, elle tend également vers des améliorations politiques[426] qui peuvent être mises à jour par la prise en compte des chefferies traditionnelles dans les projets de réformes

---

[424] F.-P. YATTA, La décentralisation fiscale en Afrique, enjeux et perspectives, Karthala, 2009, p. 314.

[425] T. HOLO, « La décentralisation au Bénin, mythe ou réalité », *Revue béninoise des sciences juridiques et administratives,* n° 7, décembre 1986, p. 1. ; Cité également par A. ESSONO OVONO, « L'autonomie financière des collectivités locales en Afrique noire francophone. Le cas du Cameroun, de la Côte-D'ivoire, du Gabon et du Sénégal », revue d'études et de recherche sur le droit et l'administration dans les pays d'Afrique, n°2, p. 2.

[426] F. BURDEAU, *Liberté, libertés locales chéries*, Paris, Cujas, 1983, pp 7-8 : « Restituer aux individus la liberté de leur vie en cantonnant l'Etat… Transférer, de la capitale qu'ils congestionnent (…) les moyens de s'épanouir (…), rendre aux organes qui représentent les citoyens du lieu le droit de se promouvoir sur leurs intérêts (…), de gérer leurs affaires… », Cité par C. NANAKO, *La libre administration des collectivités territoriales au Bénin et au Niger*, Thèse de Droit, Université d'Abomey-Calavi, 2016, p. 10.

territoriales en Afrique. L'exercice des libertés politiques, au niveau de toutes les communautés territoriales, ne ferait que promouvoir la démocratie. Une autonomisation des chefferies profiterait à la consolidation de la citoyenneté. Elle favoriserait la participation de toutes les couches sociales à la vie publique. Un tel objectif ne peut être atteint qu'à travers un renforcement des règles d'organisation et de désignation des chefs traditionnels. Un chef traditionnel qui serait élu par le jeu démocratique, aura plus de légitimité à côté des autres autorités territoriales et serait plus à même de sensibiliser les habitants de sa localité aux affaires publiques.

En outre, la décentralisation qui vise, entre autres, le développement local, met l'accent sur la mobilisation des ressources locales, aussi bien techniques, financières, qu'humaines. Dans cette optique, il peut paraître bénéfique de s'appuyer sur des structures locales, déjà organisées à l'instar des chefferies traditionnelles, lesquelles connaissent mieux les aspirations et les besoins des populations sur un territoire donné dans les domaines tant économique que social, culturel et partenarial.[427] Au risque de disparaître complètement du paysage territorial africain, les chefferies traditionnelles devront faire l'objet d'une transformation dans le cadre des réformes territoriales garantissant leur libre administration, et l'on ne peut ici que rejoindre les propos de J. P. Magnant qui estimait que ces institutions sociales, dans les sociétés de type traditionnel où l'écriture a longtemps été absente, ne sont pas fermées aux mutations et aux transformations du droit, étant, au contraire, plus sensibles et facilement adaptables à celui-ci.[428]

---

[427] P. LOUM, La politique de décentralisation et les nouvelles stratégies de développement : le cas du Sénégal, Thèse, 2013, Montpellier, p. 194.

[428] J. P. MAGNANT, *La chefferie ancienne. Etude historiques sur le pouvoir dans les sociétés précoloniales du Tchad, d'après les sources orales*, PUP, 1994, p. 120 : « (…) les sociétés sans écriture ont une histoire riche et mouvementée. Les institutions sociales, le droit, ne sont que l'une des expressions des développements de cette histoire sociale et ils sont d'autant plus sensibles aux développements de cette histoire sociale et ils sont d'autant plus sensibles aux développements de celle-ci qu'ils ne sont pas codifiés et s'adaptent à la conjoncture ».

REFERENCES BIBLIOGRAPHIQUES

Ouvrages et thèses

AUBER E., D. CERVELLE, *Les collectivités territoriales*, 3è éd., Armand Colin, 2015, 238 p.

AUBY J.- B., AUBY J.-F., NOGUELLOU R., *Droit des collectivités locales*, Thémis, 2015, 440 p.

BACOYANNIS C., *Le principe constitutionnel de libre administration des collectivités territoriales*, ECONOMICA, 1993, 319 p.

BALANDIER G., *Anthropologie politique*, Paris, PUF, 2013, 288 p.

BAUBY P., *L'Etat stratège : Le retour de l'État*, éd. Ouvrières, Paris, 1995, 235 p.

BAYARD J.-F., MBEMBE A., TOULABOR C., *La politique par le bas en Afrique noire*, Karthala, 2008, 228 p.

BAYIHA KEND L., *Un exemple de destruction culturelle : la décadence de la chefferie traditionnelle en Afrique noire*, Science de l'éducation, doctorat de 3e cycle, 1978, Paris 8.

BEAUCHAMP C. (dir.), *Démocratie, culture et développement en Afrique noire*, éd. L'Harmattan, 1997, 364 p.

BEKALE L. N., *Le principe de la libre administration à l'épreuve des collectivités territoriales d'Afrique francophone (Bénin, Burkina Faso, Gabon, Mali, Sénégal)*, Publibook, 2016, 242 p.

BERTHELEMY H., *Traité élémentaire du droit administratif*, 13e édition, Paris, Rousseau et Compagnie, 1993, 1187 p.

BIERSCHENK T., et SARDAN (de) J. P. O. (dir), *Les pouvoirs au village : le Bénin rural entre démocratisation et décentralisation*, KARTHALA, 2000, 296 p.

BIERSCHENK T., et SARDAN (de) J. P. O. (dir), *Les pouvoirs au village : le Bénin rural entre démocratisation et décentralisation*, KARTHALA, 2000, 296 p.

BŒUF J.-L., MAGNAN M., *Les collectivités territoriales et la décentralisation*, 6e éd., 166 p.

CALDEIRA E., *Essais sur la décentralisation dans les pays en développement, Economie et Finance*, Thèse Université d'Auvergne, 2011, 219 p.

CHAEAN V. N., An Anatomy of Ghanaian Politics: Managing Political Recession, 1962-1982, Boulder, Westview, 1993.

CHAPUS R., *Droit administratif général, Montchrestien*, Col. Domat, T. 1, 15e éd., 1427 p.
COMBEAU P., *Le contrôle de l'État sur les collectivités territoriales aujourd'hui*, L'harmattan, 2008, 328 p.
DANDA M., *Politique de décentralisation, développement régional et identité régional au Niger : le cas du Damagaram*, Thèse, Science Politique, Université Montesquieu-Bordeaux IV, 2004, 428 p.
DARBOUSSET C., *Recherches sur la notion de péréquation en droit public*, Thèse droit, 2011, La Rochelle, 421 p.
DOAT M., Recherche sur la notion de collectivité locale en droit administratif français, LGDJ Thèse, 2003, 336 p.
DUGUIT L., Études de droit public, T. 2 : l'État : les gouvernants et les agents, Paris, Fontemoing, 1903, 1397 p.
FAURE B., *Droit des collectivités territoriales*, Dalloz, 2011, p. 562.
FAVOREU L., *Décentralisation et Constitution*, R.D.P. 1982, p. 1283.
FHULBERT F., *Millefeuille territoriales et décentralisation. De la commune à la région, plaidoyer pour une réforme*, éd. L'Harmattan, 2014, 72 p.
FOSTING J-B., *Le pouvoir fiscal en Afrique, essai sur la légitimité fiscale dans les États d'Afrique noire francophone*, L.G.D.J, 1995, 327 p.
FOURNIE F., Recherche sur la décentralisation dans l'œuvre de Maurice Hauriou, LGDJ, 2005, 656 p.
GARANDEAU V., *La décentralisation au Gabon, une réforme inachevée*, L'Harmattan, 2010, 245 p.
GAUDEMET Y., *Traité de Droit Administratif*, Tome I, LGDJ, 16e édition, 918 p.
GERVAIS-LAMBONY P., NYASSOGBO G. K. (dir), *Lomé : dynamique d'une ville africaine*, éd. Karthala, 2007, 326 p
GOHIN O., SORBARA J.-G., *Institutions administratives*, LGDJ, 2016,
GONIDEC P.-F., Les systèmes politiques africains : les nouvelles démocraties, LGDJ, 1997, 242 p.
HAMANI G., La place du roi et de la noblesse en pays bamiléké, éd. L'Harmattan, 2014, 216 p.
IDELMAN E., *Le transfert des compétences en gestion des ressources naturelles aux communes rurales de la région de Kita (Mali). D'un encadrement étatique intégré à des logiques d'acteurs locaux*, Thèse de Doctorat en Géographie, Université de Paris X – Nanterre, décembre 2008, 726 p. URL : http://tel.archives-ouvertes.fr/tel-00353162/fr/
KAKAI S.-H.-F., *Le vote ethnique au bénin. Contribution à une étude sociopolitique de l'élection*, Thèse, Droit et Sciences politiques, Université d'Abomey-Calavi, 2011, 672 p.
KOUASSIGAN G.-A., L'homme et la terre. Droits fonciers coutumiers et droit de la propriété en Afrique occidentale, éd. ORSTOM 1966, 292 p.

KPWANG K. R. (dir), *La chefferie traditionnelle dans les sociétés de la grande zone forestière du sud Cameroun*, éd. Harmattan, 2011, 490 p.
LABIE F., *Finance locales*, Dalloz, 1995, 340 p.
LABOURET H., *Paysans d'Afrique occidentale*, Gallimard, 1941, 308 p.
LAROQUE P., MASPETIOL R., *La tutelle administrative, le contrôle des administrations départementales, coloniales et des établissements publics*, Paris, Sirey, 1930.
LE FUR L., *État fédéral et confédération d'États*, Thèse 1896, éditions Panthéon-Assas, 2000, 839 p.
LEMARIGNIER J.-F., *La France médiévale, Institution et Société*, Armand Colin, 2010, 426 p.
LOMBARD J., Autorités traditionnelles et pouvoirs européens en Afrique noire. Le déclin d'une aristocratie sous le régime colonial, Paris, Les presses de Sciences Po, 1967, 291 p.
LOUM P., *La politique de décentralisation et les nouvelles stratégies de développement : le cas du Sénégal*, Thèse, 2013, Montpellier, 378 p.
LUGARD L., *The dual mandate in british tropical Africa*, 1922, Cornell University Library, 676 p.
MAESTRI E. (dir), *La décentralisation : histoire, bilan, évolution.* Actes du colloque de Saint-Denis de la Réunion, 2-4 septembre 2003, L'Harmattan, 2004, 416 p.
MAGNANT J.-P., La chefferie ancienne. Etude historiques sur le pouvoir dans les sociétés précoloniales du Tchad, d'après les sources orales, PUP, 1994, 145 p.
MALENGREAU G., « Les droits fonciers coutumiers chez les indigènes du Congo belge. Essai d'interprétation juridique », Librairie Falk Fils, 1947, 271 p
MALO L., Autonomie locale et Union européenne, Bruylant, 2010, 720 p.
MBACK C. N. et BAEHREL C., (dir.), *État de la décentralisation en Afrique*, Karthala, 2009, 362 p.
NAY V. O., (dir.), *Lexique de science politique*, Paris, Dalloz, 2017.
NEMBOT M., Le Glas de la Fonction Publique dans les Etats d'Afrique Francophone. Essai sur la signification d'une institution en quête de légitimité, l'Harmattan, 2000, 428 p.
NGONO TSIMI L., *L'autonomie administrative et financière des collectivités décentralisée : l'exemple du Cameroun,* Thèse 2010, Université Paris-Est, 561 p.
NOUREAU A., *L'Union Européenne et les collectivités locales*, Thèse Droit, Université de la Rochelle, 2011, 742 p.
OBENGA T., *De l'État en Afrique précoloniale : Le cas du royaume de Kouch dans la Nubie ancienne*, Colloque sur la problématique de l'État en Afrique Noire, Dakar : 29 novembre - 3 décembre 1982, Présence Africaine, 1983/3 (N° 127-128), 416 p.

ONDOA M. (dir.), L'administration publique camerounaise à l'heure des réformes, L'Harmattan, 2010, 320 p.
PERROT C. et FAUVELLE A., Le retour des rois : Les autorités traditionnelles et l'État en Afrique contemporaine, Karthala, 2003, 568 p.
PETIT J., *Les collectivités locales : Mélanges en l'honneur de Jacques Moreau*, Economica, 2003, 491 p.
PICARD J.-F., *Finances locales*, LexisNexis, 2013, 500 p.
ROUAULT M.-C., *Droit administratif général*, 3e éd., 2015, p.
ROUVEROY (van) NIEUWAAL (van) E.A.B., *L'État en Afrique face à la chefferie : le cas du Togo*, KARTHALA, 2000, 332 p.
SACCO R., *Le droit africain*, Anthropologie et droit positif, Dalloz-Sirey, 2008, 566 p.
SARDAN (de) J.-P. O., *Les sociétés Songyah-Zarma*, Paris, Karthala, 2000, 299 p.
TAGLIN S. et ONBRESSON A. (dir.), Pouvoirs et Cités d'Afrique Noire, Décentralisation en questions, éd. Karthala, 1993, 305 p.
TIKPI A., *Analyse anthropologique du droit positif togolais à la lumière des réalités socioculturelles des téms du centre du Togo*, Mémoire maîtrise ès-lettre, Département d'Anthropologie et d'Etudes Africaines, Anthropologie juridique, Université de Lomé, 2006, 100 p.
TJOUEN A. D., Droits domaniaux et techniques foncières en droit camerounais : étude d'une réforme législative, Paris, Economica, 1982, 209 p.
VERMEESCH A., Essai sur les origines et la signification de la commune dans le nord de la France (XIe et XIIe siècle), 1966, Heule, 262 p.
VOLLENHOVEN (van) C., *Het adatrecht van Nederlandsch-indie*, Tome II, Leiden (Pays Bas), 1931, 400 p.

Articles

ABBA S., « La chefferie traditionnelle en question », *Politique Africaine*, n° 38, 1990, pp. 51-60.
AHONTO-NOUSSOUGLO M. A., « Problématique des comités villageois de développement (CVD) au Togo », *IRFODEL août 2012*. Article consulté sur www.ritimo.org
AMLALO M. S., « La décentralisation en marche au Togo », www.afrique-gouvernement.net , Novembre 2010,
AMLALO S. M., « Chefferies traditionnelles dans le processus de décentralisation », *Atelier sur la place des chefs traditionnels dans le contexte de la décentralisation au Togo*, 2-3 mars 2007, Rapport, pp. 50-59.

AUBY, J.-B., « La libre administration des collectivités locales : un principe à repenser ? », *Quel avenir pour l'autonomie des collectivités locales ?*, éditions de l'aube/SECPB, 1999, pp. 88-89.
AYEE J. R. A., « Decentralization and Good Governance in Ghana », *Unpublished paper*, May 2000, Accra (Canadian High Commission).
BAISSET D., « *Lexis* et la *praxis*, approche comparée du concept de transition démocratique à la lumière de l'histoire récente », *in La transition démocratique à la lumière des expériences comparées*, Actes du colloque des 6-7 mai 2011, éd. Association tunisienne d'études politiques, 2012.
BARON C., « Transfert du concept d'économie solidaire en Afrique francophone : paradoxe et atouts », Revue Tiers Monde, Edition Armand Colin, 2007/2 n° 190, pp. 325-342.
BAYARD J.-F., « Autochtonie, démocratie et citoyenneté en Afrique », *Critique internationale*, n° 10, janvier 2001, p. 53-70.
BODIN J., « Les six livres de la République », (1530-1596)
BOUVIER M., « Anthropologie et finances publiques : réflexions sur la notion de sacrifice fiscale », *R.F.F.P.*, n° 17, 1987, pp. 188-203.
BUSIA K. A., La position du chef dans le système politique moderne Ashanti, Londres, 1951 (Dissertation Oxford).
CABANIS A., « Le dialogue entre civilisation et culture : le nouveau cadre constitutionnel en Afrique francophone », article consulté sur le site http://www.cmiesi.ma
DELCAMP A., « Droit constitutionnel et droit administratif Principe de subsidiarité et décentralisation. », *Revue Française du Droit Constitutionnel*, n° 23, 1995, p. 609.
DJUITCHOKO C. S., « Aspects de l'évolution des coutumes ancestrales dans le Droit public des chefferies traditionnelles au Cameroun », *Revue générale de droit*, 322 (2002), pp. 359-381.
DURFOUR J., « Sur la fiscalité du développement », *Annales africaines*, 1959, pp. 109-127.
DUSSART V., « L'autonomie financière des pouvoirs publics constitutionnels », Paris, *Cnrs Editions*, 2000, pp. 12-13.
EBEL R.-D., « Le concept de décentralisation fiscale et survol mondial », *Symposium International, Commission sur le déséquilibre fiscal*, Québec, 14 et 15 septembre 2001.
ERDMUTE A., « Le pouvoir local face aux mutations au niveau de l'État (Le cas d'un village Bariba) », *Cahiers d'études africaines*, Vol. 37, n° 145, 1997, pp. 137-156.
FRESSOZ P.-F., « La fonction publique territoriale », *Annuaire des collectivités locales, t.* 25, 2005, *le financement des politiques locales*, pp. 441-464.
GAUDUSSON (du Bois de) J., « Le constitutionalisme en Afrique », *Les constitutions africaines publiées en langue française*, t. 1 et 2, *La documentation française*, 1998.

GAUDUSSON (du Bois de) J., « Le mimétisme postcolonial, et après ? », *Pouvoirs*, 2009/2 N° 129, pp. 45-55.

GAYIBOR N., « Les rapports entre les autorités politiques et les chefs traditionnels au Togo de 1960 à la fin du XXe siècle », *Le retour des rois : les autorités traditionnelles et l'État en Afrique contemporaine*, Karthala, 2003, pp. 97-109.

GOEH-AKUE N., « Relations entre autorités traditionnelles et pouvoir public moderne au Togo : repères, atouts et limites au développement local », *Sciences sociales et humaines*, Cames-Série B, vol. 01, 1999, pp. 45-51.

GYEKYE K., « *The unexamined life* : Philosophy and the african experience », *Ghana Universities Press*, 1988.

HAMANI D., « Des institutions précoloniales africaines à la chefferie traditionnelle », *Chefferie traditionnelle et État postcolonial en Afrique de l'Ouest*, 2002, *Actes du Colloque de Niamey*, pp. 10-19.

HARRIS D., "Central power and local reform: Ghana during the 1970s", *Local governement in the Thirld World, the experience of Tropical Africa*, éd. MAWHOOD, 1983, pp. 201-223.

HERTZOG R., « Réformes des collectivités territoriales : de pressantes causes économiques, d'incertains résultats financiers » *in* S. REGOURD, J. CARLES, D. GUIGNARD, (dir.), *Réformes et mutations des collectivités territoriales*, L'Harmattan, 2012, p. 60.

JACQUEMOT P., « Chefferies et décentralisation au Ghana », *Afrique contemporaine*, 2007/1, n° 221, p. 55-74.

Journal Forum de la semaine (Togo) du 17 décembre 1998, « Leurre : La réforme de la justice togolaise selon le système RPT ».

KHUDZE, A. K. P., "The changing role of chiefs in colonial and postcolonial Ghana", *Chefferie traditionnelle et État postcolonial en Afrique de l'Ouest*, 2002, Actes du Colloque de Niamey, pp. 25-42.

KOKOROKO D., « Le bulletin de santé du contrôle de la légalité des actes des collectivités territoriales au Togo », *Revue Togolais des Sciences Juridiques*, Juillet-Décembre 2011, n° 1, p. 73-75.

KOKOROKO D., « Les élections disputées : réussites et échecs », Pouvoirs, n° 129, 2009, pp. 115-125.

KOMLA O.-B., « Les conseils des notables au Togo. Du mandat à la tutelle (1922-1958) : tribune d'expression d'une future opposition », *Le contact colonial dans l'empire français : XXe-XXe siècle, Outre-mer*, tome 98, n° 370-371, 2011, p. 83-98.

LE BRIS E., GIANNITRAPANI H., "Participation in Ghana and Cote d'Ivoire" *Maitriser le développement urbain en Afrique subsaharienne*, Actes du colloque international de Ouagadougou, Paris, ORSTOM.

LHOMME J., « La notion de pouvoir social » in *Revue économique*, volume 10, n° 4, 1959, pp. 481-500.

MACE A., « Politique et démocratie au Togo », *Cahiers d'études africaines*, 176/2004, p. 841-885.

MARCOU G., « L'autonomie des collectivités locales en Europe : fondements, formes et limites », *Quel avenir pour l'autonomie des collectivités locales*, éditions de l'aube/SECPB, p. 31-86.

MARGUERAT Y., « L'État et l'organisation territoriale du Togo », *Afrique Contemporaine*, N° 145, 1/88, pp. 47-54.

MBONGO OTANGO OTANDO G.- C., « L'applicabilité du principe de subsidiarité en droit africain de la décentralisation (cas du Gabon, du Cameroun et du Burkina Faso) », *RTSJ.*, n°0000, Janvier/Juin 2011, p. 316

MESTRE, « La décentralisation contre le développement local ? », *Dits et écrits du symposium international sur la décentralisation-Antananarivo* Décembre 2011, Direction de la Recherche, de la Documentation et de la Communication de l'INDDL, pp. 86-90.

MINLA MFOU'OU J., « La décentralisation, une opportunité pour améliorer le développement et la gouvernance locale. Exemples de communes du Cameroun », *Traverses* N° 25, 2006, 25 p.

MONKAM N., et MOORE M., « Les avantages de l'impôt foncier pour l'Afrique », *African Researsh Institute*, Mai 2015.

MOUICHE I., « Chefferies traditionnelles, autochtonie et construction d'une sphère publique local au Cameroun », *African Studies Review*, vol. 54, n°. 3 (2011), p. 71-99.

NACH MBACK C., « La chefferie traditionnelle au Cameroun : Ambiguïtés juridiques et dérives politiques », *Africa Development*, Vol. XXV, n° 3 et 4, 2000.

NACH MBACK, « La Chefferie traditionnelle au Cameroun : ambiguïtés juridiques et dérives politiques », *Africa Development*, Vol XXV, N° 3& 4, 2000, pp. 77-118.

NAHM-TCHOUGLI M., « Pouvoir central, décentralisation et administration locale au Togo : le cas de Lomé », *in* P. GERVAIS-LAMBONY, G. K. NYASSOGBO (dir), *Lomé : dynamique d'une ville africaine*, éd. Karthala, 2007, pp. 19-43.

OVONO A. E., « L'autonomie financière des collectivités locales en Afrique noire francophone. Le cas du Cameroun, de la Côte-D'ivoire, du Gabon et du Sénégal », *Afrilex, Revue d'étude et de recherche sur le droit et l'administration dans les pays d'Afrique*, Université Montesquieu-Bordeaux IV, n° 2.

OWUSU-MENSAH I., « Politics, chieftaincy and customary law in Ghana », *Kas International Report*, 9/2013.

PAGNOU S., « La place du contrôle de légalité dans les processus de bonne gouvernance liés à décentralisation. Le cas du Togo », *Revue Internationale des Sciences Administratives*, 2013, pp. 605-621.

PEKASSA NDAM G., « La classification des communes au Cameroun », RASJ, Vol. 6, n° 1, 2002, pp. 239-266.

PERROT C.-H., « Les autorités traditionnelles et l'État moderne en Afrique Subsaharienne au début du XXI ème Siècle », *Cadernos de Estudos Africanos*, 16/17 | 2009, consulté le 18 décembre 2014 sur http://www.cea.revues.org/179

RODOLPHE V. A., « La fonction consultative du Conseil constitutionnel », *Revue française de droit constitutionnel*, vol. 68, n° 4, 2006, pp. 781-820.

ROUVEROY (van) NIEUWAAL (van) E.A.B, « La chefferie du Nord-Togo. La position ambigüe d'un chef supérieur des Anufom à Nzara (Sansanné-Mango) », *États et Sociétés en Afrique Noire*, Revue française d'outre-mer, tome 68, n° 250-253, 1981, p. 204-212.

ROUVEROY (van) NIEUWAAL (van) E.A.B., « Le droit coutumier à l'époque des Allemands au Togo », in *Verfassring lind Recht in Ubsrsee*, 2, Quartal, 1979, pp. 143-158.

SARDAN (de) J-P. O., « Les huit modes de gouvernance locale en Afrique de l'Ouest », *Afrique : pouvoir et politique*, Working Paper, n° 4, Nov.9 2009, 59 p.

SCHENDEL V., « Une nécessaire articulation entre l'économie sociale et le développement local : le défi du développement solidaire », *Economie sociale et développement local, colloque franco-québécois*, 9, 10, 11 mai 2002, Les cahiers de l'économie sociale, 2004, n° 3.

TIDJANI ALOU M., « La chefferie et ses transformations au Niger. De la chefferie coloniale à la chefferie postcoloniale », *LASDEL*, Études et Travaux n° 76, 2009.

VERLET M., « Du local au mondial : lieux et parcours du politique. Le paradigme ghanéen. De la modernisation à la démocratisation ? », Paris, Publication de la Sorbonne, 1992, pp. 345-357.

WANYOU M., « La chefferie traditionnelle en Côte d'Ivoire », *Penant : revue de droit des pays d'Afrique*, 2006, n° 854, pp. 43-58.

ZAMBO E. M., « La décentralisation dans le paysage administratif au Cameroun », *L'administration publique camerounaise à l'heure des réformes*, L'Harmattan, 2010, pp. 115-144.

ZUCARELLI F., « De la chefferie traditionnelle au canton : évolution du canton colonial au Sénégal, 1855-1960 », *Cahiers d'études africaines*, 1973, Vol. 13, n° 50, pp. 213-238.

ANNEXE I

N° 8577

ASSEMBLÉE NATIONALE

DEUXIÈME LÉGISLATURE

SESSION DE 1954

Annexe au procès-verbal de la séance du 2 juin 1954.

RAPPORT

FAIT

AU NOM DE LA COMMISSION DES TERRITOIRES D'OUTRE-MER (1) SUR : I. LE PROJET DE LOI (n° 1345) *relatif au* **statut des chefs coutumiers** *en* **Afrique occidentale française,** *en* **Afrique équatoriale française,** *au* **Cameroun** *et au* **Togo** ; II. LES PROPOSITIONS DE LOI : 1° DE M. CONOMBO ET PLUSIEURS DE SES COLLÈGUES (n° 481) *relative au* **statut des chefs coutumiers en Afrique occidentale française,** *au* **Togo,** *au* **Cameroun** *et en* **Afrique équatoriale française** ; 2° DE M. SALLER, sénateur, ET PLUSIEURS DE SES COLLÈGUES (n° 89) *relative au* **statut des chefs autochtones** *en Afrique occidentale française, au Togo, au Cameroun et en Afrique équatoriale française* ; 3° DE M. RAZAC, sénateur, ET PLUSIEURS DE SES COLLÈGUES (n° 891) *relative au* **statut des chefs coutumiers** *en* **Afrique occidentale française,** *en Afrique équatoriale française, au Cameroun et au Togo,*

PAR M. SENGHOR,

Député,

(1) Cette Commission est composée de MM. Juglas, *président* ; Ninine, Aubame, Malbrant, *vice-présidents* ; Saïd Mohamed Cheikh, Baingeard, Robert Manceau, *secrétaires* ; Apithy, Bayrou, Charles Benoist, Bettencourt, Caillavet, Cermolacce, Césaire, Coffin, Defferre, Hamadoun Dicko, Dronne, Joseph Dumas, Estèbe, Fabre, Forcinal, Henri Guissou, Halleguen, Hénault, Hettier de Boislambert, Michel Jacquet, Kriegel-Valrimont, Labrousse, Laforest, Magendie, Mamadou Konaté, Molinatti, Gabriel Paul, Ranaivo, Tony Révillon, Sanogo Sekou, Savary, Senghor, Silvandre, Solinhac, Temple, Védrines, N.

Voir également le n° 5541

Mesdames, Messieurs,

C'est un paradoxe, au premier abord, que de légiférer sur le « statut des chefs coutumiers », car c'est fixer, par l'écrit, ce qui est, par nature, oral et vivant sinon mouvant. L'expression même de « statut des chefs *coutumiers* » renferme, diront d'aucuns, une contradiction interne.

A la réflexion, ce n'est là qu'une apparence. La coutume dont il s'agit n'est pas la coutume *civile*, mais la coutume *politique* et *administrative*. En effet, aux termes de l'article 72 de la Constitution du 27 octobre 1946, « dans les territoires d'outre-mer, le pouvoir législatif appartient au Parlement en ce qui concerne la législation criminelle, le régime des libertés publiques et *l'organisation politique et administrative* ». Voilà qui est sans équivoque. Au demeurant, la coutume politique et administrative est diverse jusque dans l'intérieur d'un même territoire. Plus grave, elle a été partout fortement altérée par l'Administration française elle-même. Un bref historique du problème le montrera.

La Cité négro-africaine.

La société politique négro-africaine, la *Cité*, est formée de cercles concentriques de plus en plus larges, qui s'étagent les uns sur les autres, imbriqués les uns dans les autres et formés sur le type de la famille En général, plusieurs familles, qui parlent le même dialecte et qui se sentent une origine commune, forment une tribu. Plusieurs tribus, qui parlent la même langue et habitent le même pays, constituent un royaume ; enfin plusieurs royaumes peuvent entrer dans une confédération ou un empire.

Mais qu'est-ce que la famille négro-africaine ? Ce n'est pas le ménage de type européen, composé seulement des parents et des enfants. C'est l'ensemble de toutes les personnes vivantes ou défuntes, qui se sentent un *ancêtre commun*. Celui-ci est le chaînon qui unit le côté de Dieu à celui des hommes : un « semblable-à-Dieu ». Il a reçu, de Dieu, une étincelle de force vitale et sa vocation est de l'accroître en flamme. C'est lui qui a obtenu, dans un pacte conclu avec le génie de la terre - le ciel et la terre sont, presque partout, les aînés de Dieu - une partie du sol pour ses descendants comme un bien commun inaliénable. Le chef de famille, le premier né des vivants, des *existants*, est, à son tour, le lien entre les morts et les vivants.

Ainsi conçue, la famille est naturellement organisée en *communauté*, avec une division du travail et une hiérarchie fondée sur l'ordre de *primogéniture*. Mais le chef de famille, qui cumule, dans sa personne, l'autorité civile et religieuse, a plus d'autorité que de pouvoir. En réalité, la famille est dirigée par un conseil des anciens dont les décisions, fondées sur l'expérience, la tradition et les avis des morts, sont exécutées par le chef de famille.

Le *village* - plus souvent, le hameau - et la *tribu* ou le clan ne sont que des familles élargies.

L'Etat sous sa forme typiquement négro-africaine, le petit royaume, n'est qu'une famille encore plus étendue ; c'est une *cité*. Le roi est le descendant de conducteur-des-tribus. Même quand c'est un conquérant d'origine étrangère, comme chez les *Sérères* du Sénégal, bien vite il s'assimile et prend le rôle de médiateur entre Dieu et son peuple. Dans ce dernier cas, il abandonne souvent ses fonctions religieuses à la dynastie détrônée.

Mais le pouvoir du roi en Afrique noire est plus apparent que réel, on ne le soulignera jamais assez. Celui-ci n'est que la personnification de son peuple, le symbole de la cité. Roi-lion ouRoi-taureau Roi-soleil comme le Mogho-Naba ou Roi-lune comme souvent chez les peuples de la forêt, il représente le ciel ou la terre - parfois les deux - il traduit, par delà la Cité, l'ordre de l'univers. « Qu'il s'agisse du souverain mossi », nous dit le professeur Griaule, « du chef de village mandingue ou de cette sorte de chef-prêtre suprême des Dogons, ignoré aujourd'hui, mais qui existe toujours, qu'il s'agisse des sultans du Cameroun septentrional, des petits souverains du Dahomey, tous, à quelque degré, incarnent non seulement une Société, large ou restreinte, mais encore l'ordre du monde entier. Visiblement ou secrètement, par des *regalia* exhibés en public - comme on le constate en Côte d'Ivoire - ou par des objets cachés dans l'ombre des demeures d'humbles chefs soudanais, par des prérogatives infimes et inaperçues, les chefferies de ces pays se prévalent toutes de ce principe que le pouvoir, quel qu'il soit, ne doit être qu'un moyen de parvenir à l'ordre intérieur, lequel contribue à l'ordre universel ». Mais ce pouvoir - c'est l'objet de mon propos - est *collégial* dans la mesure où il n'est pas simple autorité. Le roi ne peut rien décider sans l'avis conforme du conseil du trône, qui reproduit le conseil de famille et qui est un véritable Sénat. Ce Sénat est, en général, composé de hauts dignitaires qui représentent, chacun, soit une tribu, soit une caste ; et celle des captifs n'était pas toujours écartée par la coutume.

Il y a loin, n'est-ce pas, de ce « roi constitutionnel » au tyran nègre des images d'Epinal. Et ceux qui, aujourd'hui, réclament, au nom de la tradition, des pouvoirs exorbitants pour les « chefs coutumiers » prouvent simplement, pour ne pas dire plus, qu'ils ignorent cette tradition. La coutume, en tout cas, était infiniment plus complexe qu'ils ne le disent.

La présence française et révolution de la coutume.

Si l'ignorance de la coutume politique, c'est-à-dire des institutions traditionnelles des pays ultramarins, est excusable, même chez les élus autochtones, on ne saurait en dire autant de l'ignorance du droit, sinon de « l'histoire coloniale » qu'ont révélée les débats de l'Assemblée de l'Union française.

Plusieurs orateurs de Versailles se sont complus à citer tel traité de protectorat passé entre la France et un chef africain. Ils ont oublié seulement un détail, qui est l'essentiel, à savoir que le traité en question établissait un protectorat non pas de droit international, comme en Tunisie et au Maroc, mais de *droit interne ;* qu'en conséquence, le Gouvernement français pouvait légalement, ce qu'il n'a pas manqué de faire, intégrer le protectorat dans une « colonie ». Ce fait ne fut pas le seul résultat de la conquête ; il entrait dans un ensemble de modifications qui avaient pour objet d'organiser le *gouvernement direct* de la colonie, par des fonctionnaires français, au nom de la République. Ici, les empires et royaumes furent découpés en cantons, le roi, empereur ou sultan étant ravalé au rang de simple chef de province ou de chef supérieur quand ce n'était pas pis ; là, chez les peuples anarchiques où l'organisation ne dépassait pas le cadre des villages, ceux-ci furent groupés en cantons. Il y a, aujourd'hui, 3.930 cantons en Afrique noire française. *C'est peu de dire que le canton est une création de l'Administration française.* Plus important, dans de très nombreux cas, l'Administration transforma, parfois abolit la coutume qui présidait à la désignation des chefs autochtones. Celle-ci se faisait généralement, au sein de la famille régnante, par un collège de grands électeurs. On lui substitua la désignation directe par arrêté du Gouverneur. Dans les meilleurs cas, on procéda d'abord à une consultation, on élargit le collège en acceptant des candidats dont les seuls mérites étaient d'avoir été anciens combattants ou favoris du Gouverneur. C'est ainsi qu'on voit, aujourd'hui, d'anciens boys promus au rang de chefs de canton. Les exemples les plus typiques nous sont fournis par le Sénégal. Le collège électoral y comprend, sans doute, des chefs de village, mais une bonne partie des électeurs y est composée d'anciens combattants, voire de notables, dont des commerçants, qui souvent ne sont même pas de la même ethnie que la population. Et il n'est pas rare d'y trouver un chef de canton qui ne comprend pas la langue de ses administrés. Quant aux chefs de village, leur désignation est encore plus fantaisiste.

Mais il y a un aspect du problème que l'Assemblée de l'Union française a passé également sous silence et qu'il ne nous est pas permis de négliger. Elle n'a regardé que du côté des chefs, oubliant qu'il n'y a pas de chefs sans sujets, plus exactement sans administrés. Car les anciens sujets sont devenus des *citoyens français :* beaucoup d'entre eux sont régis par le statut de droit civil français ou le seront demain. J'irai plus loin : s'agissant de ceux qui ont conservé leur statut personnel, le second alinéa de l'article 82 de la Constitution dispose que : « ce statut ne peut en aucun cas constituer un motif pour refuser ou limiter les droits et libertés attachés à la qualité de citoyen français ». La question se pose donc de savoir dans quelle mesure on peut imposer à des citoyens français un chef qu'ils n'auront pas librement choisi, si, du moins, ce chef n'est pas fonctionnaire.

Telle est la situation actuelle. Nous la résumerons ainsi. Dans la mesure où elle existe encore, la coutume politique a profondément et naturellement évolué. Par le fait de la conquête, qui a substitué au protectorat de droit interne des débuts, le gouvernement direct légalisé par la Constitution. Par la pratique administrative qui l'a dégradée, en ravalant le chef au rang de fonctionnaire d'exécution. Il n'y a plus de chefs coutumiers à proprement parler, mais des chefs autochtones, à moitié fonctionnarisés. Telle est la réalité dont il nous faut partir si nous voulons réorganiser les chefferies sur des bases saines, c'est-à-dire légales et efficaces en même temps. C'est dans cet esprit que nous allons commenter les principaux articles du texte de la proposition de loi.

EXAMEN DES ARTICLES

L'article premier délimite le champ d'application de la loi, qui est l'Afrique noire française - la Côte française des Somalis et les Comores exceptées. Il définit, en même temps, son objet. Pour les raisons exposées ci-dessus, votre Commission ne s'y réfère pas à la coutume, mais positivement aux collectivités autochtones et aux *seules fonctions administratives* des chefs placés à leur tête. Ces chefs vont du chef de village et du chef de quartier urbain au chef supérieur.

L'article 2 précise le double caractère du chef autochtone, qui tient à la fois de la coutume locale et de la loi française. Car, en définitive, le chef autochtone, qui est traditionnellement *le plus ancien*, peut être comparé au *maire*. Il est, *exceptis excipiendis*, le maire du village, du canton ou de la province. Le troisième alinéa de cet article contient une disposition essentielle, qui est la limitation que la présence française et la loi constitutionnelle imposent à la coutume tant civile que politique.

L'*article 4* énumère les attributions du chef autochtone. Parmi celles-ci, les unes, c'est-à-dire les deux premières, sont de droit; les autres facultatives. Il convient, en effet, de faire preuve de réalisme en la matière. Seuls le chef du territoire et l'Assemblée territoriale, mieux informés des réalités locales, sauront déterminer exactement, suivant le degré d'évolution des populations et des chefs, quelles attributions doivent être conférées à ces derniers. Pour prendre un exemple concret, dans tel territoire où les mœurs sont restées patriarcales, le chef pourra présider le tribunal coutumier, tandis qu'ailleurs, où le chef est devenu le militant d'un parti politique, la séparation des pouvoirs s'imposera.

L'article 6 est l'un des plus importants du texte. Il règle la désignation et la nomination du chef : désignation par la coutume, nomination par le chef du territoire.

Cet article est l'un de ceux qui ont soulevé les discussions les plus passionnées. C'est, qu'une fois de plus, chacun n'a voulu voir la question que sous l'optique particulière de sa région ou de son territoire ; or, nous l'avons déjà constaté, la coutume est diverse, même là où elle n'a pas évolué. Il conviendra, ici encore, de laisser une grande latitude d'appréciation à l'Assemblée et au chef du territoire. A une double condition : que, d'une part, les candidats à la chefferie soient de la même langue, sinon de la même ethnie, que la majorité de la population intéressée et qu'ils appartiennent à une famille « ayant régné », comme on dit ; d'autre part, que l'administration, par une quelconque pression, ne fausse pas la désignation. Le rôle de l'administration doit se borner à contrôler la légitimité des candidatures. Celles-ci acceptées, le chef du territoire ne pourra refuser de ratifier la désignation qui a été faite régulièrement et sans fraudes.

Là où l'organisation ne dépassait pas le cadre des villages comme là où l'évolution des populations le permet, la désignation pourra donc se faire par élection parmi les candidats qui réunissent les conditions requises. Votre Commission a estimé que, dans ce cas, l'élection devait être sincère et exprimer, en même temps, la volonté de la population. Pour qu'il en soit ainsi, l'élection se fera dans les mêmes conditions que pour la désignation des députés, des conseillers territoriaux ou des conseillers municipaux, c'est-à-dire au scrutin secret et par tous les citoyens des deux sexes, âgés de 21 ans, inscrits sur la liste électorale et remplissant les conditions définies par l'article 4 de la loi n° 52-130 du 6 février 1952.

Les *articles 7 et 8* règlent les questions de la démission et de la retraite des chefs autochtones. Mais le mot de retraite ne peut être employé, s'agissant de non-fonctionnaires. La difficulté est de concilier le caractère sacré de la personne du chef qui, là où il subsiste, interdit démission ou retraite, et l'efficacité de l'administration indigène.

Cette difficulté n'avait pas, comme on le croit parfois, échappé à la société négro-africaine qui, avant la présence française, avait recours, ça et là, soit au meurtre rituel du roi devenu impotent, soit à une élimination plus subtile, soit, d'une façon plus humaine, à la désignation d'un adjoint. C'est cette dernière solution, naturellement, que votre Commission a choisie.

Les *articles 9 à 11*, qui forment le titre III, énumèrent les sanctions applicables aux chefs et en règlent les procédures d'application.

Tout comme aux articles 7 et 8, votre Commission n'a pu se contenter de suivre tout simplement la coutume. Car, traditionnellement, il n'existait pas de sanctions contre les chefs en dehors de solutions, qui rituelles ou non, étaient toutes radicales.

Les sanctions que vous propose la Commission sont donc inspirées du droit français. Cependant, elle n'a pas voulu, sur ce point, adopter toutes les propositions du Gouvernement qui lui ont paru, souvent, d'une sévérité excessive. Elle a entendu limiter, dans la mesure du possible, les abus de pouvoir que l'on constate encore dans certains territoires et qui sont inspirés par des raisons de politique et non d'administration. C'est pour cela qu'elle a refusé également de faire siens les amendements qui tendaient à la suppression du titre III, car cette suppression aurait permis a l'Administration, par simple arrêté, ou d'édicter les mêmes mesures ou pis, de soumettre les chefs à la discipline des fonctionnaires.

Dans cet esprit votre Commission vous propose :

1° A l'article 9, de supprimer la suspension totale ou partielle de l'indemnité annuelle prévue à l'article 12 ;

2° A l'article 10, de fixer obligatoirement la composition du conseil de discipline et le nombre de ses membres ;

3° Toujours à l'article 10, d'exclure, du conseil de discipline, l'inspecteur des affaires administratives ; pour cette raison qu'il n'est pas bon que la même autorité instruise et juge la même affaire ;

4° A l'article 11, de ne pas donner au chef de circonscription administrative un pouvoir de suspension, le service des télécommunications lui permettant d'aviser immédiatement le chef du territoire.

Les *articles 12 à 14* forment le titre IV. Ils établissent la liste des rémunérations qui seront accordées aux chefs et les conditions dans lesquelles les taux en seront fixés. Ces rémunérations seront, les unes obligatoires, les autres facultatives et proportionnelles aux services effectivement rendus.

La plus importante est, sans contredit, la première, l'indemnité annuelle. Que votre Commission l'ait dénommée « indemnité » et non « traitement » signifie qu'elle ne considère les chefs ni comme des fonctionnaires ni comme des salariés. Mais elle entend, comme dans le cas de certains élus, assimiler les chefs de canton, les chefs supérieurs ou leurs homologues à une certaine catégorie de fonctionnaires qui, dans son esprit, ne saurait être que le *cadre supérieur*. S'il est essentiel de ne pas faire, des chefs coutumiers des féodaux à qui tout serait permis - et la Constitution, comme la coutume s'y opposent, nous l'avons vu - il est non moins essentiel de leur donner la possibilité de vivre avec décence. C'est encore le meilleur moyen de les garder de la concussion, qui est leur grande tentation. Au demeurant, c'est la revendication essentielle des chefs coutumiers qui, dans leur majorité, ne s'opposent pas à la démocratisation de leurs fonctions.

Cependant, au cours de l'examen de l'article 12, deux questions ont retenu plus particulièrement l'attention des commissaires et provoqué d'assez vives discussions.

La première est celle de savoir quels chefs seront rémunérés ou plus exactement quels chefs ne le seront pas. L'avis de la Commission est que tous ceux à qui s'applique la loi - et seulement ceux-là - le soient. En conséquence, les chefs de quartier, seraient rémunérés dans les villes, mais non dans les villages. Il appartiendrait au chef du territoire et à l'Assemblée territoriale de ranger les localités du territoire dans l'une ou l'autre catégorie.

La seconde question a été soulevée par une minorité assez importante de la Commission, qui s'est alarmée des répercussions éventuelles des dispositions du titre IV sur les budgets des territoires, singulièrement des allocations familiales. Les chefs coutumiers, soulignent-ils, sont dotés, en général, d'une nombreuse progéniture ; les allocations familiales jointes à leur indemnité annuelle, qui sera pratiquement doublée, risquent de provoquer un déficit non négligeable des budgets territoriaux.

Il faut reconnaître qu'il y a là un problème, important. Il ne nous paraît pas insoluble dans l'état présent du texte législatif. Que l'on veuille seulement examiner celui-ci de plus près. Tout d'abord, la fixation des taux des diverses rémunérations est laissée à l'appréciation du chef de territoire et de l'assemblée territoriale. Si une exception est faite pour l'indemnité annuelle qui, dans le cas des chefs de canton, des chefs supérieurs ou de leurs homologues, est fixée par référence à une certaine catégorie de fonctionnaires, il n'en est pas de même des chefs de village et assimilés. S'agissant des allocations familiales, je ferai remarquer que l'assimilation n'est pas obligatoire si elle n'est pas interdite. La solution dépendra d'un examen objectif et complet des faits. Car il n'est pas sûr, à priori, que les chefs coutumiers soient dotés d'une nombreuse progéniture. Répondant à une question écrite de notre collègue M. Aujoulat, le Ministre de la France d'outre-mer établissait ainsi « le nombre moyen d'enfants des fonctionnaires autochtones qui ont perçu des prestations familiales pendant l'année 1952 » :

A.O.F. : 3,2 ; A.E.F. : 2,5 ; Cameroun : 2,2 ; Togo: 3,4.

Les *articles 15 à 18* concernent diverses dispositions dont les plus importantes se trouvent à l'article 17.

Celui-ci prévoit que les arrêtés d'application de la présente loi seront pris par le Chef du territoire sur avis de l'Assemblée territoriale et que ces arrêtés pourront varier suivant la coutume de la région intéressée. C'est le bon sens même. Encore une fois, dans une matière aussi délicate et diverse, nul n'est plus qualifié que l'Administration et l'Assemblée territoriale pour adapter la loi aux réalités locales.

Cela n'empêchera pas le Ministre de la France d'outre-mer et les hauts-commissaires de la République d'adresser, aux autorités locales, des circulaires qui permettront, aux différents arrêtés d'application, de présenter un minimum d'harmonie.

Conclusion.

Tel quel, le texte que nous vous soumettons, nous en avons conscience, n'est pas parfait. Mais comment le serait-il quand il s'agit d'établir un équilibre, instable par définition, entre la Constitution et la coutume. Au surplus, la coutume dont il est question est une coutume en pleine évolution et qui doit évoluer. Il n'est pas difficile de prévoir le moment où les chefs autochtones ayant perdu tout caractère sacré, ne seront plus que des maires, comme ceux de France. Cette *désacralisation* a commencé de se produire dès avant la présence française. Il est de bonne politique de la constater, de la consacrer par des textes de lois et d'arrêtés. Je ne crois pas qu'il faille la hâter.

C'est pour toutes ces raisons, Mesdames, Messieurs, que nous vous demandons de voter la proposition de loi que voici :

.../

ANNEXE II
LOI TOGOLAISE N° 81-8 DU 21 JUIN 1981 PORTANT ORGANISATION TERRITORIALE

Art. 2 — La présente loi sera publiée au **Journal officiel** de la République togolaise et exécutée comme loi de l'Etat.

Fait à Lomé, le 23 juin 1981

Général d'Armée Gnassingbé Eyadéma

LOI N° 81-7 du 23 juin 1981 autorisant la ratification de l'accord relatif aux transports aériens de voisinage entre la République togolaise et la République du Niger, signé à Niamey le 28 février 1980.

L'Assemblée Nationale a délibéré et adopté ;

Le Président de la République promulgue la loi dont la teneur suit :

Article premier — Est autorisée la ratification de l'accord relatif aux transports aériens de voisinage entre la République togolaise et la République du Niger, signé à Niamey le 28 février 1980.

Art. 2 — La présente loi sera publiée au **Journal officiel** de la République togolaise et exécutée comme loi de l'Etat.

Fait à Lomé, le 23 juin 1981

Général d'Armée Gnassingbé Eyadéma

LOI N° 81-8 du 23 juin 1981 portant organisation territoriale.

L'Assemblée Nationale a délibéré et adopté ;

Le Président de la République promulgue la loi dont la teneur suit :

CHAPITRE I

Des divisions administratives

Article premier — Le territoire national est divisé en régions placées chacune sous l'autorité d'un chef de région.

Art. 2 — Chaque région comprend plusieurs préfectures placées chacune sous l'autorité d'un préfet et peut comprendre des sous-préfectures placées chacune sous l'autorité d'un sous-préfet.

Art. 3 — Chaque préfecture ou sous-préfecture peut comprendre soit des communes, soit des villages dont le groupement forme un canton.

Art. 4 — Les cantons et les villages sont placés sous l'autorité respectivement d'un chef de canton et d'un chef de village.

Art. 5 — La commune est placée sous l'autorité d'un maire élu par un conseil municipal.

Art. 6 — Le chef de région, le préfet, le sous-préfet représentent l'Etat dans leurs circonscriptions. Ils y sont responsables de l'exécution des lois et règlements et de la mise en œuvre de la politique définie par le gouvernement dans tous les domaines.

Les directives du pouvoir central sont transmises par la voie hiérarchique à la région, puis à la préfecture et la sous-préfecture.

Art. 7 — Par délégation des préfets et sous-préfets, les maires, chefs de canton et chefs de village représentent l'Etat dans leurs circonscriptions.

Art. 8 — Le statut des chefs de région, des préfets et sous-préfets, en ce qu'il déroge au statut de la fonction publique est fixé par décret pris en conseil des ministres.

Art. 9 — Les chefs de village et les chefs de canton bénéficient d'un statut particulier fixé par décret.

CHAPITRE II

Des collectivités territoriales

Section 1 — La préfecture

Art. 10 — La préfecture est une collectivité territoriale dotée de la personnalité morale et de l'autonomie financière.

Art. 11 — La préfecture est administrée par un conseil dont la composition, le mode de désignation et les modalités de délibération sont fixés par décret.

Art. 12 — Le conseil de préfecture élit son président et son comité permanent qui le représente pendant les intersessions.

Art. 13 — Le conseil de préfecture vote le budget préfectoral sur proposition du préfet.

Il décide des taxes à établir pour assurer les ressources de la préfecture.

Art. 14 — Le préfet exerce dans sa préfecture les pouvoirs de police administrative.

Il peut prendre toute décision pour assurer l'ordre et la tranquillité publique.

Il représente la population et fait connaître ses besoins et aspirations à l'autorité hiérarchique.

Art. 15 — Le préfet a la qualité d'officier de police judiciaire pour constater les crimes et délits contre la sûreté intérieure ou extérieure de l'Etat, les forfaitures et les infractions commises par les fonctionnaires publics dans l'exercice de leurs fonctions ou à l'occasion de cet exercice.

Section 2 — La sous-préfecture

Art. 16 — La sous-préfecture est une unité administrative regroupant plusieurs cantons et villages. Elle peut comprendre des communes. Elle est placée sous l'autorité d'un sous-préfet.

Art. 17 — Le sous-préfet, dans les limites de la sous-préfecture, exerce par délégation, les attributions du préfet telles qu'elles sont définies par voie réglementaire ou par délégation expresse du préfet. Il rend compte au préfet de ses activités et exécute ses instructions.

SECTION 3

La commune

Art. 18 — La commune est une collectivité locale à population principalement urbanisée qui est dotée de la personnalité morale et de l'autonomie financière.

Art. 19 — La commune est administrée par un conseil municipal dont la composition, le mode de désignation et les modalités de délibération sont fixés par décret.

Art. 20 — Le conseil municipal vote les taxes nécessaires pour assurer les ressources de la commune.

Ces taxes ne peuvent porter sur la même assiette d'un impôt national qu'avec l'accord du ministre des finances.

Art. 21 — La commune fixe les taxes rémunératoires des services particuliers rendus à ses administrés en tenant compte du coût réel du service rendu.

Art. 22 — Le maire exerce le pouvoir de police administrative dans sa commune et peut notamment arrêter des modalités particulières d'application locale de la réglementation générale.

Art. 23 — Le maire a les attributions d'officier de police judiciaire pour constater toute infraction. Il peut commettre des agents communaux pour constater les contraventions aux arrêtés municipaux.

SECTION 4

Le canton

Art. 24 — Le canton est une unité administrative regroupant plusieurs villages sous l'autorité d'un chef de canton, assisté de l'assemblée des chefs de village ou assemblée cantonale.

Art. 25 — Le chef de canton représente la population auprès de la préfecture. Il transmet les directives reçues par voie hiérarchique pour la mise en œuvre de la politique gouvernementale.

SECTION 5

Le village

Art. 26 — Le village est l'unité administrative de base en zone rurale, il est administré par un chef de village.

Art. 27 — Le chef de village représente la population. Il veille à l'exécution des directives de l'Etat transmises par voie hiérarchique.

Art. 28 — Le village peut être divisé en quartiers placés chacun sous la responsabilité d'un chef de quartier.

CHAPITRE III

De la tutelle administrative

Art. 29 — Les décisions des organes délibérants des collectivités locales dotées de la personnalité civile et de l'autonomie financière sont soumises à la tutelle administrative.

Art. 30 — La tutelle administrative s'exerce selon les modalités qui seront fixées par décret, soit par voie d'autorisation préalable, soit par voie d'approbation, soit par voie de substitution.

Art. 31 — Le budget des collectivités locales est obligatoirement soumis à l'approbation de l'autorité de tutelle.

Art. 32 — La création ou la suppression de taxes locales non rémunératoires est toujours soumise à l'autorisation préalable.

Art. 33 — Le représentant de l'autorité de tutelle est avisé de toute réunion de l'organe délibérant des collectivités locales afin de pouvoir y participer ou y déléguer un représentant. Il reçoit sans délai copie de toute décision relevant de l'exercice de son pouvoir de tutelle.

CHAPITRE IV

Des dispositions finales

Art. 34 — Des décrets pris en conseil des ministres définiront les modalités d'application de la présente loi.

Jusqu'à mise en application de ces décrets, les dispositions réglementaires antérieures relatives à l'organisation communale aux conseils de circonscriptions et aux chefferies coutumières restent en vigueur dans la mesure où elles sont compatibles avec les dispositions de la présente loi.

Art. 35 — Sont abrogées toutes dispositions antérieures contraires à la présente loi.

Art. 36 — La présente loi organique sera publiée au **Journal officiel** de la République togolaise et exécutée comme loi de l'Etat.

Fait à Lomé, le 23 juin 1981

Général d'Armée Gnassingbé Eyadéma

LOI N° 81-8 du 23 juin 1981 portant réorganisation administrative.

L'Assemblée nationale a délibéré et adopté ;

Le président de la République promulgue la loi dont la teneur suit :

Article premier — Les circonscriptions administratives telles qu'elles sont définies et délimitées à ce jour sont érigées en préfectures et prennent les dénominations ci-après :

ANCIENNES APPELLATIONS	NOUVELLES APPELLATIONS	CHEFS-LIEUX
1) Circonscription administrative de Lomé	Préfecture du Golfe	Lomé
2) Circonscription administrative d'Aného	Préfecture des Lacs	Aného
3) Circonscription administrative de Tabligbo	Préfecture de Yoto	Tabligbo
4) Circonscription administrative de Vogan	Préfecture de Vo	Vogan
5) Circonscription administrative de Tsévié	Préfecture du Zio	Tsévié
6) Circonscription administrative d'Atakpamé	Préfecture de l'Ogou	Atakpamé
7) Circonscription administrative de Klouto	Préfecture de Kloto	Kpalimé
8) Circonscription administrative d'Amlamé	Préfecture d'Amou	Amlamé
9) Circonscription administrative de Badou	Préfecture de Wawa	Badou
10) Circonscription administrative de Nuadja	Préfecture du Haho	Notsé
11) Circonscription administrative de Sokodé	Préfecture de Tchaoudjo	Sokodé
12) Circonscription administrative de Sotouboua	Préfecture de Sotouboua	Sotouboua
13) Circonscription administrative de Bassari	Préfecture de Bassar	Bassar
14) Circonscription administrative de Tchamba	Préfecture de Nyala	Tchamba
15) Circonscription administrative de Bafilo	Préfecture d'Assoli	Bafilo
16) Circonscription administrative de Lama-Kara	Préfecture de la Kozah	Kara
17) Circonscription administrative de Pagouda	Préfecture de la Binah	Pagouda
18) Circonscription administrative de Niamtougou	Préfecture de Doufelgou	Niamtougou
19) Circonscription administrative de Kandé	Préfecture de la Kéran	Kandé
20) Circonscription administrative de Mango	Préfecture de l'Oti	Sansanné-Mango
21) Circonscription administrative de Dapango	Préfecture de Tone	Dapaong

Annexe 3

Tableau extrait de l'exposé présenté par Mme Suzanne NGANE sur les mécanismes de transfert des fonds aux collectivités territoriales décentralisées. L'expérience du FEICOM au Cameroun

N°	Secteurs	Montants	Nombre de projets	Activités
1	Hôtel de ville & autres bâtiments abritant des services locaux	21 763 505 881	181	Construction de 131 hôtels de ville, 2 Recettes Municipales, et 5 autres bâtiments de fonction, équipement de huit hôtels de ville, réhabilitation de 6 hôtels de ville, etc
2	Eau	16 754 292 639	218	Construction de 464 puits équipés, 643 forages, 76 réseaux d'adduction d'eau potable, réhabilitation de 20 réseaux d'AEP
3	Education	13 315 722 672	151	Construction de 912 salles de classe, 17 blocs administratifs, 406 latrines, acquisition de 12 534 tables bancs, réhabilitation de 6 écoles, etc.
4	Electricité	12 011 034 169	95	Réalisation de 56 réseaux de distribution d'énergie électrique, soit , 35 financements pour électrification rurale, 3 financements pour éclairage public, etc
5	Routes et ponts	5 268 740 959	95	Construction, réhabilitation des routes rurales, des ponts, bitumage de certains axes de villes, etc

6	Coopération & formation	4 554 539 710	406	Financement de la participation des Maires aux rencontres internationales, Formation et renforcement des Maires et du personnel communal, appui au CEFAM, appui au fonctionnement des Communes, organisation des activités intercommunales, etc
7	Infrastructures commerciales	4 500 844 806	53	Construction de 19 marchés municipaux, 1 marché frontalier, 310 boutiques, 8 hangars, 3 magasins de stockage, 16 magasins, 4 gares routières, réhabilitation de 7 marchés, etc
8	Urbanisme	2 458 914 836	44	Travaux d'assainissement, construction, réhabilitation de voiries urbaines, d'ouvrages d'assainissement, etc
9	Véhicules & engins	2 286 603 612	22	Acquisition de 11 camions benne, 03 pick-up, 1 véhicule de fonction, 2 embarcations, des engins de génie civil pour travaux publics, réparation de 6 camions, etc

N°	Secteurs	Montants	Nombre de projets	Activités
10	Culture	1 834 012 392	25	Construction de 7 tribunes municipales, 2 bibliothèques municipales, 1 salle de fête, 1 palais des congrès, 1 foyer municipal, 10 cases communautaires, équipement de 2 communes en instruments de musique, organisation d'un festival culturel, etc
11	Tourisme	1 741 569 022	18	Construction de 14 auberges municipales, 03 hôtels municipaux, réhabilitation d'un campement, etc
12	Santé	1 079 635 383	22	Construction de 21 Centres de santé intégrés, 1 centre hospitalier, équipement de 3 centres de santé, etc
13	Agriculture	701 059 500	20	Achat à de 4224 actions pour 18 Communes, construction d'une usine de transformation de pommes de terre, financement de la création d'une plantation de maïs, etc
14	Forêts & bois	526 928 978	06	Aménagement de forêt communale, construction d'une unité de fabrication de lambris, construction d'une menuiserie, équipement de menuiseries municipales en machines
15	Technologies de l'information et de la communication (TIC)	483 473 825	05	Construction de 2 centres multi média, Equipement de 3 Communes en matériel informatique

16	Mines	272 765 366	01	Construction d'une exploitation semi industrielle d'une carrière de sable
17	Infrastructures sportives	245 722 994	01	Finition stade de Mvomeka'a (Meyomessala)
18	Elevage	203 188 775	3	Construction d'un marché à bétail, 1 ferme avicole, 1 chambre froide, 1 parc à bovins, abattoirs, etc
19	Economie sociale	131 373 794	11	Micros projets
20	Acquisition foncière	105 000 000	03	Acquisition de 3 parcelles de terrain pour 3 Communes
21	Affaires sociales	43 943 931	1	Construction d'un centre social multi sectoriel
22	Promotion de la Femme	12 392 460	1	Acquisition du matériel de couture pour 1 Commune
		90 295 265 704	1 430	Financements de 2004 à 2011

ANNEXE 3
DÉCRET N° 77 PORTANT ORGANISATION DES CHEFFERIES TRADITIONNELLES (CAMEROUN)

REPUBLIQUE UNIE DU CAMEROUN PAIX – TRAVAIL – PATRIE

DECRET N°
77/245 du 15 JUILLET 1977 Portant organisation des chefferies Traditionnelles

LE PRESIDENT DE LA REPUBLIQUE,

VU la Constitution du 2 juin 1972 modifiée et complétée par la loi n° 75 du 9 mai 1975 ;
VU la Loi n° 7/SC du 10 décembre 1960 sur la reconnaissance des Chefs Traditionnels, ensemble les textes modificatifs subséquents ;
VU le Décret n° 72/349 du 24 juillet 1972 portant organisation Administrative de la République Unie du Cameroun ;
VU le Décret n° 72/422 du 26 août 1972 modifié et complété par le Décret n° 76/147 du 10 avril 1976 fixant les attributions des Chefs des Circonscriptions Administratives et les Organismes Administratifs chargés de les assister dans l'exercice de leurs fonctions, ensemble les textes modificatifs subséquents ;
VU l'Arrêté n° 244 du 4 février 1933 fixant le statut des Chefs Coutumiers ensemble les textes modificatifs subséquents ;

D E C R E T E :

Chapitre I
DISPOSITIONS GENERALES

Article 1er : Les Collectivités Traditionnelles sont organisées en Chefferies conformément aux dispositions du présent Décret.
Article 2 : La Chefferie Traditionnelle est organisée sur une base territoriale. Elle comporte trois degrés hiérarchisés suivants :

- Chefferie de 1er degré ;
- Chefferie de 2e degré ;
- Chefferie de 3e degré.

Article 3 : Est de 1er degré, toute Chefferie dont le territoire de compétence recouvre celui d'au moins deux Chefferies de 2e degré. Ses limites territoriales n'excèdent pas en principe celles d'un Département.

Est de 2ème degré, toute Chefferie dont le territoire de commandement englobe celui d'au moins deux Chefferies de 3e degré. Ses imites n'excèdent pas en principe celles d'un Arrondissement.

La Chefferie de 3ème degré correspond au village ou quartier milieu rural, et au quartier en milieu urbain.

Article 4 : Nonobstant les dispositions de l'article 3 ci-dessus, l'Autorité compétente peut classer une Chefferie Traditionnelle au 1er ou 2e degré, raison notamment de son importance démographique et économique.

Article 5 : Chaque Chefferie porte la dénomination consacrée par la tradition. Toutefois, l'Autorité compétente peut lui conférer, le cas échéant, une nouvelle dénomination.

Article 6 : Toute Chefferie Traditionnelle est placée sous l'Autorité d'un Chef, assisté d'un conseil de notables, formé selon la tradition locale.

Le Chef désigne au sein du Conseil, un notable qui le représente en cas d'absence ou d'empêchement. Le Chef peut mettre fin à ses fonctions.

Article 7 : Les Chefferies de 1er degré sont créées par Arrêté du Premier Ministre, celles de 2e degré par le Ministre de l'Administration Territoriale et celles de 3e degré, par le Préfet.

Chapitre II
DESIGNATION DES CHEFS

Article 8 : Les Chefs Traditionnels sont, en principe, choisis au sein des familles appelées à exercer coutumièrement le Commandement Traditionnel. Les candidats doivent remplir les conditions d'aptitude physique et morale requises, et savoir autant que possible, lire et écrire.

Article 9 : La vacance d'une Chefferie Traditionnelle intervient par suite de décès, de destitution, de démission ou d'incapacité physique ou mentale permanente du titulaire, dûment constatée par un médecin public requis à cet effet.

Article 10 : En cas de vacance d'une Chefferie, l'Autorité Administrative procède sans délais aux consultations nécessaires, en vue de la désignation d'un nouveau Chef.

Article 11 : Les notabilités coutumières compétentes, sont obligatoirement consultées pour la désignation d'un Chef.

Article 12 : Les consultations prévues aux Articles 10 et 11 qui précèdent ont lieu au cours d'une réunion présidée par le Préfet pour les Chefferies de 1er et 2e degrés, et par le Sous-préfet pour les Chefferies de 3e degré.

Le déroulement des consultations est consigné sur un procès-verbal signé du Président de la Réunion.
Article 13 : Le Préfet transmet par voie hiérarchique aux Autorités compétentes, le procès-verbal de consultation accompagné des pièces suivantes
- un extrait de casier judiciaire du candidat (bulletin n° 3) ;
- une copie d'acte de naissance de l'intéressé ou du jugement supplétif en tenant lieu ;
- un certificat médical d'aptitude physique établi par un médecin public ;
- une copie s'il y a lieu de l'acte officiel prouvant la vacance de la Chefferie (acte de décès, démission ou destitution, rapport médical).
Article 14 : Le Sous-Préfet compétent transmet au Préfet, un dossier similaire à celui prévu à l'Article 13 ci-dessus.
Article 15 : Les Chefs de 1er degré sont désignés par le Premier Ministre ; ceux de 2e degré par le Ministre de l'Administration Territoriale et ceux de 3e degré par le Préfet.
Article 16 : Les contestations soulevées à l'occasion de la désignation d'un Chef sont portées devant l'Autorité investie du pouvoir de désignation qui se prononce en premier et en dernier ressort.
Toutefois, la Décision prise peut être rapportée, s'il est établi que l'Autorité compétente a été induite en erreur.
Article 17 : (1) Le Chef doit nécessairement résider sur son territoire de commandement.
(2) Les fonctions de Chef Traditionnel sont incompatibles avec toute autre fonction publique. Toutefois, l'Autorité investie du pouvoir de désignation peut autoriser le cumul de fonctions, notamment lorsque la personne intéressée réside sur le territoire de la Chefferie concernée.
Article 18 : (1) Le Chef peut démissionner de ses fonctions.
(2) Sa démission est acceptée par l'Autorité investie du pouvoir de désignation.

Chapitre III
ATTRIBUTIONS ET AVANTAGES ATTACHES AUX FONCTIONS DE CHEF TRADITIONNEL

Article 19 : Sous l'Autorité du Ministre de l'Administration Territoriale, les Chefs Traditionnels ont pour rôle de seconder les Autorités Administratives dans leur mission d'encadrement des populations.
Article 20 : Auxiliaires de l'Administration, les Chefs Traditionnels sont notamment chargés :
1- de transmettre à la population les directives des Autorités Administratives, et d'en assurer l'exécution ;

2- de concourir, sous la direction des Autorités Administratives compétentes, au maintien de l'ordre public et au développement économique, social et culturel de leurs unités de commandement ;
3- de recouvrer les impôts et taxes de l'État et des autres Collectivités Publiques, dans les conditions fixées par la réglementation ;
Indépendamment des tâches qui précèdent, les Chefs Traditionnels doivent accomplir toute autre mission qui peut leur être confiée par l'Autorité Administrative locale.
Article 21 : Les Chefs Traditionnels peuvent, conformément à la coutume et lorsque les lois et règlements n'en disposent pas autrement, procéder à des conciliations ou arbitrages entre leurs Administrés.
Article 22 : (1) Les Chefs de 1er et 2e degrés perçoivent mensuellement
- une allocation fixe, calculée sur la base de l'importance numérique de leur population ;
- une indemnité pour charges spéciales.

(2) L'allocation fixe et l'indemnité pour charges spéciales prévues au présent Article sont fixées par Arrêté conjoint du Ministre de l'Administration Territoriale et du Ministre des Finances.
(3) L'allocation fixe est soumise à retenue pour impôt ; elle ne peut être inférieure au salaire du travailleur de la première catégorie échelon 1 du secteur public de la zone où est installée la Chefferie.
Article 23 : (1) Les Chefs Traditionnels peuvent prétendre au paiement des remises sur l'impôt forfaitaire collecté par leurs soins, dans les conditions fixées par le Code Général des Impôts.
(2) Ils peuvent également prétendre à des primes d'efficacité octroyées par Arrêté du Ministre de l'Administration Territoriale sur proposition des Autorités Administratives, en raison de leur dynamisme et de leur efficacité dans les opérations de développement économique et social de la nation.

(3) Les taux de cette prime sont fixés dans les mêmes conditions que ceux de l'allocation fixe et de l'indemnité pour charges spéciales.
Article 24 : (1) L'allocation fixe et l'indemnité pour charges spéciales ne peuvent se cumuler avec les indemnités parlementaires, le traitement de fonctionnaire ou d'Agent des Administrations Publiques.
(2) En cas de cumul de fonctions dûment autorisé, l'intéressé doit opter, avant sa désignation par l'Autorité compétente, soit pour le maintien de son traitement ou salaire, soit pour le bénéfice des émoluments de Chef Traditionnel.
Article 25 : (1) Tout Chef Traditionnel victime d'une incapacité permanente imputable au service peut prétendre :
1- à une rente viagère lorsque cette incapacité entraîne son dégagement de ses fonctions ;

2-à une indemnité dans les autres cas.
(2) Le montant des allocations prévues ci-dessus est déterminé par arrêté conjoint du Ministre de l'Administration Territoriale et du Ministre des Finances.

Article 26 : Les Chefs Traditionnels portent un insigne distinctif, et éventuellement une tenue dont les caractéristiques sont déterminées par Arrêté du Ministre de l'Administration Territoriale. L'acquisition de cet insigne et de cette tenue est à leur charge.

Chapitre IV
GARANTIES ET DISCIPLINE

Article 27 : (1) L'État est tenu d'assurer au Chef la protection contre les menaces, outrages, violences, voies de fait, injures ou diffamation dont il peut être l'objet en raison ou à l'occasion de l'exercice de ses fonctions.
(2) Il est tenu, le cas échéant, de réparer le préjudice subi par le Chef du fait de ces Actes. Dans ce cas, l'État est d'office subrogé aux Droits de la victime, pour obtenir du ou des auteurs des faits incriminés, la restitution des sommes versées par lui au Chef à titre de dédommagement, indépendamment des sanctions pénales encourues.

Article 28 : Les Autorités Administratives portent chaque année leur appréciation sur l'activité des Chefs Traditionnels de leurs circonscriptions Administratives, compte tenu notamment de leur efficacité, de leur rendement et du développement économique et social de leur territoire de commandement.

Article 29 : En cas de faute dans l'exercice de leurs fonctions, en cas d'inefficacité, d'inertie ou d'exactions à l'égard des populations, les Chefs Traditionnels encourent les sanctions suivantes :

-rappel à l'ordre ;
- avertissement ;
- blâme simple ;
- blâme avec suspension pendant 3 mois au plus de la totalité des allocations ;
- destitution ;

Les sanctions disciplinaires qui précèdent ne peuvent être infligées que si le Chef a été préalablement appelé à donner des explications sur son comportement, son inefficacité ou son inertie.

Article 30 : (1) Le rappel à l'ordre, l'avertissement et le blâme simple sont infligés :

a- aux Chefs de 3e degré par le Sous-préfet territorialement compétent ;
b- aux Chefs de 2e degré par le Préfet, d'office ou sur proposition du Sous-préfet ;
c- aux Chefs de 1er degré par le Gouverneur, d'office ou sur proposition du Préfet ;

(2) Le blâme avec suspension pendant 3 mois au plus de la totalité des allocations est infligé par le Ministre de l'Administration Territoriale.
(3) La destitution des Chefs de 3e degré est prononcée par le Ministre de l'Administration Territoriale, celle des Chefs de 1er et 2e degrés est prononcée par le Premier Ministre.

Chapitre V
DISPOSITIONS DIVERSES

Article 31 : Par dérogation aux dispositions de l'Article 7 ci-dessus, certaines agglomérations urbaines peuvent être organisées en zones, quartiers et blocs par Arrêté du Ministre de l'Administration Territoriale, sur rapport des Autorités Administratives locales, compte tenu de leur importance démographique et lorsque les nécessités d'encadrement l'exigent.
Toutefois, le Ministre de l'Administration Territoriale peut décider qu'une zone constituant antérieurement une Chefferie Traditionnelle soit maintenue en tant que telle ; dans ce cas, la zone considérée bénéficie de la réglementation applicable aux Chefferies de son degré de classement.
Article 32 : (1) Les zones, quartiers et blocs sont des structures hiérarchisées, placées sous l'Autorité des responsables appelés : Chefs de zones, Chefs de quartiers, Chefs de blocs.
(2) Leurs fonctions peuvent se cumuler avec toute autre activité salariée, à condition que les intéressés résident effectivement dans leur territoire de commandement.
Article 33 : (1) Les zones et les quartiers sont assimilés, du point de vue de leur fonctionnement et de leur Administration, aux Chefferies de 2e et 3e degrés.
(2) Le mode de désignation des Chefs de zones, de quartiers et de blocs est déterminé par Arrêté du Ministre de l'Administration Territoriale.
Article 34 : (1) Les Chefs de zones et de quartiers peuvent prétendre à la prime de rendement et aux remises sur l'impôt forfaitaire, dans les mêmes conditions que les Chefs Traditionnels. Ils n'ont droit ni à l'allocation fixe ni à l'indemnité pour charges spéciales.
(2) Les Chefs de blocs peuvent prétendre à une remise sur l'impôt forfaitaire s'ils ont été désignés en qualité de collecteurs d'impôt.
Article 35 : Les Chefs Traditionnels qui exercent leurs fonctions dans les agglomérations urbaines réorganisées conformément aux dispositions de l'Article 31 Alinéa 1er ci-dessus, mais auxquelles ne s'applique pas l'Article 31 Alinéa 2 du présent Décret, conservent leur statut coutumier à titre personnel.
Article 36 : Les avantages prévus au présent Décret ne s'appliquent qu'aux Chefferies Traditionnelles dûment reclassées, conformément aux dispositions de l'Article 2 ci-dessus.

Article 37 : Les contestations en matière de désignation des Chefs non tranchées à la date de dissolution de la "Chieftancy Advisory Commission", instituée par la Loi n° 7/SC du 10 décembre 1960 sont réglées conformément aux dispositions de l'Article 16 du présent Décret.
Article 38 : Les dispositions financières prévues aux Articles 22 et 23 ci-dessus, entreront en vigueur à compter du 1er juillet 1977.
Article 39 : Sont abrogées toutes les dispositions antérieures au présent Décret.
Article 40 : Le présent Décret sera enregistré et publié au Journal Officiel en Français et en Anglais.

YAOUNDE, le 15 JUILLET 1977
POUR COPIE CERTIFIE CONFORME
LE PRESIDENT DE LA REPUBLIQUE

YAOUNDE, le 30 JUILLET 1977 (é) AHMADOU AHIDJO
LE DIRECTEUR DE L'ORGANISATION DU TERRITOIRE ;
(é) Isaac NJOMGANG

TABLE DES MATIERES

DROIT
AUX ÉDITIONS L'HARMATTAN

Dernières parutions

LE RAPPORT DU DROIT ADMINISTRATIF NATIONAL AUX DROITS ADMINISTRATIFS ÉTRANGERS
Les cas de la France et de l'Espagne
Anna Neyrat
Préface de Fabrice Melleray
Les droits administratifs français et espagnol sont souvent présentés comme des idéaux types opposés dans leur rapport aux droits administratifs étrangers. Comme exportateur, le droit administratif français considère ses homologues étrangers comme un réceptacle de son influence ; comme importateur, le droit administratif espagnol les envisage comme source de son enrichissement. Si une telle présentation repose sur des raisons temporelles et culturelles qui ont fait du droit administratif français un modèle et de l'espagnol un imitateur, elle se révèle partiellement inexacte. Elle est notamment dépassée à l'heure de la globalisation. Cette recherche invite à poser un regard différent sur ces présupposés.
(Coll. Logiques Juridiques, 680 p., 49 euros)
ISBN : 978-2-343-16682-7, EAN EBOOK : 9782140114588

DROITS FONDAMENTAUX ET CRISE(S) DES SOLIDARITÉS
Fabien Bottini
La solidarité renvoie aux liens sociaux qui font le ciment d'une communauté. Si c'est pourquoi il semble plus juste de parler de solidarités au pluriel, l'Etat a pendant longtemps été leur garant au travers des droits sociaux fondamentaux. Mais le constat s'impose : des débats qui ont agité la réforme du droit du travail à ceux qui portent sur les régimes de retraites en passant par la crise des migrants ; des hésitations sur la place des territoires et de l'Union européenne dans la mise en oeuvre des politiques sociales à l'apparition d'un droit constitutionnel économique... Les interrogations ne manquent pas quant à savoir si ces droits fondamentaux parviennent encore à faire la solidarité. Si crises il y a, signent-elles la fin de l'âge d'or de la solidarité ou sa mutation ?
(Coll. Le Droit aujourd'hui, 276 p., 28,5 euros)
ISBN : 978-2-343-16201-0, EAN EBOOK : 9782140114274

DÉCLARATION DES DROITS DE L'HOMME ET DU CITOYEN
Postérité et actualité
Remi Puigventos
Responsables scientifiques : Jimmy Meersman et Rémi Puigventos
Le 26 août 1789, l'Assemblée constituante adopte les derniers articles du texte de la Déclaration des droits de l'homme et du citoyen qui, traversant les siècles, deviendra l'un des textes fondamentaux de la Cinquième République. Si la Déclaration de 1789 est l'une des pierres angulaires de la garantie des droits de l'homme, l'étude de sa postérité et de son actualité interroge. Le présent ouvrage contribue à en dévoiler les éléments les plus essentiels au travers d'une douzaine de contributions.
(Coll. Droit privé et sciences criminelles, 238 p., 25 euros)
ISBN : 978-2-343-16359-8, EAN EBOOK : 9782140112164

ANNUAIRE DES ENGAGEMENTS INTERNATIONAUX AYANT FAIT L'OBJET D'UNE LOI D'AUTORISATION SOUS LA VE RÉPUBLIQUE
Didier Jamot
Au cours de la Ve République, près de 2000 engagements internationaux ont fait l'objet d'une loi d'autorisation. Dans les années 1960, seulement 22% des lois votés par le Parlement avaient pour objet la ratification ou l'approbation de tels engagements, alors que désormais 40% des lois visent un tel

objectif. Par conséquent, le nombre de normes internationales intégrées au droit interne est considérable. Mais leur importance n'est pas seulement quantitative : tout engagement international régulièrement ratifié et publié s'impose au législateur. Aucune loi ne peut ainsi lui être contraire. Par ailleurs, les conventions internationales embrassant l'ensemble des matières juridiques, plus aucune activité humaine n'échappe aux droits et obligations prévus par les conventions. Cet annuaire recense enfin ces engagements internationaux avec des index thématiques et par pays signataire.

(Coll. Logiques Juridiques, 432 p., 42 euros)

ISBN : 978-2-343-16237-9, EAN EBOOK : 9782140112089

LES TITRES DE NOBLESSE DE LA VICTIME DEVANT LA COUR PÉNALE INTERNATIONALE

Guy David Mbara A Betsem

Préface de Gilbert Bitti - Avant-propos de Jean Claude Tcheuwa

La victime a longtemps été tenue à l'écart du procès devant les juridictions pénales internationales d'avant le début du XIXè siècle. Depuis l'avènement de la Cour pénale internationale (CPI), la victime est désormais admise dans le procès pénal. Ces droits, qui ne sont autres que des titres de noblesse, confèrent donc des privilèges permettant à la victime d'accéder à une justice pénale internationale très sélective, mais surtout réservée à une certaine catégorie de personnes. La CPI pose la problématique du rôle de l'État dans la mise en oeuvre des droits des victimes.

(242 p., 25,5 euros)

ISBN : 978-2-343-16718-3, EAN EBOOK : 9782140111631

MÉDIATION ET ENTREPRISES

Regards croisés Droit et Gestion

Responsables scientifiques : Gulsen Yildirim, Isabelle Sauviat et Romain Dumas. Textes réunis par Romain Dumas

La médiation, mode alternatif de résolution des différends, est un mécanisme désormais bien connu en Droit. L'entreprise apparaît comme l'un des lieux privilégiés de son application et ce, qu'il s'agisse d'aplanir un différend tant dans ses relations internes qu'externes. Toutefois, à la différence du Droit, le concept de médiation apparaît beaucoup moins familier en Sciences de gestion. C'est cette interaction singulière entre Droit et Gestion qui permet de mesurer la place réelle de la médiation dans les entreprises et les organisations. Entre acclimatation à parfaite et hostilité, un équilibre est possible afin qu'elle devienne un outil efficace.

(Coll. Droit privé et sciences criminelles, 142 p., 16,5 euros)

ISBN : 978-2-343-16643-8, EAN EBOOK : 9782140111556

PHÉNOMÈNE DISCIPLINAIRE DANS LE DROIT PUBLIC HELLÉNIQUE CONTEMPORAIN

Sotirios Lytras

Attachée constamment à l'idée que la notion de discipline concernait en principe les relations entre les ensembles organisés et leurs agents, la théorie traditionnelle du droit public a laissé hors de son attention des domaines entiers de la vie publique. Parue en grec en 1989, cette étude a pu montrer qu'en droit positif hellénique le phénomène disciplinaire a manifesté sa présence forte dans des relations entre ensembles publics et des personnes physiques ou morales y étant rattachées. A travers ce phénomène, l'activité publique s'avère décisivement élargie.

(Coll. Logiques Juridiques, 262 p., 27 euros)

ISBN : 978-2-343-16125-9, EAN EBOOK : 9782140111310

RECEL ET BLANCHIMENT

Nouvelles sources de cumul de qualifications

Théo Touzeau

Préface de Gildas Roussel

A la lumière de la jurisprudence, la question de l'impossible cumul de l'infraction d'origine avec celle du recel de choses concernant un même auteur mérite de nouveau d'être posée. C'est que les juges de la Chambre criminelle, malgré leur opposition à ce cumul, ont depuis admis la condamnation d'un individu tant pour une première infraction que pour le blanchiment subséquent. Cette différence de traitement des deux infractions interroge nécessairement. Cet ouvrage, dressant le constat de la possibilité de dépasser les arguments qui fondent le rejet de « l'auto-recel », invite le lecteur à mettre de côté ses certitudes et à prendre position : rien ne semble s'opposer à l'admission du cumul de l'infraction d'origine et du recel de choses.

(Coll. Bibliothèques de droit, 138 p., 15,5 euros)

ISBN : 978-2-343-16624-7, EAN EBOOK : 9782140110962

LES LIENS ENTRE ÉTHIQUE ET DROIT

L'exemple de la question animale

Sous la direction de Lucille Boisseau-Sowinski et Delphine Tharaud

A priori distincts, le droit renvoyant à la régulation des comportements par la loi et l'éthique à la distinction entre bien et mal, ces deux domaines s'interpénètrent et se nourrissent, particulièrement sur la question animale. La réflexion sur l'éthique animale s'est amplifiée ces cinquante dernières années et a conduit à une prise en compte des intérêts et de la qualité d'êtres vivants des animaux. Le droit s'en est fait l'écho. Pour autant, cette dynamique n'est pas si évidente : quelles théories peuvent inspirer le droit ?

(Coll. Le Droit aujourd'hui, 176 p., 18,5 euros)

ISBN : 978-2-343-16449-6, EAN EBOOK : 9782140109553

CORRUPTION ET DROIT PÉNAL

Sous la direction de Jean-Paul Céré et Carlos Eduardo Japiassu

Le thème de la corruption a traversé le temps. L'intérêt du droit pénal est cependant renouvelé par les nombreuses affaires médiatisées qui gangrènent la vie politique et le monde des affaires dans de nombreux pays. L'arsenal législatif interne cherche à s'adapter sous l'effet des multiples textes qui ont vu le jour à l'échelle internationale et régionale. Une nette tendance à l'harmonisation des législations criminelles anti-corruption est perceptible. Cet ouvrage permet de saisir la diversité du phénomène dans sa dimension criminologique et juridique.

(Coll. Comité international des pénalistes francophones, 238 p., 24,5 euros)

ISBN : 978-2-343-16153-2, EAN EBOOK : 9782140109850

JUSTICE CONSTITUTIONNELLE ET SUBSIDIARITÉ

L'apport de l'expérience canadienne pour la construction européenne

Claire Aguilon

La précision des critères d'application de la subsidiarité et le développement de son contrôle par l'Union européenne constituent un progrès vers un plus grand respect du principe selon lequel l'UE, lorsqu'elle intervient dans une compétence partagée avec les Etats-membres, doit établir la plus-value d'une action à son niveau pour atteindre l'objectif visé. L'étude de la jurisprudence de la Cour de justice de l'UE montre ses réticences à un contrôle allant au-delà de la recherche d'une motivation formelle de la nécessité de l'intervention européenne. En droit canadien, la subsidiarité éclaire sous un jour nouveau la clause de commerce ou la doctrine de l'intérêt national.

(Coll. Logiques Juridiques, 460 p., 40 euros)

ISBN : 978-2-343-15311-7, EAN EBOOK : 9782140109522

UN COMBAT POUR LA PAIX

Récit

Nouvelle édition revue et augmentée

Daniel Lagot

Alors qu'il s'est refusé jusque-là à tout engagement devant la fragilité des choses humaines, un homme découvre l'amour et s'engage, avec la femme à ses côtés, dans un combat pour le droit, la justice et la paix. Après l'enthousiasme initial, les tensions et dilemmes vont se développer, en particulier lors des guerres en Libye et en Syrie. Comme dans une tragédie grecque, ces tensions conduiront les personnages à leur destin. Le récit est en partie romancé, mais est directement inspiré d'histoires et de faits réels. Face aux drames et menaces pesant sur l'humanité, doit-on céder au pessimisme ou conserver l'espoir ?

(Coll. Les Impliqués, 152 p., 16,5 euros)

ISBN : 978-2-343-16114-3, EAN EBOOK : 9782140109409

LES SENS DE LA PEINE

Hugo Cappadoro

Préface de Muriel Giacopelli

Quelle est la raison d'être de la peine ? C'est autour de cette question que se sont cristallisés, au temps des Lumières, les paradigmes punitifs modernes. Du fait des bouleversements que connait aujourd'hui notre droit répressif et de la crise du milieu carcéral, auquel la pénalité est identifiée, le législateur, les acteurs et penseurs pénaux sont amenés à s'interroger une nouvelle fois sur l'acte de punir. Cet ouvrage aborde ainsi les évolutions pénales et propose une réflexion mettant en évidence la difficulté pour la pénalité actuelle d'avoir un sens intelligible et pluriel, tant pour le condamné, que pour la victime et la société.

(Coll. Bibliothèques de droit, 212 p., 21,5 euros)

ISBN : 978-2-343-16461-8, EAN EBOOK : 9782140108945

SUR LA COUR EUROPÉENNE DES DROITS DE L'HOMME

Rétrospective d'un initié (1998-2016)

Bostjan M. Zupancic

La Convention européenne des droits de l'homme, prétendant expliciter ce que sont ces droits, est un court texte abstrait. Quatre-vingt-dix-neuf pourcent de ces droits seront concrétisés par les précédents prononcés en flux continu, autoréférentiel, par la Cour européenne des droits de l'homme (CEDH). En somme, les droits de l'homme sont simplement ce que la CEDH déclare qu'ils sont ou ne sont pas. Quarante-sept Etats signataires sont liés à cette jurisprudence de Strasbourg. Or, l'approche jurisprudentielle du stare decisis est étrangère au formalisme juridique européen. A l'autre extrême, l'auteur apporte une explication métaphysique du sens de la justice. Il présuppose le plus haut niveau d'autonomie morale et de raisonnement juridique.

(Coll. Logiques Juridiques, 452 p., 45 euros)

ISBN : 978-2-343-15739-9, EAN EBOOK : 9782140108808

GOUVERNANCE D'ENTREPRISE, RESPONSABILITÉ SOCIÉTALE EN DROIT MALIEN

Issiaka Cissé

Cet ouvrage interroge le droit positif malien dans l'appréhension des concepts de la gouvernance d'entreprise (GE) et de la responsabilité sociétale des entreprises (RSE). L'étude met en évidence le décalage du droit malien dans la construction évolutionniste de l'entreprise. Elle révèle que l'environnement juridique des entreprises maliennes n'évolue pas dans une économie pourtant en pleine mutation. Des contraintes liées à l'application des principes de ces deux concepts créent un déséquilibre en termes de compétitivité au plan national voire régional ou international.

(Coll. Études africaines, 390 p., 38 euros)

ISBN : 978-2-343-15230-1, EAN EBOOK : 9782140108464

POUR UNE NOUVELLE ÉDUCATION JURIDIQUE

Sous la direction de Massimo Vogliotti

Depuis quelques années, nous assistons en Europe à une floraison de réflexions et d'expériences novatrices relatives à la formation juridique. Ce phénomène peut être interprété comme le signe annonciateur d'une révolution de notre façon de concevoir l'enseignement du droit, encore liée au cadre théorique et mythologique du paradigme juridique moderne. Cet ouvrage met en avant la nécessité d'un renouvellement en profondeur de notre modèle traditionnel d'enseignement du droit.

(Coll. Logiques Juridiques, 228 p., 24,5 euros)

ISBN : 978-2-343-10744-8, EAN EBOOK : 9782140108426

Structures éditoriales du groupe L'Harmattan

L'Harmattan Italie
Via degli Artisti, 15
10124 Torino
harmattan.italia@gmail.com

L'Harmattan Hongrie
Kossuth l. u. 14-16.
1053 Budapest
harmattan@harmattan.hu

L'Harmattan Sénégal
10 VDN en face Mermoz
BP 45034 Dakar-Fann
senharmattan@gmail.com

L'Harmattan Cameroun
TSINGA/FECAFOOT
BP 11486 Yaoundé
inkoukam@gmail.com

L'Harmattan Burkina Faso
Achille Somé – tengnule@hotmail.fr

L'Harmattan Guinée
Almamya, rue KA 028 OKB Agency
BP 3470 Conakry
harmattanguinee@yahoo.fr

L'Harmattan RDC
185, avenue Nyangwe
Commune de Lingwala – Kinshasa
matangilamusadila@yahoo.fr

L'Harmattan Congo
67, boulevard Denis-Sassou-N'Guesso
BP 2874 Brazzaville
harmattan.congo@yahoo.fr

L'Harmattan Mali
Sirakoro-Meguetana V31
Bamako
syllaka@yahoo.fr

L'Harmattan Togo
Djidjole – Lomé
Maison Amela
face EPP BATOME
ddamela@aol.com

L'Harmattan Côte d'Ivoire
Résidence Karl – Cité des Arts
Abidjan-Cocody
03 BP 1588 Abidjan
espace_harmattan.ci@hotmail.fr

L'Harmattan Algérie
22, rue Moulay-Mohamed
31000 Oran
info2@harmattan-algerie.com

L'Harmattan Maroc
5, rue Ferrane-Kouicha, Talaâ-Elkbira
Chrableyine, Fès-Médine
30000 Fès
harmattan.maroc@gmail.com

Nos librairies en France

Librairie internationale
16, rue des Écoles – 75005 Paris
librairie.internationale@harmattan.fr
01 40 46 79 11
www.librairieharmattan.com

Librairie l'Espace Harmattan
21 bis, rue des Écoles – 75005 Paris
librairie.espace@harmattan.fr
01 43 29 49 42

Lib. sciences humaines & histoire
21, rue des Écoles – 75005 Paris
librairie.sh@harmattan.fr
01 46 34 13 71
www.librairieharmattansh.com

Lib. Méditerranée & Moyen-Orient
7, rue des Carmes – 75005 Paris
librairie.mediterranee@harmattan.fr
01 43 29 71 15

Librairie Le Lucernaire
53, rue Notre-Dame-des-Champs – 75006 Paris
librairie@lucernaire.fr
01 42 22 67 13

www.ingramcontent.com/pod-product-compliance
Lightning Source LLC
LaVergne TN
LVHW010918051026
849532LV00003B/748
* 9 7 8 2 3 4 3 1 7 0 4 5 9 *